会计学基础（含实训）
（第3版）

主　编　周君霞　杜献敏　降艳琴
副主编　张　勇　任伟峰　刘洪锋　杜春丽

北京理工大学出版社
BEIJING INSTITUTE OF TECHNOLOGY PRESS

内 容 简 介

本书根据最新《企业会计准则》编写，并采用了2019年最新增值税税率，紧扣高职教育的人才培养目标，德技并修，力求体现理论与实践的相互融合。

本书以会计工作过程为主线，结合企业的资金运动过程，重点介绍了填制和审核会计凭证、登记账簿到编制报表等各个工作环节中的会计处理方法；结合会计要素与会计等式、复式记账与借贷记账法等会计基本理论，帮助读者初步理解和掌握会计的基本理论和工作方法。

本书既可以作为高职高专会计专业及财经商贸大类相关专业的专业基础课教材，又可以作为在职会计人员培训及自学用书。

版权专有　侵权必究

图书在版编目（CIP）数据

会计学基础：含实训/周君霞，杜献敏，降艳琴主编. —3版. —北京：北京理工大学出版社，2019.9（2022.7重印）

ISBN 978-7-5682-7544-6

Ⅰ.①会⋯　Ⅱ.①周⋯　②杜⋯　③降⋯　Ⅲ.①会计学-高等学校-教材　Ⅳ.①F230

中国版本图书馆 CIP 数据核字（2019）第 198158 号

出版发行 / 北京理工大学出版社有限责任公司	
社　　址 / 北京市海淀区中关村南大街 5 号	
邮　　编 / 100081	
电　　话 / （010）68914775（总编室）	
（010）82562903（教材售后服务热线）	
（010）68944723（其他图书服务热线）	
网　　址 / http://www.bitpress.com.cn	
经　　销 / 全国各地新华书店	
印　　刷 / 三河市天利华印刷装订有限公司	
开　　本 / 787 毫米 × 1092 毫米　1/16	
印　　张 / 19.5	责任编辑 / 李玉昌
字　　数 / 525 千字	文案编辑 / 李玉昌
版　　次 / 2019 年 9 月第 3 版　2022 年 7 月第 4 次印刷	责任校对 / 周瑞红
定　　价 / 55.00 元	责任印制 / 施胜娟

图书出现印装质量问题，请拨打售后服务热线，本社负责调换

再 版 前 言

"会计学基础"是财务会计类专业的专业基础课，系统地阐述了会计的基本理论、基本方法和基本技能，为学习会计专业课程奠定理论基础和方法基础。全书按照会计的工作流程编写，共分四个学习情境和八个子情境，理论上坚持"必需，够用"的原则，理论深度和广度的阐述适度，既能为后续的专业课程打下基础，又能兼顾高职高专学生的需求；方法上力求由浅入深，循序渐进，全书主要的经济业务举例前后连贯，形成一个完整的案例，真实地体现出会计的工作流程，便于理解掌握；每个子情境后边的同步强化练习，练习题型多，有利于会计基本技能的训练和提高，对于主要的经济业务按照企业资金的运动过程以六项实训的形式让学生在真正的证、账、表中进行技能训练，非常有利于学生基本技能和专业能力的训练和提高，使学生了解会计工作过程，掌握会计工作每一个环节的技能，充分体现了本书学以致用、学练结合的特点。

本书为突出会计工作过程，将企业资金运动与会计工作过程紧密结合，结构上对传统的教材习惯进行了修改：①传统教材"账户分类"是单独的一章，本教材将这部分内容合并在子情境三"账户和复式记账"；②将"会计凭证"提前在"企业主要经济业务核算"之前，按照会计工作过程编写教材；③将"财产清查"内容合并在"对账"的内容，突出实际经济业务的连贯性。

本教材形式上按照学习目标——正文内容——情境小结——同步强化练习体系处理，活跃了形式，丰富了内容。

本书由石家庄邮电职业技术学院周君霞、杜献敏、降艳琴担任主编，石家庄邮电职业技术学院张勇、任伟峰、刘洪锋和河北轨道运输职业技术学院杜春丽担任副主编。具体编写分工如下：任伟峰编写子情境一，周君霞编写子情境二、子情境三，降艳琴编写子情境四，杜献敏编写子情境五，刘洪锋编写子情境六，张勇编写子情境七、子情境八，降艳琴、任伟峰、杜春丽合作编写实训部分。全书由周君霞进行了总纂。

为突出职业特色，我们多次到石家庄市邮政局调研，石家庄市邮政局财务部副主任闫丽萍和我们一起制定教材提纲，为我们提供教材中的实例和实训资料，在此表示感谢。本教材编写过程中广泛阅读了大批专家、学者公开出版的专著和教材，在此一并表示感谢。

受编者学识水平和编写时间所限，书中不当之处在所难免，恳请读者不吝赐教。

编 者

目　录

学习情境一　会计基础知识

子情境一　总论 ·· 001
　　任务一　会计概述 ·· 001
　　任务二　会计要素 ·· 004
　　任务三　会计等式 ·· 008
　　任务四　会计法规和会计工作组织 ·· 013
　　同步强化练习 ··· 018

子情境二　会计核算前提和会计信息质量要求 ·· 021
　　任务一　会计核算的基本前提 ·· 021
　　任务二　会计信息质量要求 ··· 022
　　任务三　会计基础和会计要素计量属性 ··· 024
　　同步强化练习 ··· 026

子情境三　账户和复式记账 ··· 028
　　任务一　会计科目 ·· 028
　　任务二　账户 ·· 032
　　任务三　借贷记账法 ··· 035
　　任务四　总分类账户和明细分类账户 ·· 044
　　同步强化练习 ··· 047

学习情境二　会计凭证

子情境四　会计凭证基础 ·· 053
　　任务一　会计凭证的意义和种类 ·· 053
　　任务二　原始凭证 ·· 054
　　任务三　记账凭证 ·· 061
　　任务四　会计凭证的传递与保管 ·· 066
　　同步强化练习 ··· 068

子情境五　主要经济业务核算及记账凭证填制 ·· 073
　　任务一　企业主要经济业务 ··· 073
　　任务二　资金筹集业务 ··· 074
　　任务三　供应过程业务 ··· 078

任务四　生产过程业务 ………………………………………………………… 086
　　任务五　销售过程业务 ………………………………………………………… 097
　　任务六　财务成果形成与分配业务 …………………………………………… 102
　　任务七　资金退出业务 ………………………………………………………… 109
　　同步强化练习 …………………………………………………………………… 110

学习情境三　会 计 账 簿

子情境六　建账和登账 ……………………………………………………………… 119
　　任务一　建账 …………………………………………………………………… 119
　　任务二　登账 …………………………………………………………………… 125
　　任务三　账务处理程序 ………………………………………………………… 131
　　同步强化练习 …………………………………………………………………… 136

子情境七　对账和结账 ……………………………………………………………… 142
　　任务一　对账 …………………………………………………………………… 142
　　任务二　财产清查 ……………………………………………………………… 143
　　任务三　结账 …………………………………………………………………… 153
　　任务四　会计账簿的更换与保管 ……………………………………………… 155
　　同步强化练习 …………………………………………………………………… 157

学习情境四　财务会计报告

子情境八　财务会计报告 …………………………………………………………… 161
　　任务一　财务会计报告概述 …………………………………………………… 161
　　任务二　资产负债表 …………………………………………………………… 165
　　任务三　利润表 ………………………………………………………………… 170
　　同步强化练习 …………………………………………………………………… 173

参考文献 …………………………………………………………………………… 178

学习情境一　会计基础知识

子情境一

总论

【学习目标】
1. 了解会计的职能、目标和对象。
2. 了解会计对象、各会计要素的含义。
3. 了解会计法规的基本规定。
4. 了解会计人员的工作职责与分工。

任务一　会计概述

一、会计的产生与发展

会计与人类的生活密切相关，是适应人类生产实践和经济管理的客观需要而产生的，并随着社会实践的不断发展而发展，是人类从事生产实践管理活动的产物。

会计在人类社会发展的长河中有着悠久的历史。具体而言，从会计产生至今，大致经历了三个发展阶段，即古代会计阶段、近代会计阶段和现代会计阶段。

（一）古代会计阶段

此阶段大致是原始社会中后期至封建社会末期这一历史时期。会计是适应生产活动发展的需要而产生的，对生产活动进行科学、合理地管理是会计产生的根本动因。在原始社会，由于当时的生产活动很简单，生产成果的种类和数量很少，人们只是在生产活动之余，采用"结绳""堆石""刻竹"等简单的方法计量和记录生产活动的过程和结果。这就是原始的会计或会计萌芽。

随着生产力的发展，生产规模不断扩大和生产社会化，特别是私有制的出现，生产过程中便逐步产生了用货币形式进行计量和记录的方法，会计便逐渐从生产职能中分离出来，成为独立的职能。

我国从西周开始出现"会计"的命名和较为严格的会计机构。根据西周"官厅会计"核算的具体情况考察，"会计"在开始运用时，其基本含义是"零星算之为计，总合算之为会"，即既有日常的零星核算，又有日积月累到岁终的综合核算，达到正确考核王朝财政收支的目的。同时，西周王朝也建立了较为严格的会计机构，设立了专管钱粮赋税的官员，建立了所谓"以参互考日成,以月要考月成,以岁会考岁成"的"日成""月要"和"岁会"等报告文书,初步具有了旬报、月报、年报等会计报表的雏形,发挥了会计既能对经济活动进行记录核算,又能对经济活动进行审核监督的作用。我国"会计"命名的出现,是我国会计理论产生、发展的一种表现,而这样完备的会计机构的出现,也是我国会计发展史上的一个突出进步。

与此同时,会计核算的记账方法也是逐步发展的。我国账簿的设置,开始是使用单一的流水账,即按经济业务发生先后顺序登记的一种单一的序时账簿,后来才从单一流水账发展成为"草流"(也叫底账)、"细流"和"总清"三账,一直使用到明清时期。对会计的结算方法,也从原始社会末期开始的"盘点结算法"发展成为"三柱结算法",即根据本期收入、支出和结余三者之间的关系,通过"入-去=余"公式,结算本期财产物资增减变化及其结果。到了唐、宋两代,我国创建了"四柱结算法",通过"旧管+新收-开除=实在"的基本公式进行结账,为我国通行的收付记账法奠定了基础。到了清代,"四柱结算法"已成为系统反映王朝经济活动或私家经济活动全过程的科学方法,成为中式会计方法的精髓。明末清初,随着手工业、商业的发达和资本主义经济萌芽的产生,我国商人又进一步设计了"龙门账",把会计科目划分为"进""缴""存""该"四大类(即收、付、资产、负债),"进"和"缴"为一线,"存"和"该"为另一线。设总账进行"分类记录",并编制"进缴表"和"存该表"(即利润表和资产负债表),实行双轨计算盈亏,在两表上计算出的盈亏数应当相等,称为"合龙门",以此核对全部账目的正误。

人类会计方法的演进,经历了由单式簿记向复式簿记转化的过程,它是社会经济发展的客观要求。一般认为,从单式记账法过渡到复式记账法,是近代会计的形成标志。

(二)近代会计阶段

此阶段是指从运用复式簿记开始到 20 世纪 40 年代末的时期。随着经济活动的不断发展,人们更加需要从有关簿记记录中获取相应的经济往来和经营成果的具体数字和信息。直到 12 世纪簿记方法才有了重要的发展:在商品经济十分发达的意大利佛罗伦萨,有人发明了复式记账法。1494 年意大利数学家卢卡·帕乔利的《算术、几何与比例概要》一书在威尼斯出版发行,对借贷记账法作了系统的介绍,并介绍了以日记账、分录账和总账三种账簿为基础的会计制度,这是会计发展史上一个重要的里程碑,标志着近代会计的开始。

(三)现代会计阶段

此阶段大致从 20 世纪 50 年代至今。一方面由于科技日新月异,会计服务对象和服务内容不断扩展。同时,各国经济法律、法规不断完善,也促进了会计技术的规范和发展。19 世纪末 20 世纪初,世界经济中心从西欧移至美国,出现了众多的跨国公司,会计处理难度加大。另一方面由于市场竞争更趋激烈,为了在市场竞争中生存,企业强烈要求增收节支,提高经济效益,这就对会计技术提出了新的更高的要求。在此背景下,政府相关部门设计制定了更加严密的会计法规,实现会计对企业经营的全面控制。会计分成两个领域,即以对外提供财务信息为主的财务会计和适应管理要求、为管理决策提供信息的管理会计。

会计的发展历程说明,经济的发展离不开会计,会计理论和方法的进步和提升又会进一步促进经济的发展。会计既是经济管理必不可少的工具，同时又是经济管理的组成部分。经济越发展，会计越重要。会计是一门经济管理科学，它的理论与方法体系随着社会政治、经济的发展以及经济管理的需要而不断发展和变化，以适应社会经济发展对会计的要求。

二、会计的基本职能

会计的职能是指会计在经济管理中所具有的功能。马克思将会计的职能精辟地概括为会计是对"过程的控制和观念的总结"。其中，"观念的总结"指用观念上的货币对生产活动及其结果的数量方面进行核算；"过程的控制"是指对生产过程中的各种经济活动进行干预和监督。随着经济的不断发展，经济关系复杂化和管理水平不断提高，会计职能的内涵也在不断得到拓宽，主要包括会计核算、会计监督、会计预测、会计决策、会计控制和会计分析等，其中会计核算与会计监督是会计的两大基本职能。

（一）会计核算职能

核算职能是会计的传统职能和首要职能，也是全部会计工作的基础环节。会计核算是指以货币为主要计量单位，通过确认、计量、记录和报告等环节，对特定主体的经济活动进行记账、算账和报账，为相关会计信息使用者提供决策所需的会计信息。会计核算贯穿于经济活动的整个过程，是会计最基本和最重要的职能，又叫反映职能。记账是指对特定主体的经济活动采用一定的记账方法，在账簿中进行登记，以反映在账面上；算账是指在日常记账的基础上，对特定主体一定时期内的收入、费用、利润和某一特定日期的资产、负债、所有者权益进行计算，以算出该时期的经营成果和该日期的财务状况；报账就是在算账的基础上，将特定会计主体的财务状况、经营成果和现金流量情况，以会计报表的形式向有关各方报告。

（二）会计监督职能

会计监督是会计的另一项基本职能，具有强制性、权威性和严肃性等特点。会计监督即是利用会计核算的信息资料，根据国家有关法规和经济管理的要求，围绕特定经济目标，对经济活动进行监督和控制的过程。会计监督是通过价值指标来进行的，通过价值指标可全面、及时、有效地控制各单位的经济活动。监督主要是通过对特定会计主体经济活动的合法性和合理性进行审查，确保经济主体在法制的框架内开展经济活动，并严格执行内部控制制度，为增收节支、提高经济效益严格把关。

会计的核算职能是会计监督职能的基础，会计监督职能则又贯穿于会计核算的全过程，两者相辅相成，既有独立要求，又紧密联系，缺一不可。

三、会计的特点

（一）会计是以货币作为主要计量单位

会计是为了从数量上来核算和监督各企业、机关和事业单位经济活动的过程，需要运用实物量度、劳动量度和货币量度三种计量尺度，但应以货币量度为主。只有借助统一的货币量度，才能取得经营管理上所必需的、连续的、系统而综合的会计资料。因此，在会计上，对于各种经济事务,即使已按实物量度或劳动量度进行计算和记录,最终仍需要按货币量度综合加以核算。

(二) 会计具有连续性、系统性、综合性和全面性的特点

会计对经济活动过程进行核算和监督,是按照经济活动发生的时间顺序不间断地连续记录,并且对现在或将来可能影响企业收益的、能够用货币表现的经济业务,都必须全面、准确地记录下来。会计日常记录的内容,应当按照国家的方针、政策、制度或会计惯例及管理的要求,定期进行归类整理,以揭示经济业务所固有的内部联系,以便随时提供企业经营管理所需的各种资料。

(三) 会计具有一整套科学实用的专门方法

为了正确反映企业经济活动,会计在长期发展过程中,形成一系列科学实用的专门核算方法,按照经济业务发生的顺序进行连续、系统、全面地记录和计算,为企业经营管理提供必要的经济信息。这些专门核算方法相互联系,相互配合,构成一个完整的核算和监督经济活动过程及其结果的方法体系,是会计管理区别于其他经济管理的重要特征之一。

四、会计的概念

综上所述,可把会计表述为:会计是经济管理的重要组成部分,是以货币为主要计量单位,运用专门的方法,对经济活动进行核算和监督的一种管理活动。

任务二 会 计 要 素

一、会计对象

会计对象是指会计所要核算和监督的内容,即会计工作的内容。在社会主义市场经济条件下,会计的对象是社会再生产过程中的资金运动。

由于企业、事业和行政单位的经济活动的具体内容不同,资金运动的方式不同,因此,这些单位所要核算和监督的具体对象也不一样。下面以工业企业为例进行说明。

工业企业的经济业务主要是制造产品、销售产品,在生产经营过程中,其资金运动从货币资金形态开始,依次经过供应、生产和销售阶段,不断改变其形态,最后又回到货币资金形态:企业取得资金后,在供应过程中,企业以货币购入各种原材料,从而由货币资金转化为储备资金;在生产过程中,企业利用劳动手段将原材料投入生产,引起了原材料的消耗、固定资产的折旧、工资的支付和生产费用的开支,使储备资金和一部分货币资金转化为生产资金;产品完工后,生产资金就转化为成品资金;在销售过程中,产品销售出去取得销售收入,成品资金又转化为货币资金,同时支付销售费用。在这三个过程中,货币资金依次不断改变其形态,称为资金循环,周而复始地不断演变,称为资金的周转。企业对净收入进行分配时,一部分资金就退出了循环。其具体过程如图 1-1 所示。

上述过程中,由于资金的取得、运用和退出等经济活动所引起的各项财产和资源的增减变化情况,以及在经营过程中各项生产费用的支出和产品成本形成的情况,就构成了工业企业会计的具体对象。

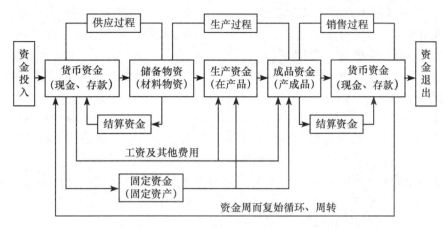

图 1-1 工业企业资金循环图

二、会计要素

(一) 会计要素的概念及其构成

前述会计对象的内容繁多，涉及面广。为了便于会计核算，必须对其作进一步的分类，这样不仅有利于对不同经济类别进行确认、计量、记录和报告，而且还可以为建立会计科目和设计会计报表提供依据。这种分类的类别，在会计上称为会计要素。概括地说，所谓会计要素，就是对会计对象按其经济特征所作的进一步分类。它是会计对象的基本组成部分。

企业的会计要素由资产、负债、所有者权益、收入、费用和利润六项构成。其中前三项反映了企业在一定时点上（月末、季末、半年末、年末）资金运动的静态表现；后三项反映了企业在一定期间（月度、季度、半年度、年度）资金运动的动态表现。

(二) 企业会计要素的基本内容

1. 资产

资产是指由过去的交易或事项形成并由企业拥有或控制的资源，该资源预期会给企业带来经济利益。根据上述定义说明，作为一项资产，必须具备以下三个基本特征。

(1) 资产是过去的交易或事项所形成的。这就是说，作为企业资产，必须是现实的而不是预期的资产，它是企业过去已经发生的交易或事项所产生的结果。

(2) 资产是企业拥有或控制的资源。即是指，一项资源要作为企业资产，企业就必须拥有此项资产的所有权，并可以由企业自行使用或处置。但在某些条件下，对一些由特殊方式形成的资产，企业虽然不拥有所有权，但能够控制的，也可作为企业资产（如融资租入的固定资产）。

(3) 预期给企业带来经济利益。这是资产最重要的特征。所谓预期给企业带来经济利益，是指能直接或间接增加流入企业的现金或现金等价物的潜力。如果预期不能带来经济利益，就不能确认为企业的资产。

资产按照其流动性可分为流动资产和非流动资产。

(1) 流动资产是指预计在一个正常营业周期中变现、出售或耗用，或者主要为交易目的而持有，或者预计在资产负债表日起一年内（含一年）变现，或者自资产负债表日起一年内（含一年），交换其他资产或清偿负债的能力不受限制的现金或现金等价物。流动资产主要包括库存现金、银行存款、交易性金融资产、应收票据、应收账款、预付账款、应收利息、应收股利、其他应收款、存货等。

（2）非流动资产是指流动资产以外的资产，如长期股权投资、固定资产、投资性房地产、无形资产等。

2. 负债

负债是指企业过去的交易或者事项形成的、预期会导致经济利益流出企业的现时义务。根据负债的定义，负债具有以下三个方面的特征。

（1）负债是企业目前承担的现时义务。现时义务是指企业在现行条件下已承担的义务。未来发生的交易或者事项形成的义务不属于现时义务，不应当确认为负债。

（2）负债的清偿会导致经济利益流出企业。负债是企业所承担的现时义务，履行义务时必然会引起企业经济利益的流出。否则，就不能作为企业的负债来处理。

（3）负债是由过去的交易或者事项所形成。负债是企业过去的交易或者事项所形成的结果。过去的交易或者事项包括购买商品、使用劳务、接受贷款等。预期在未来发生的交易或者事项不形成负债。

负债按其流动性，可分为流动负债和非流动负债。

（1）流动负债是指预计在一个正常营业周期内清偿、自资产负债表日起一年内（含一年）到期应予以清偿、企业无权自主地将清偿推迟到资产负债表日起一年以上的负债。它主要包括短期借款、应付票据、应付账款、预收账款、应付职工薪酬、应交税费、应付利息、应付股利、其他应付款等。

（2）非流动负债是指偿还期在一年或超过一年的一个营业周期以上的债务，包括长期借款、应付债券、长期应付款等。

3. 所有者权益

所有者权益是指企业资产扣除负债后由所有者享有的剩余权益。公司的所有者权益又称为股东权益，它具有以下三个特征。

（1）除非发生减资、清算，企业不需要偿还所有者权益。它基本上是企业可以永久利用的一笔资本。

（2）企业清算时，只有在清偿所有的负债后，所有者权益才返还给所有者。所有者在分配被清算企业剩余财产时的末位次序，决定了所有者承担着较债权人更大的风险。

（3）所有者凭借所有者权益能够参与利润的分配。

所有者权益在性质上体现为所有者对企业资产的剩余权益，在数量上也就体现为资产减去负债后的余额，所有者权益包括企业投资人对企业的投入资本、直接计入所有者权益的利得和损失、留存收益等。

（1）所有者投入的资本既包括所有者投入的、构成注册资本或股本部分的金额，也包括所有者投入的、超过注册资本或股本部分的资本溢价或股本溢价。

（2）直接计入所有者权益的利得和损失，即不应计入当期损益、会导致所有者权益发生增减变动的、与所有者投入资本或者向所有者分配利润无关的利得或者损失。其中：利得是指由企业非日常活动所形成的、会导致所有者权益增加的、与所有者投入资本无关的经济利益的流入。损失是指由企业非日常活动所发生的、会导致所有者权益减少的、与向所有者分配利润无关的经济利益的流出。

(3) 留存收益，即企业历年实现的净利润中留存于企业的部分，主要包括盈余公积和未分配利润。

以上三个会计要素称为资产负债表要素，又叫静态要素，其关系用公式表示为

$$资产 = 负债 + 所有者权益$$

该恒等式是编制资产负债表的理论根据。

4. 收入

收入是指企业在日常活动中形成的、会导致所有者权益增加的、与所有者投入资本无关的经济利益的总流入。根据收入的定义，收入具有以下三个方面的特征。

(1) 收入由企业日常活动所形成。日常活动，是指企业为完成其经营目标所从事的经常性的活动以及与之相关的活动。例如工业企业制造并销售产品，商业企业销售商品等。

(2) 收入会导致经济利益的流入。收入使企业资产增加或者负债减少，但这种经济利益的流入不包括由所有者投入资本的增加所引起的经济利益流入。

(3) 收入最终导致所有者权益增加。因收入所引起的经济利益流入，使企业资产增加或者负债减少，最终会导致所有者权益增加。

收入按企业从事日常活动的性质不同可分为销售商品收入、提供劳务收入和让渡资产使用权收入；按企业经营业务的主次不同可分为主营业务收入和其他业务收入。

5. 费用

费用是指企业在日常活动中发生的、会导致所有者权益减少的、与所有者分配利润无关的经济利益的总流出。

根据费用的定义，费用具有以下三个方面的特征。

(1) 费用是企业日常活动中所发生的。日常活动中所发生的费用包括销售成本、职工薪酬、折旧费用等。

(2) 费用会导致经济利益的流出。费用使企业资产减少或者负债增加，但这种经济利益的流出不包括所有者分配利润引起的经济利益流出。

(3) 费用最终导致所有者权益减少。因费用所引起的经济利益流出使得企业资产减少或者负债增加，最终会导致所有者权益减少。

费用可分为营业支出、期间费用和资产减值损失。

(1) 营业支出，即营业成本和税金及附加。其中：营业成本是指已销售商品、已提供劳务等经营活动发生的生产（劳务）成本。生产成本包括直接费用和间接费用。直接费用是指为生产商品和提供劳务等发生的直接人工、直接材料、商品进价和其他直接费用。直接费用与营业收入有明确的因果关系，应直接计入生产经营成本，与营业收入进行配比。间接费用是指为生产商品、提供劳务而发生的共同性费用。这些费用同提供的商品与劳务也具有一定的因果关系，但需要采用一定的标准分配计入生产经营成本，并与营业收入相配比。

(2) 期间费用，包括企业行政管理部门为组织和管理生产经营活动而发生的管理费用、为筹集资金等而发生的财务费用、为销售商品和提供劳务而发生的销售费用和为组织商品流通而发生的进货费用。由于期间费用与会计期间直接相联，则期间费用与其发生期的收入相配比，在当期的利润中应全额予以抵减。

(3) 资产减值损失，即资产已发生的不能带来经济利益的减值损失。

6. 利润

利润是指企业在一定会计期间的经营成果。利润包括收入减去费用后的净额、直接计入当期利润的利得和损失等。

直接计入当期利润的利得和损失是指应当计入当期损益、会导致所有者权益发生增减变动、与所有者投入资本或者向所有者分配利润无关的利得或者损失。

任务三　会　计　等　式

会计等式又称会计方程式,是表明各会计要素之间相互关系的数学表达式。会计等式揭示了会计要素之间的内在联系,是会计核算的理论基础。

一、会计基本等式

一个企业要开展生产经营活动,首先必须拥有一定数量的资产,如库存现金、银行存款等货币资金,或是材料、机器设备等实物资产等。资产是企业正常经营的物质基础。通常,企业的资产主要来自投资者的原始投入。此外,企业还可以通过向债权人举债的方式获取资产。

权益,是指资产的提供者对企业资产所拥有的权利。权益和资产密切相连,是对同一个企业的经济资源从两个不同的角度所进行的表述。资产表明的是企业经济资源存在的形式及分布情况。而权益则表明的是企业经济资源所产生的利益的归属。因此资产与权益从数量上总是相等的,有多少资产就应有多少权益,用公式表示为

$$资产 = 权益$$

由于企业资产的出资人包括投资者和债权人,因而对资产的权益自然分为投资者权益和债权人权益。债权人权益,即负债,是要求企业到期还本付息的权利。投资者权益或所有者权益,是指所有者对企业资产抵减负债后的净资产所享有的权利。所有权与债权人享有的索偿权从性质上完全不同,债权人对企业资产有索偿权,投资者提供的资产一般不规定偿还期限,也不规定企业应定期偿付的资产报酬。但享有在金额上等于投入资本加上企业自创立以来所累计的资本增值。因此,所有者权益又称净权益,权益由负债和所有者权益组成,用公式表示为

$$权益 = 负债 + 所有者权益$$

基于法律上债权人权益优于所有者权益,则会计恒等式表达为

$$资产 = 负债 + 所有者权益$$

这一等式称会计基本等式,又称会计恒等式。它表明了资产、负债和所有者权益三个会计要素之间的基本关系,反映了企业在某一特定时点所拥有的资产及债权人和投资者对企业资产要求权的基本状况。这一等式是设置账户、复式记账和编制资产负债表的理论依据。

企业运用债权人和投资者所提供的资产,经其经营运作后获得收入,同时以发生相关费用为代价。将一定期间实现的收入与费用配比,就能确定该期间企业的经营成果,用公式表示为

$$收入 - 费用 = 利润(亏损)$$

如前所述,凡是收入,会引起资产的增加或是负债的减少,进而使所有者权益增加;凡是费用,会引起资产的减少或是负债的增加,进而使所有者权益减少。因此在会计期中,会计恒等式又有如下转化形式:

$$资产 = 负债 + 所有者权益 + (收入 - 费用)$$
$$资产 = 负债 + 所有者权益 + 利润$$

收入与费用两大会计要素记载的经济业务事项，依据配比原则并通过结账形成利润，最终转化为所有者权益。因此，在会计期末，会计恒等关系又恢复至其基本形式，即为

$$资产 = 负债 + 所有者权益$$

这一平衡关系构建了资产负债表的基本框架，可以总括地反映企业某特定时点的财务状况。例如，表1-1是某企业20×9年11月30日的资产负债表的简化格式。

表1-1 资产负债表

20×9年11月30日　　　　　　　　　　　　　　　　　　　　单位：元

资　产	金　额	负债及所有者权益	金　额
货币资金	600 000	短期借款	100 000
应收账款	400 000	应付账款	200 000
存货	500 000	实收资本	1 000 000
		盈余公积	200 000
资产总计	1 500 000	负债及所有者权益总计	1 500 000

从上述的资产负债表中，可以了解到这家企业的资产合计为1 500 000元，这一资产总额由两个方面的权益构成，一是债权人提供的300 000元（负债）和所有者提供的1 200 000元（所有者权益）。资产负债表的重要特征就是企业的资产总计与负债和所有者权益总计相等。

二、经济业务的发生对会计等式的影响

企业的经济业务事项复杂多样，但从其对资产、负债和所有者权益影响的角度考察，经济业务事项主要有九种基本类型：资产项目此增彼减；资产项目和负债项目同时增加；资产项目和所有者权益项目同时增加；资产项目和负债项目同时减少；资产项目和所有者权益项目同时减少；负债项目增加，所有者权益项目减少；负债项目减少，所有者权益项目增加；负债项目此增彼减；所有者权益项目此增彼减。现以前例企业20×9年12月份发生的部分经济业务事项为例，对上述九类基本业务事项做出具体说明。

（一）资产项目此增彼减

【例1-1】企业从银行提现金50 000元备用。

这笔业务使该企业资产中的库存现金增加50 000元，该企业因这一业务使资产中的银行存款减少，两者金额均为50 000元。这笔业务对会计等式的影响如表1-2所示。

表1-2 资产项目此增彼减示例表　　　　　　　　　　　　　　　　单位：元

	资产	=	负债	+	所有者权益
经济业务事项发生前	1 500 000		300 000		1 200 000
经济业务事项引起的变动	+50 000				
	-50 000				
经济业务事项发生后	1 500 000	=	300 000	+	1 200 000

（二）资产项目和所有者权益项目同时增加

【例1-2】企业收到投资者投入资金8 000 000元，已存入银行。

这笔业务增加了资产中的银行存款。同时，也使企业的所有者权益中的实收资本项目增加，两者的金额均为8 000 000元。这笔业务对会计等式的影响如表1-3所示。

表1-3　资产项目和所有者权益项目同时增加示例表　　　　　　　　　　单位：元

	资产	=	负债	+	所有者权益
经济业务事项发生前	1 500 000		300 000		1 200 000
经济业务事项引起的变动	+8 000 000				+8 000 000
经济业务事项发生后	9 500 000	=	300 000	+	9 200 000

（三）资产项目和负债项目同时增加

【例1-3】企业购买原材料50 000元，款项尚未支付。

这笔业务使企业资产中的原材料增加，同时也使得负债中的应付账款增加，两者金额均为50 000元。这笔业务对会计等式的影响如表1-4所示。

表1-4　资产项目和负债项目同时增加示例表　　　　　　　　　　单位：元

	资产	=	负债	+	所有者权益
经济业务事项发生前	9 500 000		300 000		9 200 000
经济业务事项引起的变动	+50 000		+50 000		
经济业务事项发生后	9 550 000	=	350 000	+	9 200 000

（四）资产项目和负债项目同时减少

【例1-4】企业以银行存款30 000元偿还上笔的材料部分购货款。

这笔业务使企业资产中的银行存款减少，而这一减少的存款正好予以弥补应付账款，使负债也发生减少，两者金额均为30 000元。这笔业务对会计等式的影响如表1-5所示。

表1-5　资产项目和负债项目同时减少示例表　　　　　　　　　　单位：元

	资产	=	负债	+	所有者权益
经济业务事项发生前	9 550 000		350 000		9 200 000
经济业务事项引起的变动	-30 000		-30 000		
经济业务事项发生后	9 520 000	=	320 000	+	9 200 000

（五）资产项目和所有者权益项目同时减少

【例1-5】企业某投资人投资到期撤回资本200 000元，企业用银行存款支付。

这笔业务使企业资产中的银行存款减少，同时撤资导致所有者权益减少，两者金额均为

200 000元。这笔业务对会计等式的影响如表1-6所示。

表1-6 资产项目和所有者权益项目同时减少示例表 单位：元

	资产	=	负债	+	所有者权益
经济业务事项发生前	9 520 000		320 000		9 200 000
经济业务事项引起的变动	-200 000				-200 000
经济业务事项发生后	9 320 000	=	320 000	+	9 000 000

（六）负债项目增加，所有者权益项目减少

【例1-6】企业宣告分派现金股利30 000元。

这笔业务由于股利未付，使企业负债中的应付股利增加，同时通过利润分配导致所有者权益减少，两者金额均为30 000元。这笔业务对会计等式的影响如表1-7所示。

表1-7 负债项目增加，所有者权益项目减少示例表 单位：元

	资产	=	负债	+	所有者权益
经济业务事项发生前	9 320 000		320 000		9 000 000
经济业务事项引起的变动			+30 000		-30 000
经济业务事项发生后	9 320 000	=	350 000	+	8 970 000

（七）负债项目减少，所有者权益项目增加

【例1-7】经协商，将所欠某企业账款100 000元转为对本企业的投资。

这笔业务使企业负债中的应付账款减少，同时所有者权益中的实收资本增加，两者金额均为100 000元。这笔业务对会计等式的影响如表1-8所示。

表1-8 负债项目减少，所有者权益项目增加示例表 单位：元

	资产	=	负债	+	所有者权益
经济业务事项发生前	9 320 000		350 000		8 970 000
经济业务事项引起的变动			-100 000		+100 000
经济业务事项发生后	9 320 000	=	250 000	+	9 070 000

（八）负债项目此增彼减

【例1-8】企业向银行取得短期借款，直接偿还第三笔业务尚欠购货款20 000元。

这笔业务使企业增加了负债项目的短期借款，同时取得的短期借款直接用以冲减应付账款，使应付账款金额减少，两者金额均为20 000元。这笔业务对会计等式的影响如表1-9所示。

表 1-9　负债项目此增彼减示例表　　　　　　　　　　　　单位：元

	资产	=	负债	+	所有者权益
经济业务事项发生前	9 320 000	=	250 000	+	9 070 000
经济业务事项引起的变动			+20 000		
			-20 000		
经济业务事项发生后	9 320 000	=	250 000	+	9 070 000

（九）所有者权益项目此增彼减

【例 1-9】企业以盈余公积 200 000 元转增资本。

这笔业务一方面使企业所有者权益中的盈余公积减少，另一方面使企业所有者权益中的另一个项目实收资本增加，两者金额均为 200 000 元。这笔业务对会计等式的影响如表 1-10 所示。

表 1-10　所有者权益此增彼减示例表　　　　　　　　　　单位：元

	资产	=	负债	+	所有者权益
经济业务事项发生前	9 320 000	=	250 000	+	9 070 000
经济业务事项引起的变动					+200 000
					-200 000
经济业务事项发生后	9 320 000	=	250 000	+	9 070 000

上述九种基本业务类型可作如下的汇总表示，如表 1-11 所示。

表 1-11　会计汇总类型一览表

	资产	=	负债	+	所有者权益
1	+ -				
2	+				+
3	+		+		
4	-		-		
5	-				-
6			+ -		
7			-		+
8			+ -		
9					+ -

上述会计事项的九种基本类型，使得会计基本等式两边发生同增或同减的数目变化（第 2、3、4、5），或是会计基本等式一边发生此增彼减数目变化（第 1、6、7、8、9）。但无论是上述哪一种情况，均不会破坏资产、负债及所有者权益之间的数量恒等关系。

实际中，还可能涉及一些更为复杂的情形。

【例 1-10】 企业购买机器设备一台，价值 50 500 元，其中 50 000 元以转账支票支付，余款以库存现金付讫。

这笔经济使企业资产项目中的固定资产增加 50 500 元，银行存款减少 50 000 元，库存现金减少 500 元。这笔业务处对会计等式的影响如表 1-12 所示。

表 1-12 会计等式变化（1）　　　　　　　单位：元

	资产	=	负债	+	所有者权益
经济业务事项发生前	9 320 000	=	250 000	+	9 070 000
经济业务事项引起的变动	+50 500				
	-50 000				
	-500				
经济业务事项发生后	9 320 000	=	250 000	+	9 070 000

虽然这笔业务涉及两个以上的项目，但总体上仍属于资产项目此增彼减的基本业务类型，对会计等式的数量平衡关系没有任何影响。

【例 1-11】 企业向银行取得 600 000 元的长期借款，其中 500 000 元直接用于偿还短期借款，余款存入银行。

这笔经济使企业负债中的长期借款增加 600 000 元，短期借款减少 500 000 元，资产项目中的银行存款增加 100 000 元。这笔业务对会计等式的影响如表 1-13 所示。

表 1-13 会计等式变化（2）　　　　　　　单位：元

	资产	=	负债	+	所有者权益
经济业务事项发生前	9 320 000	=	250 000	+	9 070 000
经济业务事项引起的变动	+100 000		+600 000		
			-500 000		
经济业务事项发生后	9 420 000	=	350 000	+	9 070 000

这笔业务同时包含了负债项目此增彼减和资产与负债同时增加两种基本业务类型。这一类会计事项称为复合业务。同时，正如上述分析所示，复合业务同样不对会计恒等关系产生任何影响。

明确会计事项的类型，对于会计核算，尤其是复式记账的运用有重要的意义。

任务四　会计法规和会计工作组织

一、会计法规

会计法规是指由国家和地方立法机关及中央、地方各级政府和行政部门制定颁发的有关会计方面的法律、法规、规章的总称，也叫会计法律制度。其基本构成包括会计法律、会计行政法规和会计规章。

（1）会计法律是指调整我国经济生活中会计关系的法律总规范，如《会计法》。《会计法》是会计法律制度中层次最高的法律规范,是制定其他会计法规的依据,也是指导会计工作的最高准则。

(2) 会计行政法规是指调整经济生活中某些方面会计关系的法律规范,如《企业会计准则》《总会计师条例》。会计行政法规由国务院制定发布或者国务院有关部门拟定经国务院批准发布,制定依据是《会计法》。

(3) 会计规章是指由国家财政部就会计工作中某些方面内容所制定的规范性文件,如《企业会计制度》《会计基础工作规范》等。制定会计规章的依据是会计法律和会计行政法规。

《会计法》《企业会计准则》《企业会计制度》的基本内容简介如下。

(一)《会计法》

《会计法》于1985年1月经第六届全国人大常委会第九次会议审议通过并发布,于同年5月1日开始实施。此后,于1993年12月、1999年10月、2017年11月三次进行修订,修订后的《会计法》对规范会计行为、保证会计资料真实完整、加强经济管理与财务管理、提高经济效益和维护社会主义市场经济秩序起到了更加重要的法律规范作用。

修订后的《会计法》共七章五十二条,包括:总则、会计核算、公司、企业会计核算的特别规定、会计监督、会计机构和会计人员、法律责任、附则。修订内容主要有以下八个方面。

(1) 突出了规范会计行为、保证会计资料质量的立法宗旨。明确了《会计法》的宗旨是规范会计行为,保证会计资料真实、完整,加强经济管理和财务管理,提高经济效益,维护社会主义市场经济秩序。会计资料是管理者、投资者、债权人以及政府部门改善经营管理、评价财务状况、作出投资决策的重要依据,而会计行为是否规范直接影响会计资料的质量。修订后的《会计法》在立法宗旨和修订的其他内容上,都体现了规范会计行为、保证会计资料质量的法律要求。

(2) 突出强调了单位负责人对本单位会计工作和会计资料真实性、完整性的责任。一是明确单位负责人必须对本单位的会计工作和会计资料的真实性、完整性负责;二是规定单位负责人必须在对外提供的财务会计报告上签名并盖章,承担相应法律责任;三是规定单位负责人必须保证会计机构、会计人员依法履行职责;四是对各单位会计工作中的违法行为,除追究直接责任人员的法律责任外,还要追究单位负责人的责任。

(3) 进一步完善了会计核算规则。一是对各单位依法设置的会计账簿提出总体要求;二是规定各单位必须根据实际发生的经济业务事项进行会计核算;三是对会计凭证的填制、会计账簿的设置和登记、财务会计报告的编制和报送等内容作了完善性规定;四是增加了对账、会计处理方法、或有事项的说明、会计记录文字等方面的内容。

(4) 对公司、企业会计核算作出了特别规定。规定公司、企业必须根据实际发生的经济业务事项,按照规定确认、计量和记录。对公司、企业容易导致会计资料失真、失实的主要环节作出了禁止性规定。

(5) 进一步加强了会计监督制度。分别对单位内部会计监督、社会监督和国家监督问题作出具体规定。

(6) 规定国有大、中型企业必须设置总会计师。

(7) 对会计从业资格管理作出了规定。规定从事会计工作的人员必须取得会计从业资格证书；对担任会计机构负责人（会计主管）人员的任职资格作出了具体规定；会计从业资格证书的取得办法由国务院财政部门制定。这是从法律上对会计从业资格问题作出了规定。

（8）对法律责任作出了新的规定。具体列举了应当承担行政责任或刑事责任的违法行为，增强了操作性；对行政责任的具体形式作出了规定。

（二）《企业会计准则》

会计准则是会计核算工作的规范。它主要是对企业经济业务的具体会计处理作出规定，以指导和规范企业的会计核算，保证会计信息的质量。

会计准则按层次分为基本准则和具体准则。基本准则是进行会计核算工作必须遵守的基本要求。财政部2006年颁布的《企业会计准则》即属于基本会计准则，目前其内容共十一章五十条，包括总则、会计信息质量要求、会计要素、会计计量、财务会计报告和附则。

具体会计准则是根据基本会计准则的要求制定的有关会计核算业务处理的具体规范，是企业会计核算的应用准则。目前财政部已颁布《企业会计准则第1号——存货》《企业会计准则第2号——长期股权投资》等41个具体会计准则。

（三）《企业会计制度》

《企业会计制度》是根据《会计法》及国家其他有关法律和法规制定的，用以具体规范企业会计核算，是会计法规体系的组成部分。

《企业会计制度》由财政部于2000年12月29日正式发布，并于2001年1月1日起暂在股份有限公司范围内实践。1993年，我国进行了重大的财务会计制度改革，先后发布了《企业会计准则》、《企业财务通则》以及分行业的财务会计制度，实现了我国会计核算模式的转换，建立了适应社会主义市场经济体制的财务会计核算的模式。随着市场经济体制的深入发展，行业会计制度按行业分类已明显不符合企业实际情况的需要，一方面是企业多种经营的存在和发展，用分行业的会计制度已经不能满足会计核算的需要；另一方面，新兴行业的兴起，无法从现在行业会计制度中找到其适用的会计制度。所以《企业会计制度》的发布成为形势发展的必然要求。

制定《企业会计制度》的主要原则是：

（1）统一性原则；

（2）以《股份有限公司会计制度》和具体会计准则为基础原则；

（3）体现会计要素的质量特性原则；

（4）体现需要和稳定性原则；

（5）体现可理解性和可操作性原则；

（6）与税收法规尽量保持一致，不能一致就适当分离的原则。

《企业会计制度》内容共十四章一百六十条，包括：总则、资产、负债、所有者权益、收入、成本和费用、利润及利润分配、非货性交易、外币业务、会计调整、或有事项、关联方关系及其交易、财务会计报告、附则以及会计科目和会计报表。

《企业会计制度》的发布，是深化会计核算制度、提高会计信息质量、加强会计目标协调的必然要求。它对于规范企业会计核算行为、统一会计核算的标准具有重大的现实意义和深远的历史意义。

二、会计工作组织

会计机构是各单位根据会计工作需要而设置的专门办理会计事务的职能部门。会计人员是从事会计核算、进行会计监督的人员。建立健全会计机构,配备与会计工作要求相适应的具有一定素质和数量的会计人员,是充分发挥会计职能、做好会计工作、提高会计信息质量的重要前提和保证。

(一) 会计机构

《会计法》第三十六条第一款规定:"各单位应当根据会计业务的需要,设置会计机构;或者在有关机构中设置会计人员并指定会计主管人员;不具备设置条件的,应当委托经批准设立从事会计代理记账业务的中介机构代理记账。"该条款对会计机构的设置作出了三种规定。

(1) 根据业务需要设置会计机构。即各单位可以根据单位的会计业务繁简情况决定是否设置会计机构,并没有要求每个单位都设置会计机构。一般来说,在企业化管理的事业单位,大、中型企业,应当设置会计机构。而对那些规模很小的企业、业务和人员都不多的行政单位等,可以不单独设置会计机构,可以将业务并入其他职能部门,或者进行代理记账。

(2) 不能单独设置会计机构的单位,应当在有关机构中设置会计人员并指定会计主管人员。这是由于会计工作专业性、政策性强等特点所决定的。"会计主管人员"不是指通常所说的"会计主管""主管会计"等,而是指负责组织管理会计事务、行使会计机构负责人职权的负责人。会计主管人员作为中层管理人员,行使会计机构负责人的职权,按照规定的程序任免。

(3) 实行代理记账。不具备设置会计机构和会计人员条件的单位,可以委托经批准设立从事会计代理记账业务的中介机构代理记账。代理记账,是指由依法批准设立的中介机构或具备一定条件的单位代替独立核算单位办理记账、结账、报账业务。

代理记账的基本程序是:首先,委托人与代理记账机构在相互协商的基础上签订书面委托合同。其次,代理记账机构根据委托合同约定,定期派人到委托人所在地办理会计核算业务,或者根据委托人送交的原始凭证在代理记账机构所在地办理会计核算业务。

代理记账从业人员应遵守会计法律、法规和国家统一的会计制度,依法履行职责;对在执行业务中掌握的商业秘密,负有保密义务;对委托人示意要求作出的会计处理,提供不实会计资料,以及其他不符合法律、法规要求的应当拒绝;对委托人提出的有关会计处理原则问题负有解释的责任。

(二) 总会计师

《会计法》第三十六条第二款规定:"国有的和国有资产占控股地位或者主导地位的大、中型企业必须设置总会计师"。总会计师是在单位领导人领导下,主管经济核算和财务会计工作的负责人。总会计师是单位领导成员,协助单位负责人工作,全面负责本单位的财务会计管理和经济核算,参与本单位的重大经营决策活动。

担任总会计师,应当具备以下条件。
(1) 坚持社会主义方向,积极为社会主义市场经济建设和改革开放服务。
(2) 坚持原则、廉洁奉公。
(3) 取得会计师专业技术资格后,主管一个单位或者单位内部一个重要方面的财务会计工作的时间不少于3年。

（4）要有较高的理论政策水平，熟悉国家财经纪律、法规、方针和政策，掌握现代化管理的有关知识。

（5）具备本行业的基本业务知识，熟悉行业情况，有较强的组织领导能力。

（6）身体健康，胜任本职工作。

总会计师的职责包括两个方面：一是由总会计师负责组织的工作；二是由总会计师协助、参与的工作。其权限有：对违法违纪问题的制止和纠正权；建立、健全单位经济核算的组织指挥权；对单位财务收支的审批签署权；对本单位会计人员的管理权。

对于国有大、中型企业，总会计师由本单位主要行政领导人提名，政府主管部门任命或聘任；免职或者解聘程序与任命或聘任程序相同。对于事业单位和业务主管部门，总会计师依照干部管理权限任命或聘任，免职或者解聘程序相同。

（三）会计人员

会计人员是专门从事会计工作的人员，必须具备专业能力，遵守职业道德。

会计人员因提供虚假财务会计报告，做假账，隐匿或者故意销毁会计凭证、会计账簿、财务会计报告，贪污、挪用公款、职务侵占等与会计职务有关的违法行为被追究刑事责任的人员，不得再从事会计工作。

单位会计机构负责人（会计主管人员），应具备会计师以上专业技术职务资格或从事会计工作3年以上经历。

会计人员在会计工作中应遵守职业道德规范。会计人员职业道德规范是会计工作规范的组成部分，是对会计人员强化道德约束、防止和杜绝会计人员在工作中出现违背职业道德行为的有效措施。会计人员职业道德主要内容包括：爱岗敬业、熟悉法规、依法办事、客观公正、搞好服务、保守秘密。

根据《会计专业职务试行条例》，我国会计人员的专业技术职务名称为：高级会计师、会计师、助理会计师、会计员。其中高级会计师为高级职务，会计师为中级职务，助理会计师、会计员为初级职务。《会计专业职务试行条例》对各级会计专业技术职务的任职条件和基本职责分别作了明确规定。为了确保会计人员素质，确定会计人员专业技术职务应经过严格的考试或考核，实行专业技术职务聘任制。

情 境 小 结

会计是以货币为主要计量单位，反映和监督一个单位经济活动的一种经济管理工作。其主要特点为：以货币为主要计量单位；连续性、全面性和综合性；有一整套专门方法。

会计的职能，是指会计在经济管理工作中所具有的功能。其基本职能为会计核算和会计监督。

会计对象是指会计核算和会计监督的内容，即以货币形式表现的经济活动或资金运动。

会计要素是会计对象的具体化，分为资产、负债、所有者权益、收入、费用和利润六大要素。资产、负债和所有者权益是财务状况要素，收入、费用和利润是经营成果要素。

"资产＝负债＋所有者权益"是会计基本等式，是编制资产负债表的理论依据。企业经济业务在资产、负债和所有者权益之间的变化可以归纳为九种类型，每一种经济业务的发生都不会影响等式的恒等性。

同步强化练习

一、名词解释

1. 会计　　　　2. 会计要素　　　　3. 资产　　　　4. 负债
5. 所有者权益　6. 收入　　　　　　7. 费用　　　　8. 利润

二、单项选择题

1. 关于会计下列说法错误的是（　　）。
   A. 会计是一项经济管理活动
   B. 会计的主要工作是核算和监督
   C. 会计的对象针对的是某一主体平时所发生的经济活动
   D. 货币是会计唯一的计量单位
2. 会计主要利用的计量单位是（　　）。
   A. 实物计量单位　　B. 劳动计量单位　　C. 货币计量单位　　D. 工时计量单位
3. 会计的一般对象是（　　）。
   A. 再生产过程中的全部经济活动
   B. 再生产过程中的部分经济活动
   C. 再生产过程中的经济活动
   D. 再生产过程中发生的、能用货币表现的经济活动
4. 某企业月初资产总额300万元，本月发生下列经济业务：①赊购材料10万元；②用银行存款偿还短期借款20万元；③收到购货单位偿还的欠款15万元，存入银行。月末资产总额为（　　）。
   A. 310万元　　　　B. 290万元　　　　C. 295万元　　　　D. 305万元
5. 企业9月末负债总额为100万元，10月份收回应收账款5万元，收到购货单位预付的货款8万元，10月末计算出应交主营业务税金0.5万元。月末负债总额为（　　）。
   A. 108.5万元　　　B. 103.5万元　　　C. 113.5万元　　　D. 106.5万元
6. 下列项目中属于流动资产的是（　　）。
   A. 预付账款　　　　B. 应付账款　　　　C. 无形资产　　　　D. 短期借款
7. 所有者权益是企业投资人对企业净资产的所有权，在数量上等于（　　）。
   A. 全部资产扣除流动负债　　　　　B. 全部资产扣除长期负债
   C. 全部资产加上全部负债　　　　　D. 全部资产扣除全部负债
8. 下列属于需要在一年或超过一年的一个营业周期内偿还的债务是（　　）。
   A. 向银行借入的3年期的借款　　　B. 应付甲公司的购货款
   C. 应收乙公司的销货款　　　　　　D. 租入包装物支付的押金
9. 资产和权益在数量上（　　）。
   A. 必然相等　　　　B. 不一定相等　　　C. 只有期末时相等　　D. 有时相等
10. 下列经济业务发生，使资产和权益项目同时增加的是（　　）。
    A. 生产产品领用材料

B. 以现金发放应付工资

C. 收到购买单位预付的购货款存入银行

D. 以资本公积转增资本

三、多项选择题

1. 会计的基本职能是（　　）。
   A. 会计核算　　B. 会计监督　　C. 会计预测　　D. 会计决策
2. 以下项目属于企业资产要素范围的是（　　）。
   A. 存放在企业仓库中的原材料　　B. 存入银行的款项
   C. 暂欠某单位购货款　　　　　　D. 应收某单位销售款
3. 以下项目属于企业所有者权益要素范围的是（　　）。
   A. 应付未付投资者的利润
   B. 投资者投入资本
   C. 按国家规定从税后利润中提取的各种公积金
   D. 未分配利润
4. 下列各项中，属于收入的有（　　）。
   A. 销售商品收入　　　　　　B. 提供劳务收入
   C. 销售原材料收入　　　　　D. 出租固定资产收入
5. 反映企业财务状况的会计要素有（　　）。
   A. 资产　　　B. 收入　　　C. 负债　　　D. 所有者权益
6. 我国企业财务会计法规体系由（　　）组成。
   A. 会计法　　B. 会计准则　　C. 会计制度　　D. 会计方法
7. 下列会计科目属于流动资产类的有（　　）。
   A. 无形资产　　B. 原材料　　C. 应收账款　　D. 库存现金
8. 下列经济业务发生，使资产与权益项目同时减少的有（　　）。
   A. 收到短期借款存入银行　　B. 以银行存款偿还应付账款
   C. 以银行存款支付应付利息　　D. 以银行存款支付应付利润
9. 下列经济业务发生，使资产项目之间此增彼减的有（　　）。
   A. 生产产品领用材料　　　　B. 以现金支付应付工资
   C. 以银行存款偿还前欠购料款　　D. 以银行存款支付购买固定资产款
10. 下列经济业务中，会引起会计等式左右两边同时发生增减变动的有（　　）。
    A. 收到应收账款存入银行　　B. 购进材料尚未付款
    C. 接受投资人追加投资　　　D. 用银行存款偿还长期借款

四、判断题

1. 资产是企业所拥有的或者控制的，能以货币计量并且具有实物形态的经济资源。
   （　　）
2. 所有者权益是企业投资人对企业资产的所有权。（　　）
3. 不论发生什么样的经济业务，会计等式两边会计要素的平衡关系都不会破坏。
   （　　）

4. 所有经济业务的发生都会引起会计等式两边发生变化。（   ）
5. 会计等式是设置账户、复式记账以及编制会计报表的理论根据。（   ）
6. 经济业务又称为会计事项或交易事项。（   ）
7. 取得了收入，会表现为资产要素和收入要素同时增加，或者是在增加收入时减少负债。（   ）
8. 发生了费用，会表现为费用要素的增加和资产要素的减少，或者是在增加费用时增加负债。（   ）

五、简答题

1. 会计的产生和发展与生产活动和管理要求有什么关系？
2. 什么是会计？它有什么特点？
3. 会计的基本职能有哪些？其相互间关系如何？
4. 会计的对象是什么？简述会计对象的具体内容。
5. 会计法规体系包括哪些内容？其相互间存在什么关系？
6. 会计人员的任职条件是什么？

子情境二
会计核算前提和会计信息质量要求

【学习目标】
1. 理解会计核算的基本前提。
2. 掌握会计信息质量要求。
3. 掌握权责发生制原则。
4. 理解会计要素计量属性。

任务一　会计核算的基本前提

会计核算的基本前提也称会计假设，是对会计核算所处的时间、空间环境所做的合理设定，或对会计核算的范围、内容、要求等做出规定，把会计核算限定在一定的条件下。因此，会计核算的基本前提是进行会计核算时必须明确的前提条件。我国《企业会计准则》把会计核算的基本前提分为会计主体、持续经营、会计分期和货币计量四个基本内容。

一、会计主体

会计主体是企业会计确认、计量和报告的空间范围，也是指会计为之服务的特定单位。它界定了从事会计工作和提供会计信息的空间范围，凡是拥有独立资金、自主经营、独立核算、自负盈亏并编制会计报表的企业或单位都是一个会计主体。只有规定了会计主体，才使会计核算有明确的范围，才能正确反映会计主体的资产、负债和所有者权益的增减变化以及收入、费用和利润的实现情况，使一个企业的财务状况和经营成果独立地反映出来，为企业相关信息使用者提供所需要的信息。基于这一前提，首先企业在会计核算时要划清各会计主体之间的界限。例如，恒源公司销售产品给恒生公司，根据会计主体这一前提，恒源公司会计的服务对象就是恒源公司这个会计主体，会计核算的内容必须是交付产品和收回货款，绝不能记录成对方的支付货款和收到产品。其次要求每个会计主体的财务活动必须与业主个人的财务活动区分开来。例如，私营企业的家庭开支就不能在企业账上反映，尽管法律上承认该企业是业主个人所有。显然只有坚持会计主体独立性观念，从会计主体整体出发，才能正确计算它在经营活动中取得的收益或发生的损失，正确计算它的资产和负债，从而为经营提供可靠的信息。如果会计主体不明确，资产和负债就难以界定，收入和支出便无法衡量，各种会计核算方法的应用就无从谈起。所以必须划清各个会计主体财务活动的界限。

会计主体可以是独立的法人，也可以是非法人。一般来讲，法律主体必然是会计主体，而会计主体不一定都是法人主体。例如：独资企业和合伙企业都不是法律主体，但它们都是独立的会计主体。

二、持续经营

持续经营是指在正常的情况下，会计主体的生产经营活动将按照既定的目标持续经营，在可以预见的将来，不会面临破产清算。持续经营为会计的正常工作规定了时间范围，即会计主体的经济活动将无限期继续存在下去，这样才能开展常规的会计核算工作，企业采用的会计方法、会计程序才能稳定，才能准确地反映企业财务状况和经营成果。例如，固定资产计提折旧，会计上按固定资产的平均使用年限计算折旧，分期转入成本费用，这就是以持续经营为前提。企业在经营过程中由于激烈竞争和管理不善等原因，难免有破产倒闭的可能，但持续生产经营是大多数会计主体存在的事实，所以这个前提是被广泛承认的。对于少数无力偿债、无法经营、宣布破产清算的企业单位，这个前提不再适用。

三、会计分期

会计分期是指将会计主体连续不断的生产经营活动划分为若干相等的会计期间，以便分期结算账目和编制财务会计报告，及时地提供有关财务状况和经营成果的会计信息。世界各国大多按照日历年度作为会计年度，但是也有按业务年度作为会计年度，例如将7月1日起至下年6月30日作为会计年度。我国《会计法》规定我国会计年度自公历1月1日起至12月31日止。《企业会计准则——基本准则》规定会计期间分为年度和中期。中期是指短于一个完整的会计年度的报告期间。

四、货币计量

货币计量是指会计主体在进行会计核算时，要求经济业务的处理选择以货币作为量度来加以确认。企业的各种财产物资因为计量单位不同（实物量度、劳动量度、货币量度等）无法直接相加汇总，但可以把不同的计量单位都转化为货币单位形式，这样就可以直接汇总，综合反映会计信息指标，例如，企业有原材料100千克，价值20万元；库存商品2 000件，价值50万元；厂房一栋，价值500万元等。从这个意义上讲，货币量度是会计记账的基本计量单位，其他量度则是会计记账的辅助计量单位。在多种货币存在的条件下，或经济业务是用外币结算时，就要确定某一种货币作为记账本位币。我国企业会计制度规定，企业的会计核算以人民币为记账本位币。业务收支以人民币以外的货币为主的企业，可以选定其中一种货币作为记账本位币，但编制的财务会计报告应当折算为人民币。在境外设立的中国企业向国内报送的财务会计报告，也应当折算为人民币。

如上所述，会计核算的四项前提是对会计所处的经济环境所作的合乎情理的推断和假定，会计假设本质上是一种理想化、标准化的会计环境。会计核算的四项基本前提是相互依存、相互补充的关系。会计主体确立了会计核算的空间范围，持续经营与会计分期确立了会计核算的时间范围，货币计量为会计核算提供了必要手段。

任务二　会计信息质量要求

会计信息质量的高低，直接关系到会计信息的真实与否。为实现企业管理的目标，为相关信息使用者提供高质量的会计信息，我国《企业会计准则》对会计信息质量提出以下八个方面的要求。

一、真实性

真实性要求企业以实际发生的交易或者事项为依据进行会计确认、计量和报告，如实地反映各项会计要素及其相关信息，保证会计信息真实可靠，内容完整。会计记录的是企业已经发生的经济业务，真实性要求会计记账必须还原已经发生的经济业务的全貌，不能有任何人为的操纵。贯彻真实性要求，就是要求会计工作以客观事实为依据，经得起验证。

二、相关性

相关性要求企业提供的会计信息应当与财务会计报告使用者的经济决策需要相关，有助于财务会计报告使用者对企业过去、现在或者未来的情况作出评价或者预测。会计信息资料既要满足国家宏观管理调控的需要，也要满足企业内部管理、投资人和债权人等方面的需要，这就要求企业在选择会计核算程序和方法时必须考虑企业经营特点和管理的需要，设置账簿时要考虑有利于信息的输出和不同信息使用者的需要。

三、明晰性

明晰性要求企业提供的会计信息清晰明了，便于财务会计报告使用者理解和使用。明晰性要求有关经济业务的说明简明扼要、通俗易懂；会计记录准确、清晰，不得随意涂抹、刮擦和挖补；填制会计凭证、登记会计账簿做到依据合法、账户对应关系清楚、文字摘要完整；在编制会计报表时，项目钩稽关系清楚、项目完整、数字准确。

四、可比性

可比性要求同一企业在不同会计期间采用的会计处理方法和程序，前后各期必须一致，不得随意变更，如确需变更的，应当在财务报告附注中说明。此外，不同企业对会计信息的处理应当采用一致的会计政策，以确保会计信息口径一致、相互可比。可比性原则，是为了会计信息使用者能对同一企业不同时期、不同企业同一时期的会计信息进行比较、分析及利用，可以了解企业的现状，预测企业的未来发展趋势，也有利于国家进行宏观经济管理。

五、实质重于形式

实质重于形式要求企业应当按照交易或者事项的经济实质进行会计确认、计量和报告，不应仅以交易或者事项的法律形式为依据。在实际工作中，可能会碰到一些经济实质与法律形式不吻合的业务或事项，例如，企业融资租入的固定资产，在租期未满以前，所有权并没有转移给承租人，但与该项固定资产相关的收益和风险已经转移给承租人，承租人实际上也在行使对该项固定资产的控制，因此承租人应该将其视同自有的固定资产进行核算与管理。

六、重要性

重要性要求企业提供的会计信息反映与企业财务状况、经营成果和现金流量等有关的所有重要交易或者事项。具体来说，对资产、负债、损益等有较大影响，并进而影响财务会计报告，影响使用者据此作出合理判断的重要会计事项，必须按照规定的会计方法和程序进行处理，并在财务会计报告中予以充分、准确的披露；对于次要的会计事项，在不影响会计信息真实性和不至于误导财务会计报告使用者作出正确判断的前提下，可适当简化处理。

重要性原则要求企业在提供会计信息时，对于重要的经济事项应该单独反映，比如，企业销售商品款项尚未收回，销售商品作为企业收入的主要来源属于企业重要的经济事项，应单独在"应收账款"账户反映；又如，企业存放在外单位的押金，这不是企业经常性的，也不是重要的经济事项，因此可以在"其他应收款"账户和其他不重要的应收款项合并反映。

七、谨慎性

谨慎性要求企业对交易或者事项进行会计确认、计量和报告时保持应有的谨慎，不应高估资产或者收益、低估负债或者费用。谨慎性要求的依据：一是会计环境中存在着大量不确定因素影响会计要素的精确确认和计量，必须按照一定的标准进行估计和判断；二是因为在市场经济中，企业的经济活动有一定的风险性，提高抵御经营风险和市场竞争能力需要谨慎；三是使会计信息建立在谨慎性的基础上，避免夸大利润和权益、掩盖不利因素，有利于保护投资者和债权人的利益；四是可以抵消管理者过于乐观的负面影响，有利于正确决策。

根据这一要求，我国《企业会计准则》规定，如果企业的资产发生贬值，应该计提资产减值损失，防止企业不良资产挂账。谨慎性要求的实质是不少计费用、不多估资产、不多计利润，使企业在激烈的竞争中站稳脚跟，增强抵御风险的能力。

八、及时性

及时性要求企业对已经发生的经济事项及时进行会计确认、计量和报告，不得提前或者退后，只有这样才能保证会计信息的时效性，满足企业管理的需要。因此，会计账务处理要及时进行，不得拖延，财务会计报告的编制要及时，并要在规定日期内报送有关部门，否则，再有用的会计信息也会失去它的利用价值。但是及时必须以真实和正确为前提。不能够为了及时报送财务会计报告，采用提前结转的方式。

任务三 会计基础和会计要素计量属性

一、会计基础

会计基础是指会计核算的结账基础。实际工作中，由于各种原因，经济业务发生的时间与相应的现金收支行为的发生时间往往不一致，会发生一些应收未收、应付未付的经济事项，这就产生了两种会计核算基础：收付实现制和权责发生制。收付实现制是指以收入和费用的实际收支期间为标准确认收入和费用的方法；权责发生制是指以收入和费用的归属期间为标准确认收入和费用的方法。《企业会计准则——基本准则》规定："企业应当以权责发生制为基础进行会计确认、计量和报告。"

（一）权责发生制

权责发生制是指以权利和责任的发生来决定收入和费用的归属。其主要内容是：凡是当期已经发生的收入和已经发生或应当负担的费用，不论款项是否支付，都应当作为本期收入和费用处理；凡是不属于当期的收入和费用，即使款项已经在当期收付，都不应作为当期的收入和费用处理。这种分期归属原则，叫做权责发生制原则。

权责发生制的核心就是根据权责关系的实际发生和影响期间来确认企业的收入和费用，所以它能够正确地反映各期的成本和费用情况，反映各期收入和费用的配比关系，正确地计算当期损益，以利于提供完整、准确的会计信息。

例如，恒源公司于20×9年4月10日销售商品10万元给恒生公司，双方协议款项将于20×9年7月10日结算。根据权责发生制原则，销售商品的行为已经发生，4月份有权利确认收入10万元；再比如，恒源公司20×9年1月预交全年租金12万元，每月1万元，根据权责发生制原则，12万元的费用受益期分属在12个月中，因此，应该每月承担1万元的房租费，而不应该将12万元全数计入1月份。

（二）收付实现制

收付实现制与权责发生制不同，对于收入和费用是按照现金是否收到或付出确定其归属期。其主要内容是：凡是在本期收到的收入，不论其是否属于本期，均作为本期收入记账处理；凡是本期实际支付的款项，不论其是否应该由本期负担，均作为本期费用记账处理。

仍按上述举例，恒源公司将于20×9年7月实际收到款项，根据收付实现制原则，10万元的销售收入应该在7月份实际收到款项时入账；而1月份预交的全年租金，也不按照受益期摊配，1月份实际支付的，就全部计入1月份的费用。

二、会计要素的计量属性

会计计量是为了将符合确认条件的会计要素登记入账并列报于财务报表而确定其金额的过程。企业应当按照规定的会计计量属性进行计量，确定其金额。计量属性是指被计量对象（会计要素）的数量化特征的表现形式。计量属性的不同选择会使相同的计量对象表现为不同货币的数额。企业在对会计要素进行计量时，可采用的计量属性有：历史成本、重置成本、现值、可变现净值、公允价值等。

（一）历史成本

在历史成本计量下，资产按照购置时支付的现金或者现金等价物的金额，或者按照购置资产时所付出的公允价值计量。负债按照因承担现时义务而实际收到的款项或者资产的金额，或者承担现时义务的合同金额，或者按照日常活动中为偿还负债预期需要支付的现金或者现金等价物的金额计量。历史成本具有可靠性，但是成本属性只能反映资源的存在、反映资源过去和现在用到何处，不能代表可能产生的未来经济利益对资源委托者的报酬。尤其是在物价变动明显时，其可比性、相关性下降，经营业绩和持有收益不能分清，非货币性资产和负债会出现低估，难以真实揭示企业的财务状况。

（二）重置成本

重置成本是指资产按照现在购买相同或者相似资产所需支付的现金或者现金等价物的金额。负债按照现在偿付该项债务所需支付的现金或者现金等价物的金额。这种计量属性能够避免因价格变动的收益虚计，较为客观地评价企业的管理业绩。但重置成本确定较为困难，无法与原持有资产完全吻合，从而影响信息的可靠性；其次，重置成本仍然不能消除货币购买力变动的影响。

（三）可变现净值

在可变现净值计量下，资产按照其正常对外销售所能收到现金或者现金等价物的金额扣减该资产至完工时估计将要发生的成本、估计的销售费用以及相关税费后的金额计量。这种计量属性能反映预期变现能力，评价企业的财务应变能力，消除费用分摊的主观随意性。可变现净值作为资产的现实价值与决策的相关性较强，但不适用于所有资产，因为它无法反映企业预期使用资产的价值，因而并非所有资产、负债都有变现价值。

（四）现值

在现值计量下，资产按照预计从其持续使用和最终处置中所产生的未来净现金流入量的折现金额计量。负债按照预计期限内需要偿还的未来净现金流出量的折现金额计量。现值计量属性考虑了货币时间价值，与决策的相关性最强，能够体现经管责任的全部要求。然而，由于现值计量基于一系列假设与判断，难以实现"硬"计量，其未来现金流入量现值的计算是不确定的，与决策的可靠性较差。

（五）公允价值

在公允价值计量下，资产和负债按照在公平交易中熟悉情况的交易双方自愿进行资产交换或者债务清偿的金额计量。公允价值计量具有较强的相关性。用户通过公允价值信息可以了解企业当前所持有的资产负债的真实价值，从而做出对企业风险及管理业绩的评价。

情 境 小 结

本子情境介绍了会计核算的基本前提、会计信息质量要求、会计基础和计量属性。

会计核算的基本前提是：会计主体、持续经营、会计分期、货币计量。会计核算的正常运行必须建立在会计前提之上，没有会计前提，会计信息就会失去其意义和作用。

会计信息质量要求计有八点，企业按照这些要求组织会计核算，可以保证会计信息的真实可靠、准确无误，否则，会计信息就会失真。

会计基础是指会计核算的结账基础，《企业会计准则》规定企业应当以权责发生制为基础进行会计确认、计量和报告。

会计计量属性是为了将符合确认条件的会计要素登记入账并列报于财务报表而确定其金额的过程。企业应当按照规定的会计计量属性进行计量，确定其金额。

同步强化练习

一、名词解释

1. 会计主体　　2. 持续经营　　3. 会计分期　　4. 相关性
5. 可比性　　　6. 谨慎性　　　7. 经济实质重于法律形式
8. 权责发生制　9. 会计基础　　10. 会计计量

二、单项选择题

1. 通常说的会计主体与法律主体是（　　）。

A. 有区别的　　　　B. 相互一致的　　　C. 不相关的　　　　D. 相互可替代的
2. 货币计量前提还包含着（　　）前提。
　　A. 会计分期　　　　B. 持续经营　　　　C. 会计主体　　　　D. 币值稳定
3. 在会计核算过程中，会计处理方法前后各期（　　）。
　　A. 应当一致，不得随意变更　　　　　　B. 可以变动，但须经过批准
　　C. 可以任意变动　　　　　　　　　　　D. 应当一致，不得变动
4. 会计主体对会计核算范围从（　　）上进行了有效的划定。
　　A. 空间　　　　　　B. 内容　　　　　　C. 时间　　　　　　D. 空间和时间
5. 持续经营为（　　）提供了理论依据。
　　A. 复式记账方法　　B. 会计计量　　　　C. 会计主体确认　　D. 会计内容的划分
6. 会计核算前后各期指标口径应一致符合（　　）要求。
　　A. 相关性　　　　　B. 谨慎性　　　　　C. 权责发生制　　　D. 可比性

三、多项选择题

1. 会计对经济活动的计量可以采用（　　）。
　　A. 货币量度　　　　B. 实物量度　　　　C. 其他量度　　　　D. 劳动量度
2. 谨慎性要求具体运用的办法是（　　）。
　　A. 不高估收益　　　　　　　　　　　　B. 不高估资产
　　C. 低估费用和损失　　　　　　　　　　D. 足额计算费用和损失
3. 企业在对会计要素进行计量时，一般采用（　　）进行计量。
　　A. 历史成本　　　　B. 重置成本　　　　C. 可变现净值　　　D. 公允价值
4. 下列各项支出中，属于资本性支出的有（　　）。
　　A. 生产经营期间生产工人工资支出　　　B. 在建工程人员工资支出
　　C. 融资租入固定资产改良支出　　　　　D. 购买专利权支出
5. 下列组织可以作为一个会计主体进行核算的有（　　）。
　　A. 独资企业　　　　　　　　　　　　　B. 生产车间
　　C. 分公司　　　　　　　　　　　　　　D. 多家公司组成的企业集团

四、判断题

1. 会计主体与法人主体是同一概念。　　　　　　　　　　　　　　　　　　　（　　）
2. 由于会计分期才产生了权责发生制和收付实现制。　　　　　　　　　　　　（　　）
3. 谨慎性原则要求会计核算工作中做到谦虚谨慎，不夸大企业的资产。　　　　（　　）
4. 我国会计年度自公历1月1日起至12月31日止。　　　　　　　　　　　　　（　　）
5. 会计的方法就是指会计核算的方法。　　　　　　　　　　　　　　　　　　（　　）
6. 会计循环是指在一个会计期间依次连续运用会计核算方法，对经济业务进行反映和监督的过程。　　　　　　　　　　　　　　　　　　　　　　　　　　　　　　（　　）
7. 最常见的会计期间是一个月。　　　　　　　　　　　　　　　　　　　　　（　　）
8. 持续经营前提为企业的财产计价和收益的确定提供了理论基础。　　　　　　（　　）

子情境三

账户和复式记账

【学习目标】
1. 理解会计科目和会计账户的基本概念。
2. 理解会计科目与账户的关系。
3. 理解总分类账户与明细分类账户的关系。
4. 掌握会计科目的性质和账户的基本结构及其登记方法。
5. 掌握借贷记账法的基本知识及其应用。

任务一 会 计 科 目

一、设置会计科目的意义

会计科目是对会计要素进行的再次分类。企业的资金运动是复杂多样的,为了分类反映复杂的资金活动,对会计对象进行了初步的分类即会计要素:资产、负债、所有者权益、收入、费用和利润。但这六大会计要素又各自包含有很多的内容,如企业的资产有库存现金、银行存款、房屋、设备等;企业的负债有从银行借入的,有的是欠供货方的购货款等,这些项目也需要进行分类核算和监督,以满足不同信息使用者的需求。因此,为了记录企业发生的具体的经济事项,需要对会计要素继续进行分类,分类后的名称就叫做会计科目。

例如:企业拥有的现款就取名叫"库存现金",存在银行的款项就叫做"银行存款",购买的准备生产用的材料就叫做"原材料",如果购买的原材料尚在途中就取名叫"在途物资",销售未收回的款项就叫做"应收账款",房屋、设备、车辆等生产过程中原有实物形态不会改变的资产就叫做"固定资产"等。

再比如,从银行借入的短期款项叫做"短期借款",借入的长期款项叫做"长期借款",购买的货物尚未付款叫做"应付账款",应付未付职工的工资叫做"应付职工薪酬"等。

这些名称就叫做会计科目。所以,会计科目是为了具体记录某一种经济事项所使用的一种专业术语。当某一具体的经济事项发生增减变化时,就用其相应的会计科目进行记录,反映这类事项的增减变化情况。

(一)会计科目设置的原则

设置会计科目是会计核算的一种专门方法,为了更好地发挥会计科目在核算中的作用,设置会计科目应遵循以下原则。

1. 统一性原则

会计科目是由国家财政部统一制定的。为适应国家宏观经济管理的需要,保证对外提供会计信息指标和口径的一致性和可比性,财政部根据《企业会计准则》《企业会计制度》和《小企业会计制度》分别提供了统一的会计科目表,来满足不同性质的企业适应会计科目的需要,以便于国家的宏观经济管理,为经济管理提供口径一致的指标。

2. 灵活性原则

由于各个企业的行业特点不同,内部经营管理对会计信息的要求不同,因此,企业在符合国家统一要求的原则下,可以设置具备本行业特征的会计科目。例如,邮政企业专营集邮邮票业务,因此设置"集邮票品"科目;邮政企业经营报刊业务,所以设置"报刊"科目核算其增减变化。

3. 科学性原则

只有科学地设置会计科目,才能全面地反映会计要素的内容,覆盖企业发生的所有经济事项。会计科目的设置应能保证对各会计要素的情况做全面地反映,形成一个完整的、科学的体系,每一个会计科目都应有特定的核算内容,要有明确的含义和界限,各个会计科目之间既要有一定的联系,又要各自独立,不能交叉重叠,不能含糊不清。

4. 稳定性原则

为满足企业管理的需求,不同时期的会计信息应有连贯性和可比性。因此,会计科目的设置不应轻易变动,要保持相对稳定,尤其是在年度中间一般不要变更会计科目。

(二)会计科目表

现将《企业会计准则》规定的企业主要会计科目列表如下,如表3-1所示。

表3-1 企业会计科目一览表

顺序号	编号	会计科目名称	顺序号	编号	会计科目名称
一、资产类			16	1404	材料成本差异
1	1001	*库存现金	17	1405	*库存商品
2	1002	*银行存款	18	1406	发出商品
3	1012	其他货币资金	19	1407	商品进销差价
4	1101	交易性金融资产	20	1408	委托加工物资
5	1121	应收票据	21	1411	周转材料
6	1122	*应收账款	22	1471	存货跌价准备
7	1123	*预付账款	23	1501	持有至到期投资
8	1131	*应收股利	24	1502	持有至到期投资减值准备
9	1132	*应收利息	25	1503	可供出售金融资产
10	1221	*其他应收款	26	1511	长期股权投资
11	1231	坏账准备	27	1512	长期股权减值准备
12	1321	代理业务资产	28	1521	投资性房地产
13	1401	材料采购	29	1531	长期应收款
14	1402	*在途物资	30	1532	未实现融资收益
15	1403	*原材料	31	1601	*固定资产

续表

顺序号	编 号	会计科目名称	顺序号	编 号	会计科目名称
32	1602	*累计折旧			三、共同类
33	1603	固定资产减值准备	63	3103	衍生工具
34	1604	在建工程	64	3201	套期工具
35	1605	工程物资	65	3202	被套期项目
36	1606	固定资产清理			四、所有者权益类
37	1701	*无形资产	66	4001	*实收资本
38	1702	累计摊销	67	4002	*资本公积
39	1703	无形资产减值准备	68	4101	*盈余公积
40	1711	商誉	69	4103	*本年利润
41	1801	长期待摊费用	70	4104	*利润分配
42	1811	递延所得税资产	71	4201	库存股
43	1901	*待处理财产损益			五、成本类
		二、负债类	72	5001	*生产成本
44	2001	*短期借款	73	5101	*制造费用
45	2101	交易性金融负债	74	5201	劳务成本
46	2201	应付票据	75	5301	研发支出
47	2202	*应付账款			六、损益类
48	2203	*预收账款	76	6001	*主营业务收入
49	2211	*应付职工薪酬	77	6051	*其他业务收入
50	2221	*应交税费	78	6101	公允价值变动损益
51	2231	*应付利息	79	6111	投资收益
52	2232	*应付股利	80	6301	*营业外收入
53	2241	*其他应付款	81	6401	*主营业务成本
54	2314	代理业务负债	82	6402	*其他业务成本
55	2401	递延收益	83	6403	*税金及附加
56	2501	*长期借款	84	6601	*销售费用
57	2502	应付债券	85	6602	*管理费用
58	2701	长期应付款	86	6603	*财务费用
59	2702	未确认融资费用	87	6701	资产减值损失
60	2711	专项应付款	88	6711	*营业外支出
61	2801	预计负债	89	6801	*所得税费用
62	2901	递延所得税负债	90	6901	以前年度损益调整

注：标*的会计科目在"会计学基础"课程中需重点掌握。

二、会计科目的分类

每个会计科目都核算某一特定的经济内容，各个会计科目之间既有联系又有区别，它们构成了会计科目体系。为了正确设置和运用会计科目，就需要对会计科目进行合理地分类。

（一）按经济内容分类

按经济内容分类是会计科目的最基本的分类方法，可分为以下五类。

1. 资产类科目

记录企业具体资产增减变化的会计科目。例如，反映货币性资产的"库存现金""银行存款"等科目；反映债权性资产的"应收票据""应收账款"等科目；反映存货类资产的"原材料""库存商品"等科目，反映劳动手段的"固定资产"科目等。

2. 负债类科目

记录企业负债增减变化的会计科目。例如，反映企业从银行借款的"短期借款""长期借款"；反映企业尚欠购货款的"应付账款""应付票据"等；反映应付未付职工工资等的"应付职工薪酬"等科目。

3. 所有者权益类科目

记录企业所有者权益增减变化的会计科目。例如，反映企业接受投资人投资的"实收资本"科目；反映留存收益的"盈余公积""未分配利润"等科目。

4. 成本类科目

记录企业需要进行成本计算的经济事项的会计科目。例如，反映制造成本的"生产成本""制造费用"等科目。

5. 损益类科目

记录企业收入的实现和费用的发生等经济事项的会计科目。例如，反映企业收入的"主营业务收入""其他业务收入"等科目；反映企业生产管理过程费用发生的"主营业务成本""管理费用""财务费用""销售费用"等科目；反映营业外收支情况的"营业外收入""营业外支出"等科目。

（二）按提供指标的详细程度分类

按提供指标的详细程度分类，会计科目分为总分类科目和明细分类科目。

为满足不同层次管理的需要，会计科目应该分层设置，既要设置总分类科目，又要设置明细分类科目。

总分类科目（即总账科目或一级科目）提供总括核算资料，是进行总分类核算的依据。例如库存现金、银行存款、固定资产、实收资本、管理费用等科目都属于总分类科目。财政部统一制定的会计科目都属于总分类科目。

明细分类科目是把总分类科目所反映的经济内容进行详细分类的科目，是用来辅助总分类科目，反映会计核算资料详细、具体指标的科目。

总分类科目与明细分类科目之间的关系，如表3-2所示。

表 3-2 总分类科目、子目和细目关系表

总账科目 （一级科目）	明细分类科目	
	二级科目（子目）	三级科目（细目）
原材料	原料及主要材料	棉花
		棉纱
	燃料	汽油
		煤

任务二 账 户

一、账户的概念

账户是指按照会计科目设置并具有一定格式，用来分类、系统、连续地记录经济业务，反映会计要素增减变化情况和结果的一种工具。会计科目是对会计对象具体内容进行的分类，但它们只是一种分类项目，不具有特定的结构和格式，不能记录反映经济业务发生后引起的各项资产、负债和所有者权益项目的增减变动情况及其结果。因此，为了对企业的经济活动和财务收支情况进行全面、系统、连续和分类的记录，为企业经营管理和有关方面提供各种会计信息，有效反映和监督经济活动过程及结果，必须根据会计科目开设相应的账户。

账户与会计科目是既有联系又有区别的两个不同概念。它们都是按照会计对象要素的经济内容设置，账户根据会计科目开设，会计科目的名称就是账户的名称，同名称的会计科目与账户反映相同的经济内容。因此，会计科目的性质决定了账户的性质，账户的分类与会计科目的分类一样，按经济内容分类可分为资产类账户、负债类账户、所有者权益类账户、损益类账户和成本类账户；按提供指标的详细程度分为总分类账户和明细分类账户。两者的区别是会计科目只是个名称，它表明某类经济业务的内容，其本身并不能记录经济内容的增减变化情况，而账户既有名称，又有结构，能够把经济业务的发展情况及其结果，分类、连续、系统地记录和反映。例如，"银行存款"这个会计科目只规定核算企业银行存款的增减变化及其结余数额，而"银行存款"账户可以把银行存款在一定会计期间的增加、减少及结余情况记录下来，以随时反映银行存款变化情况。

二、账户的结构

账户通过分类记录发生的各种经济事项，为企业提供日常核算资料和信息，为编制会计报表提供依据，因此，必须具有一定的格式即结构。会计是以货币为主要计量单位来反映经济活动的，各项经济业务的发生都要引起会计对象要素的变化，从数量方面来看无非是增加或减少两种情况，因此，用来分类记录经济业务的账户，在结构上也相应分为两个基本部分：一方记增加，一方记减少。至于哪一方记增加，哪一方记减少，则取决于账户的性质和类型。一般来说，账户的结构应包括：

（1）账户的名称，即会计科目；
（2）日期和摘要；
（3）增加方和减少方的金额及余额；

(4) 凭证号数，即说明记载账户记录的依据。

账户的基本结构如表 3-3 所示。

表 3-3 账户名称（会计科目）

年		凭证号数	摘要	左方金额	右方金额	余额
月	日					

为了便于讲课及做练习，教科书中经常采用被简化的账户格式——"T"字形账户来说明账户结构，这种"T"字形账户仅仅用来说明实际记账所用的轮廓，有些资料，例如，日期和其他资料一般被省略了，如图 3-1 所示。

左方　　　　　　　　　　　账户名称（会计科目）　　　　　　　　　　右方

图 3-1 账户基本结构图

上例"T"字形账户格式分为左右两方，分别用来记录经济业务发生所引起的会计要素的增加额和减少额。增减金额相抵后的差额，即是余额。余额按时间不同，分为期初余额和期末余额。因此，通过账户可提供该账户期初余额、本期增加额、本期减少额和期末余额。本期增加额是在一定时期（月、年）内登记在账户中的增加金额之和，也叫本期增加发生额。本期减少额是在一定时期（月、年）内登记在账户中的减少金额之和，也叫本期减少发生额。期初余额是上期结转来的数字，即上期期末余额。期末余额如果没有期初余额时就是本期增加发生额与本期减少发生额相抵后的差额，如果有期初余额时，期末余额应该按下式计算：

期末余额 = 期初余额 + 本期增加发生额 - 本期减少发生额

本期增加发生额和本期减少发生额是记在账户的左方还是右方，账户的余额反映在左方还是右方，取决于账户的性质和类型。

三、账户的分类

（一）账户按经济内容分类

账户是根据会计科目设置的，会计科目是对经济内容的分类，因此，账户首先是按经济内容划分。

账户按经济内容分类就是按账户所反映的会计对象的具体内容进行分类。企业会计对象的具体内容有：资产、负债、所有者权益、收入、费用和利润六大会计要素。由于企业会计在一定期间内实现的利润最终要归属于所有者权益，所以在对账户按经济内容分类时，将利润并入所有者权益类。又由于企业在生产经营过程中需要进行成本计算，所以专门设置成本类账户，用于专门计算成本。收入和费用体现为当期的损益，因此将收入和费用类账户并为一起称为损益类账户。对于有特殊经济业务的企业设置共同类账户。这样，账户按经济内容分类可以分为六大类：资产类账户、负债类账户、所有者权益类账户、损益类账户、成本类账户和共同类账户，如表3-4所示。

表3-4 账户按经济内容分类

资产类账户	流动资产账户	库存现金、银行存款、其他货币资金、交易性金融资产、应收票据、应收账款、预付账款、应收股利、应收利息、其他应收款、坏账准备、在途物资、原材料、库存商品、发出商品、委托加工物资、周转材料、材料成本差异等
	非流动资产账户	可供出售金融资产、持有至到期投资、长期股权投资、长期应收款、投资性房产、固定资产、累计折旧、无形资产、累计摊销、在建工程、长期待摊费用等
负债类账户	流动负债账户	短期借款、交易性金融负债、应付票据、应付账款、预收账款、应付职工薪酬、应交税费、应付股利、应付利息、其他应付款等
	非流动负债账户	长期借款、应付债券、长期应付款等
所有者权益类账户	所有者投资账户	实收资本
	所有者投资盈余账户	盈余公积、本年利润、利润分配
损益类账户	收入类账户	主营业务收入、其他业务收入、投资收益、营业外收入
	费用类账户	主营业务成本、税金及附加、其他业务成本、销售费用、管理费用、财务费用、营业外支出、所得税费用
成本类账户	供应过程成本账户	在途物资
	生产过程成本账户	生产成本、制造费用
共同类账户	反映特殊经济业务的账户	清算资金往来、货币兑换、衍生工具、套期工具、被套期项目

（二）账户按用途和结构的分类

账户按经济内容的分类能够明确账户的性质，了解各类账户反映的内容，进而确定应该设置哪些账户以满足经营管理的需要。但是，账户按经济内容的分类不能使人们了解账户的作用，以及它们如何提供经营管理所需要的各种核算指标。因此，需要进一步按照账户的用途和结构进行分类。

账户的用途，是指通过账户记录，能够提供哪些核算指标，也就是设置和运用账户的目的。账户的结构，是指在账户中如何记录经济业务，来取得各种必要的核算指标，具体包括：账户的借方和贷方核算的内容、期末余额的方向以及所表达的含义。

账户的用途和结构受账户所反映的经济内容的制约。但每一个账户都有其特定的用途和结构，因此，经济内容相同的账户其用途和结构不一定一致。一方面，按其核算的经济内容可以归为一类的账户，可能具有不同的用途和结构；另一方面，按其核算的经济内容归属为不同类别的账户，其用途和结构可能一致或相似。由此可见，按经济内容对账户的分类是基本的主要的分类，账户按用途和结构的分类是对按经济内容分类的必要补充。

企业常用的账户，按其经济用途和结构分为：盘存账户、结算账户、资本账户、调整账户、集合分配账户、成本计算账户、集合配比账户、财务成果计算账户这八类，如表3-5所示。

表 3-5　账户按用途和结构的分类

盘存账户		库存现金、银行存款、其他货币资金、原材料、库存商品、固定资产、工程物资等
结算账户	债权结算账户	应收票据、应收账款、应收股利、应收利息、其他应收款、预付账款等
	债务结算账户	短期借款、应付票据、应付账款、预收账款、应付职工薪酬、应交税费、其他应付款、长期借款、应付债券等
资本账户		实收资本、资本公积、盈余公积、利润分配
调整账户	备抵调整账户	累计折旧、坏账准备、存货跌价准备、持有至到期减值准备、长期股权投资减值准备等
	备抵附加调整账户	材料成本差异
集合分配账户		制造费用
成本计算账户		在途物资（材料采购）、生产成本
集合配比账户		主营业务收入、其他业务收入、投资收益、营业外收入、主营业务成本、税金及附加、其他业务成本、销售费用、管理费用、财务费用、营业外支出、所得税费用
财务成果计算账户		本年利润

任务三　借贷记账法

一、记账方法

记账方法，就是对经济业务的发生所引起的会计要素的增减变化在会计账簿中进行记录的方法，包括单式记账法和复式记账法两种。

单式记账法，是指对发生的每一项经济业务，只在一个账户中进行登记的方法。通常只登记现金和银行存款的收付以及应收和应付等往来账款业务，对于实物收发业务以及费用的发生情况则不做记录。例如：用银行存款 50 000 元购买原材料，只在账户中登记银行存款的减少，而对所买入的原材料不做相应的登记；销售商品 100 000 元款项尚未收回，只登记应收账款的增加，销售商品所取得的收入不作相应的登记等。单式记账法对经济业务只做单方面的登记，不能全面、系统地反映经济业务的来龙去脉，也不便于检查账户记录的正确性，是一种不严密、不科学的记账方法，不能适应现代企业管理的需要。

复式记账法是相对于单式记账法而言的。复式记账法，是对发生的每一笔经济业务，都以相等的金额在相互联系的两个或两个以上账户中进行登记的记账方法。例如，上述用银行存款购买原材料的业务，除了在"银行存款"账户中登记减少 50 000 元，同时还要在"原材料"账户中登记增加 50 000 元；销售商品 100 000 元款项尚未收回，既要在"应收账款"账户中登记增加 100 000 元，同时又要在"主营业务收入"账户中登记增加 100 000 元。

复式记账法的理论依据是"资产 = 负债 + 所有者权益"这个会计恒等式。企业发生的每一笔经济业务都必然引起会计要素的增减变化，要么引起会计等式两边要素的同增或同减，要么引起会计等式其中一边要素的此增彼减，为保持会计等式的恒等关系，企业发生的每一笔经济业务，都必须做到：①每一项经济业务的发生，都必须在涉及的两个或两个以上相应账户中同时进行登记；②记入相应账户的金额必须相等，也就是记入一方账户的金额要与记入另一方账户的金额相等。采用复式记账法，不仅可以全面地、相互联系地反映各个会计要素的增减变化情况和结果，有利于分析企业经济活动情况，而且还可以利用资产总额与权益总额相等的关系，来检查账户记录的正确性。

复式记账方法的种类有：借贷记账法、增减记账法和收付记账法。借贷记账法产生于公元13—14世纪的意大利，后广泛流传于欧美国家，20世纪初由日本传入我国。我国《企业会计准则》明确规定，企业会计核算必须采用借贷记账法。

二、借贷记账法

（一）借贷记账法的含义

借贷记账法是以"借""贷"为记账符号，建立在会计恒等式的原理基础上，反映各项会计要素增减变化的一种复式记账方法。

采用借贷记账法，对于每笔经济业务，都要在记入一个账户借方的同时，记入另一个账户的贷方；或者在记入一个账户贷方的同时，记入另一个账户的借方。而且，记入借方账户的金额必须等于记入贷方账户的金额。企业发生的所有的经济业务都是如此，没有例外。因此，账户的结构要包括借方金额和贷方金额。为了形象地反映账页的真实结构，理论教学简化了账页的内容，只选取借方和贷方金额。账户的左方即"借"方，账户的右方即"贷"方。借贷记账法账户的基本结构如图3-2所示。

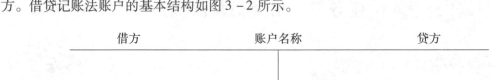

图3-2　借贷记账法账户基本结构图

在这里，"借"和"贷"作为记账符号，不具有其本身的含义，只用来反映经济业务事项的数量变化，"借"方和"贷"方所反映的经济业务事项数量变化的增减性质视具体账户的性质而定。但有一点是肯定的，就是对于任何一个账户，"借"和"贷"所反映的数量增减性质是相反的，即一方反映增加，则另一方必定反映其减少。

（二）借贷记账法的账户结构

账户结构是反映账户内容的组成要素，账户的结构是由账户的性质，也就是由账户所反映的经济内容所决定的。不同性质的账户其结构中所反映的资金数量的增减方向也有所不同。账户按经济内容分为资产类、负债类、所有者权益类、损益类和成本类账户，不同类别的账户借方和贷方所反映的资金数量的增减方向也有所不同。

1. 资产类账户结构

资产类账户规定：资产的增加金额记入账户的借方，减少金额记入账户的贷方；账户若有余额，一般为借方余额，表示期末资产的结余金额。资产类账户发生额与余额之间的关系用公式表示为

资产类账户期末借方余额 = 期初借方余额 + 本期借方发生额 - 本期贷方发生额

资产类账户结构如图 3-3 所示。

借方		资产类账户	贷方	
期初余额	××××			
本期增加额	××××	本期减少额	××××	
	…		…	
	…		…	
本期发生额	××××	本期发生额	××××	
期末余额	××××			

图 3-3 资产类账户结构图

2. 负债和所有者权益类账户结构

负债及所有者权益类账户同属于权益类账户。由于资产与权益分别在会计等式的两边，权益属于企业的资金来源，资产属于企业的资金使用，是同一事物的两个方面，因而作为权益类账户的结构，与资产类账户结构正好相反，即增加金额记入账户的贷方，减少金额记入账户的借方；账户若有余额，一般为贷方余额，表示期末负债及所有者权益的结余金额。权益类账户发生额与余额之间的关系用公式表示为

　权益类账户期末贷方余额 = 期初贷方余额 + 本期贷方发生额 - 本期借方发生额

权益类账户结构如图 3-4 所示。

借方		负债或所有者权益类账户	贷方	
		期初余额	××××	
本期减少额	××××	本期增加额	××××	
	…		…	
本期发生额	××××	本期发生额	××××	
		期末余额	××××	

图 3-4 权益类账户结构图

在所有者权益类账户中，包括利润计算账户。企业收入减去费用等于利润。利润的增减会使得企业所有者权益随之增减，属于所有者权益，因此利润计算账户归属于所有者权益类账户。从账户结构分析，利润计算账户的贷方发生额为本期各项收入的总额，借方的发生额为本期各项费用的总额，贷方发生额与借方发生额的差额即本期实现的利润（或亏损）。期末的贷方余额表示截止至本期末企业实现的累计利润；期末的借方余额则表示截止至本期末发生的累计亏损。该账户年末因结转而无余额。其账户结构如图 3-5 所示。

借方		利润计算账户名称	贷方	
		期初余额	××××	
本期费用	××××	本期收入	××××	
		期末余额	××××	

图 3-5 利润账户结构图

3. 损益类账户结构

损益类账户包括收入类账户和费用类账户。

（1）收入类账户结构。收入的取得使企业资产增加或负债减少，从而引起所有者权益

的增加。因此，收入类账户的结构与所有者权益类账户的结构相似，即增加金额记入账户的贷方，减少或转销的金额记入账户的借方。由于本期实现的各项收入，在期末全额结转到利润计算账户，因此收入类账户期末无余额。其账户结构如图3-6所示。

借方	收入类账户		贷方
本期减少额	××××	本期增加额	××××
或转销额	…		…
	…		…
本期发生额	××××	本期发生额	××××

图3-6　收入类账户结构图

（2）费用类账户结构。费用的发生使企业资产减少或负债增加，从而导致所有者权益减少。因此，费用类账户的结构与所有者权益类账户的结构正好相反，即费用增加额记入账户的借方，减少或转销的金额记入账户的贷方。由于本期发生的损益，在期末全额结转到利润计算账户，因此费用类账户期末无余额。其账户结构如图3-7所示。

借方	费用类账户		贷方
本期增加额	××××	本期减少额	××××
…		或转销额	…
	…		…
本期发生额	××××	本期发生额	××××

图3-7　费用类账户结构图

4. 成本类账户结构

成本类账户的结构兼有费用类账户和资产类账户的特征。其发生额的记录与费用类账户结构相同；其余额的反映与资产类账户相同。即成本的增加记入账户的借方，成本的减少或结转记入账户的贷方；借方的余额反映期末的结余成本。其账户结构如图3-8所示。

借方	成本类账户		贷方
期初余额	××××		
本期增加额	××××	本期减少额	××××
	…	或结转额	…
	…		…
本期发生额	××××	本期发生额	××××
期末余额	××××		

图3-8　成本类账户结构图

根据上述对资产、负债、所有者权益、损益、成本五类账户结构的描述，可以将借贷记账法中账户借、贷方反映的具体内容归纳如下，如图3-9所示。

借方	账户名称	贷方
资产的增加		资产的减少
负债的减少		负债的增加
所有者权益的减少		所有者权益的增加
费用的增加		费用的减少
收入的减少		收入的增加

图 3-9　账户结构图

(三) 借贷记账法的记账规则

借贷记账法的记账规则是"有借必有贷，借贷必相等"。

根据复式记账原理，每一笔经济业务的发生，都必须以相等的金额，借贷相反的方向，在两个或两个以上相互联系的账户中进行分类登记。记录一个账户的借方，同时必须记录另一个账户或几个账户的贷方；记录一个账户的贷方，同时必须记录另一个账户或几个账户的借方。记入借方和贷方的金额相等。

以第一章第三节的经济业务事项为例，下面具体分析借贷记账法记账规则的运用。

某企业 20×9 年 12 月 1 日有关账户的期初余额如表 3-6 所示。

表 3-6　账户期初余额表　　　　　　　　　　　　　　　　单位：元

资产账户	借方金额	负债及所有者权益	贷方金额
库存现金	100 000	短期借款	100 000
银行存款	500 000	应付账款	200 000
应收账款	400 000	实收资本	1 000 000
原材料	500 000	盈余公积	200 000
资产总计	1 500 000	负债及所有者权益总计	1 500 000

12 月份该公司发生以下经济事项。

(1) 企业从银行提现金 50 000 元备用。该项经济业务的类型属于资产内部项目的此增彼减。其中，资产中的库存现金增加，银行存款减少。根据资产增加记借方，资产减少记贷方，这笔业务应借记"库存现金" 50 000 元，贷记"银行存款" 50 000 元。具体登记如图 3-10 所示。

```
        资产类账户                    资产类账户
  借方  银行存款  贷方          借方  库存现金  贷方
              ①  50 000              ①  50 000
```

图 3-10　示意图 1

(2) 企业收到投资者投入资金 8 000 000 元，已存入银行。该笔经济业务的类型属于资产与所有者权益同增。其中，资产中的银行存款增加，所有者权益中的实收资本增加。根据资产增加记借方，所有者权益增加记贷方，这笔业务应借记"银行存款" 8 000 000 元，贷记"实收资本" 8 000 000 元。具体登记如图 3-11 所示。

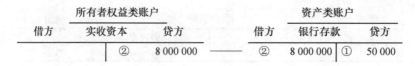

图 3-11 示意图 2

(3) 企业购买原材料 50 000 元，款项尚未支付。该笔经济业务的类型属于资产与负债同增，其中资产中的原材料增加，负债中的应付账款增加。根据资产增加记借方，负债增加记贷方，这笔业务应借记"原材料" 50 000 元，贷记"应付账款" 50 000 元。具体登记如图 3-12 所示。

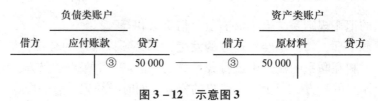

图 3-12 示意图 3

(4) 企业以银行存款 30 000 元偿还上笔的材料部分购货款。该笔经济业务的类型属于资产与负债同减。其中，资产中的银行存款减少，负债中的应付账款减少。根据资产减少记贷方，负债减少记借方，这笔业务应借记"应付账款" 30 000 元，贷记"银行存款" 30 000 元。具体登记如图 3-13 所示。

图 3-13 示意图 4

(5) 企业某投资人投资到期撤回资本 200 000 元，企业用银行存款支付。该笔经济业务的类型属于资产与所有者权益同减。其中，资产中的银行存款减少，所有者权益中的实收资本减少。根据所有者权益减少记借方，资产减少记贷方，这笔业务应借记"实收资本" 200 000 元，贷记"银行存款" 200 000 元。具体登记如图 3-14 所示。

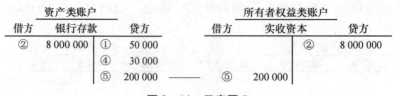

图 3-14 示意图 5

(6) 企业宣告分派现金股利 30 000 元。该笔经济业务类型属于负债增加，所有者权益减少。其中，负债中的应付股利增加，利润分配增加导致所有者权益减少。根据所有者权益减少记借方，负债增加记贷方，这笔业务应借记"利润分配" 30 000 元，贷记"应付股利" 30 000 元。具体登记如图 3-15 所示。

图 3-15 示意图 6

(7) 经协商，将所欠某企业账款 100 000 元转为对本企业的投资。该笔经济业务属于负债减少，所有者权益增加，其中负债中的应付账款减少，同时所有者权益中的实收资本增加。根据负债减少记借方，所有者权益增加记贷方，这笔业务应借记"应付账款" 100 000 元，贷记"实收资本" 100 000 元。具体登记如图 3-16 所示。

所有者权益类账户				负债类账户		
借方	实收资本	贷方		借方	应付账款	贷方
		② 8 000 000		④ 30 000	② 50 000
⑤ 200 000	⑦ 100 000		⑦ 100 000

图 3-16 示意图 7

(8) 企业向银行取得短期借款，直接偿还第三笔业务尚欠购货款 20 000 元。该笔经济业务类型属于负债内部项目此增彼减，其中负债中的短期借款增加，应付账款减少。根据负债减少记借方，负债增加记贷方，这笔业务应借记"短期借款" 20 000 元，贷记"应付账款" 20 000 元。具体登记如图 3-17 所示。

负债类账户				负债类账户		
借方	短期借款	贷方		借方	应付账款	贷方
		⑧ 20 000		④ 30 000	③ 50 000
				⑦ 100 000
				⑧ 20 000

图 3-17 示意图 8

(9) 企业以盈余公积 200 000 元转增资本。该笔经济业务属于所有者权益内部项目此增彼减，其中所有者权益中的盈余公积减少，实收资本增加。根据所有者权益减少记借方，所有者权益增加记贷方，这笔业务应借记"盈余公积" 200 000 元，贷记"实收资本" 200 000 元。具体登记如图 3-18 所示。

所有者权益账户				所有者权益账户		
借方	实收资本	贷方		借方	盈余公积	贷方
		② 8 000 000		
		⑦ 100 000		⑨ 200 000
⑤ 200 000	⑨ 200 000

图 3-18 示意图 9

(10) 用银行存款 150 000 元，归还短期借款 100 000 元，偿还前欠货款 50 000 元。该笔经济业务属于复合型业务类型。涉及资产的减少与两项负债的减少。其中，资产中的银行存款减少，负债中短期借款和应付账款减少。根据资产减少记贷方，资产减少记借方，这笔业务应借记"短期借款" 100 000 元，借记"应付账款" 50 000 元，贷记"银行存款" 150 000

元。具体登记如图3-19所示。

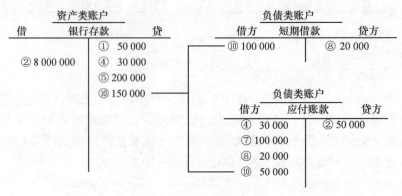

图3-19 示意图10

(四) 会计分录

前述十笔经济业务,是直接将其金额反映在教学用的"T"字形账户,用于说明借贷记账法的记账规则。但是在实际工作中,为了保证各账户记录经济业务的正确性,在经济业务发生时,并不是直接在账户记录,而是先编制会计分录,再根据会计分录记入有关账户的借方和贷方。

会计分录,是指根据复式记账原理,对发生的每笔经济业务所涉及的应借应贷账户及其金额进行的记录。会计分录在实际工作中是在记账凭证中反映的,它是登记账簿的依据。以下是根据上述十笔会计事项的资料,编制的会计分录。

(1) 借:库存现金　　　　　　　　　　　　　　50 000
　　　贷:银行存款　　　　　　　　　　　　　　　　50 000
(2) 借:银行存款　　　　　　　　　　　　　8 000 000
　　　贷:实收资本　　　　　　　　　　　　　　8 000 000
(3) 借:原材料　　　　　　　　　　　　　　　　50 000
　　　贷:应付账款　　　　　　　　　　　　　　　　50 000
(4) 借:应付账款　　　　　　　　　　　　　　　30 000
　　　贷:银行存款　　　　　　　　　　　　　　　　30 000
(5) 借:实收资本　　　　　　　　　　　　　　200 000
　　　贷:银行存款　　　　　　　　　　　　　　　200 000
(6) 借:利润分配　　　　　　　　　　　　　　　30 000
　　　贷:应付股利　　　　　　　　　　　　　　　　30 000
(7) 借:应付账款　　　　　　　　　　　　　　100 000
　　　贷:实收资本　　　　　　　　　　　　　　　100 000
(8) 借:应付账款　　　　　　　　　　　　　　　20 000
　　　贷:短期借款　　　　　　　　　　　　　　　　20 000
(9) 借:盈余公积　　　　　　　　　　　　　　200 000
　　　贷:实收资本　　　　　　　　　　　　　　　200 000
(10) 借:短期借款　　　　　　　　　　　　　　100 000

　　　　应付账款　　　　　　　　　　　　　　　　50 000
　　　　　贷：银行存款　　　　　　　　　　　　　　　　150 000

从以上十笔会计分录可以看出，每一笔会计分录都存在着相互联系的两个或两个以上账户之间应借应贷的关系，这种应借应贷的账户关系，称为账户的对应关系；存在着对应关系的账户称为对应账户。通过对应账户，可以了解企业资金的来龙去脉，了解企业这项经济业务的全过程。例如，第一笔经济业务中对应账户是"银行存款"和"库存现金"，借记"库存现金"50 000元，贷记"银行存款"50 000元，说明库存现金的增加是因为从银行提款。

会计分录分为简单会计分录和复合会计分录两种。简单会计分录是指一借一贷，即经济业务的发生只涉及一个账户的借方和一个账户的贷方。复合会计分录是指一借多贷，或一贷多借，即经济业务的发生涉及一个账户的借方和多个账户的贷方，或者是涉及多个账户的借方和一个账户的贷方。上述十笔会计分录中，前九笔属于简单会计分录，第十笔属于复合会计分录。为了反映经济业务的来龙去脉，清晰地反映账户之间的对应关系，应尽量避免编制多借多贷的会计分录。

（五）借贷记账法的试算平衡

试算平衡，是根据"资产＝负债＋所有者权益"这一会计恒等式和借贷记账法的记账规则来检查账户记录是否正确的一种验证方法。会计人员在日常记账过程中，由于各种原因，有时会使账户记录出现错误，月末在编制会计报表之前，为了检查和验证账户记录是否正确，以便及时找出差错及其原因，并予以更正，必须进行试算平衡。借贷记账法中，试算平衡方法有发生额试算平衡和余额试算平衡两种。

经济业务发生后，按照借贷记账法的记账规则记账，借贷两方的发生额必然相等，月末，全部账户的借方发生额合计也必然等于贷方发生额合计，依此类推，全部账户的借方余额与贷方余额也必然相等。公式为

　　　　全部账户的本期借方发生额合计 = 全部账户的本期贷方发生额合计
　　　　全部账户的借方期末余额合计 = 全部账户的贷方期末余额合计

根据上述试算平衡公式，以经济业务为例，编制该公司的试算平衡表，如表3-7所示。

表3-7　试算平衡表　　　　　　　　　　　单位：元

会计科目	期初余额		本期发生额		期末余额	
	借方	贷方	借方	贷方	借方	贷方
库存现金	100 000		50 000		150 000	
银行存款	500 000		8 000 000	430 000	8 070 000	
应收账款	400 000				400 000	
原材料	500 000		50 000		550 000	
短期借款		100 000	100 000	20 000		20 000
应付账款		200 000	200 000	50 000		50 000
应付股利				30 000		30 000
实收资本		1 000 000	200 000	8 300 000		9 100 000
盈余公积		200 000	200 000			
利润分配			30 000	30 000		
合计	1 500 000	1 500 000	8 830 000	8 830 000	9 200 000	9 200 000

试算平衡是检查账户记录是否正确的一种有效的方法。若试算平衡表试算不平衡，说明记账或算账有误，应及时核对更正。但是，即使试算平衡了，并不能绝对肯定账户记录就没有错误。例如，一笔经济业务的被漏记或者重记，就不会影响账户的平衡关系。因此，除了试算平衡外，还需要通过其他方法来检查账户记录，以保证账户记录的正确性。

任务四　总分类账户和明细分类账户

一、总分类账户和明细分类账户的关系

总分类账户简称总账，是根据总分类科目开设的，总括反映各会计要素具体项目增减变动及其结果的账户，它能够提供某一具体内容的总括核算指标。为了保持会计信息的一致性和可比性，企业必须根据《企业会计准则》或《企业会计制度》统一制定的会计科目，设置总分类账户。

总分类账户的特点：①在总分类账户中只使用货币计量单位反映企业发生的经济业务；②总分类账户只提供总括的核算指标，例如，"原材料"就是一个总分类账户，这个账户只登记企业全部原材料的增加金额、减少金额和结余金额，不登记企业都有哪些种类的原材料，也不登记每一种原材料的数量分别是多少，因此，不能满足企业管理的需求；③总分类账户提供的总括指标是编制会计报表的主要依据。

明细分类账户简称明细账，是根据明细科目设置的，对会计要素的具体内容进行明细分类核算的账户。明细分类账在以货币作为计量单位记账的同时，可以同时以货币单位和实物单位计量，详细反映经济业务的增减变动及其结果。例如，"原材料"总分类账户下，可以开设"原料及主要材料""辅助材料"等二级账户，在二级账户下又可以开设"甲材料""乙材料"等三级账户，分别反映每一种材料的数量、单价和金额。又比如，"应收账款"是反映企业因赊销未收回的账款的总分类账，但是，单记总账不能反映出债务单位的名称，因此应该按照债务单位设置明细账，详细反映都是哪些单位欠本企业的款项，以便加强管理。

综上所述，总分类账和明细分类账之间的关系是：总分类账户提供的是总括的核算指标，是所属明细分类账户资料的综合，对所属明细账起着统驭、控制的作用；明细分类账户提供的是详细具体的核算指标，是有关总分类账户的具体化，对总分类账户起着补充说明的作用。两者的核算内容相同，登记的原始依据也是相同的。

二、总分类账户和明细分类账户的平行登记

总分类账户和明细分类账户的平行登记，是指经济业务发生后，根据同一会计凭证，分别在总分类账户和明细分类账户进行登记的方法。总分类账户与明细分类账户平行登记的要点如下。

（1）同时期登记。即对同一经济业务，既要记入有关的总分类账户，又要记入所属的明细分类账户。如果涉及多个明细分类账户，则应分别记入各有关明细账户。

（2）同方向登记。即在将经济业务记入总分类账户和其所属的明细分类账户时，记账方向必须一致，如果总分类账记入借方，明细分类账也必须记入借方；如果总分类账记在贷方，明细分类账也必须记入贷方。

（3）等金额登记。总分类账和明细分类账登记的金额必须相等，如果一笔经济业务同时记入多个明细分类账户，则记入总分类账户的金额，应与记入各个明细分类账户的金额之和相等。

下面，以"原材料"和"应付账款"账户为例，说明总分类账户与明细分类账户的平行登记。

例如，盛鑫公司20×9年12月1日，"原材料"总账借方月初余额为100 000元，其中，甲材料400千克，每千克100元，共计40 000元，乙材料100千克，每千克600元，共计60 000元；"应付账款"贷方总账月初余额为60 000元，其中，应付恒源公司40 000元，应付恒生公司20 000元。本月发生经济业务如下：

（1）2日，生产领用甲材料100千克，每千克100元，共计10 000元；生产领用乙材料50千克，每千克600元，共计30 000元；

（2）2日，从恒源公司购进甲材料300千克，单价100元，共计30 000元；乙材料40千克，单价600元，共计24 000元，货款尚未支付；

（3）8日，从恒生公司购进甲材料200千克，每千克100元，共计20 000元，货款尚未支付；

（4）15日，归还恒源公司购货款30 000元，恒生公司购货款10 000元。

根据上述资料，编制该公司"原材料"和"应付账款"的总分类账和明细分类账，如表3-8～表3-13所示。

表3-8 原材料总分类账　　　　　　　　　　　　　　　　　　　单位：元

20×9年		凭证号数	摘要	借方	贷方	借或贷	余额
月	日						
12	1	（略）	期初余额			借	100 000
12	2		领用材料		40 000	借	60 000
12	2		外购材料	54 000		借	114 000
12	8		外购材料	20 000		借	134 000
12	31		本期发生额和余额	74 000	40 000	借	134 000

表3-9 材料明细分类账

材料名称：甲材料　　　　　　　　　　　　　　　　　　数量单位：千克

　　　　　　　　　　　　　　　　　　　　　　　　　　　金额单位：元

20×9年		凭证号数	摘要	收入			发出			结存		
月	日			数量	单价	金额	数量	单价	金额	数量	单价	金额
12	1	略	期初结存							400	100	40 000
12	2		领用材料				100	100	10 000	300	100	30 000
12	2		购进材料	300	100	30 000				600	100	60 000
12	8		购进材料	200	100	20 000				800	100	80 000
12	31		本期发生额和余额	500	100	50 000	100	100	10 000	800	100	80 000

表 3-10　材料明细分类账

材料名称：乙材料

单位：元

20×9年		凭证号数	摘　要	收　入			发　出			结　存		
月	日			数量	单价	金额	数量	单价	金额	数量	单价	金额
12	1		期初余额							100	600	60 000
12	2	略	领用材料				50	600	30 000	50	600	30 000
12	2		购进材料	40	600	24 000				90	600	54 000
12	31		本期发生额和余额	40	600	24 000	50	600	30 000	90	600	54 000

表 3-11　应付账款总分类账

单位：元

20×9年		凭证号数	摘　要	借　方	贷　方	借或贷	余　额
月	日						
12	1		期初余额			贷	60 000
12	2	（略）	外购材料		54 000	贷	114 000
12	8		外购材料		20 000	贷	134 000
12	15		偿还材料款	40 000		贷	94 000
12	31		本期发生额和余额	40 000	74 000	贷	94 000

表 3-12　应付账款明细分类账

账户名称：恒源公司

单位：元

20×9年		凭证号数	摘　要	借　方	贷　方	借或贷	余　额
月	日						
12	1		期初余额			贷	40 000
12	2	（略）	外购材料		54 000	贷	94 000
12	15		偿还材料款	30 000		贷	64 000
12	31		本期发生额和余额	30 000	54 000	贷	64 000

表 3-13　应付账款明细分类账

账户名称：恒生公司

单位：元

20×9年		凭证号数	摘　要	借　方	贷　方	借或贷	余　额
月	日						
12	1		期初余额			贷	20 000
12	8	（略）	外购材料		20 000	贷	40 000
12	15		偿还材料款	10 000		贷	30 000
12	31		本期发生额和余额	10 000	20 000	贷	30 000

从以上举例可以看出，总分类账户和明细分类账平行登记的结果，应该达到四个相符。

（1）总分类账户的期初余额，应与其所属各个明细分类账户的期初余额之和相符。

(2) 总分类账户的本期借方发生额合计数,应与其所属各个明细分类账户的本期借方发生额合计相符。

(3) 总分类账户的本期贷方发生额合计数,应与其所属各个明细分类账户的本期贷方发生额合计相符。

(4) 总分类账户的期末余额,应与其所属各个明细分类账户的期末余额之和相符。

情 境 小 结

会计科目和账户。会计科目是对会计要素按照经济业务内容和经营管理需要分类核算的项目,是对会计要素的具体分类。会计科目按经济内容分为:资产、负债、所有者权益、成本、损益五大类科目;按提供指标的详细程度分为:总分类科目和明细分类科目。账户是按照会计科目设置并具有一定格式,用来分类记录经济业务、反映会计要素增减变化情况及结果的记账实体。账户根据会计科目开设,会计科目是账户的名称。

借贷记账法,主要讲述了复式记账原理、借贷记账法、试算平衡原理等内容。其中需重点掌握借贷记账法记账规则的应用。借贷记账法以"借""贷"为记账符号,遵循"有借必有贷,借贷必相等"的记账规则。不同性质的账户结构不同,资产类账户结构是:借方登记资产的增加,贷方登记资产的减少,余额一般在借方,表示资产的结余数。权益类账户结构与资产类账户结构相反。按照借贷记账法的记账规则记账,月末,所有账户借方发生额与贷方发生额合计数相等,全部账户的借方余额与贷方余额的合计数相等,即试算平衡。

平行登记。根据总分类科目设置总分类账,根据明细分类科目设置明细分类账。总分类账户与明细分类账户之间相互补充,既总括又详细地说明经济业务,它们之间的这种关系决定了对发生的每一项经济业务都要在总分类账户及所属明细分类账户中进行平行登记。

同步强化练习

一、名词解释

1. 会计科目 2. 账户 3. 总分类科目
4. 明细分类科目 5. 复式记账 6. 借贷记账法
7. 试算平衡 8. 总账与明细账的平行登记 9. 会计分录

二、单项选择题

1. 会计科目是(   )。
   A. 会计要素的名称 B. 账簿的名称 C. 报表的项目 D. 账户的名称
2. 下列会计科目属于损益类的科目是(   )。
   A. 主营业务收入 B. 生产成本 C. 应收账款 D. 应付利润
3. 账户结构一般分为(   )。
   A. 上下两方 B. 左右两方
   C. 前后两部分 D. 发生额、余额两部分
4. 账户的总分类核算可以使用(   )。
   A. 货币量度 B. 实物量度 C. 劳动量度 D. 其他量度
5. 企业应缴而未缴的税金属于(   )。

A. 资产类　　　　B. 损益类　　　　C. 负债类　　　　D. 成本类

6. 账户是根据（　　）开设的。
   A. 核算需要　　B. 会计科目　　C. 主观愿望　　D. 经济业务

7. 复式记账法对每一项经济业务都以相等的金额，在（　　）中进行登记。
   A. 一个账户　　　　　　　　　　B. 所有账户
   C. 两个账户　　　　　　　　　　D. 两个或两个以上的账户

8. 存在着对应关系的账户，称为（　　）。
   A. 平衡账户　　B. "T"字形账户　　C. 相关账户　　D. 对应账户

9. 下列各项属于简单会计分录的有（　　）会计分录。
   A. 一借一贷　　B. 一借多贷　　C. 一贷多借　　D. 多借多贷

10. 损益收入类账户期末应（　　）。
    A. 无余额　　B. 借贷方都有余额　　C. 借方有余额　　D. 贷方有余额

11. 损益收入类账户的结构与所有者权益类账户的结构（　　）。
    A. 完全相反　　B. 完全一致　　C. 基本相同　　D. 没有关系

12. 预付给供货单位的货款，可视同为一种（　　）。
    A. 损益支出　　B. 负债　　C. 所有者权益　　D. 资产

13. 资产类账户的借方登记（　　）。
    A. 所有者权益的增加额　　　　　B. 资产的增加额
    C. 负债的减少额　　　　　　　　D. 资产的减少额

14. 负债和所有者权益账户的期末余额一般在（　　）。
    A. 贷方　　B. 借方和贷方　　C. 借方或贷方　　D. 借方

15. 账户余额一般与（　　）在同一方向。
    A. 减少额　　B. 借方发生额　　C. 贷方发生额　　D. 增加额

三、多项选择题

1. 下列会计科目属于负债类的有（　　）。
   A. 应付职工薪酬　　B. 应付账款　　C. 应收账款　　D. 应交税费

2. 下列会计科目属于所有者权益类的有（　　）。
   A. 实收资本　　B. 固定资产　　C. 原材料　　D. 本年利润

3. 下列观点中，正确的有（　　）。
   A. "应收账款"属于资产类　　　　B. "应付账款"属于负债类
   C. "预付账款"属于负债类　　　　D. "固定资产"属于资产类

4. 账户一般应包含（　　）要素。
   A. 账户名称　　B. 日期和摘要　　C. 会计分录　　D. 增加或减少金额

5. 下列属于复式记账法特点的是（　　）。
   A. 必须设置一套完整的账户体系
   B. 可以清楚地反映经济业务的来龙去脉
   C. 可以简化登记账户的工作
   D. 可以采用试算平衡方法检查账户记录的正确性

6. 在借贷记账法下，账户的借方登记（　　）。

A. 资产的增加　　B. 成本费用的增加　C. 收入的增加　　D. 所有者权益的增加

7. 在借贷记账法下，账户的借方登记（　　）。
   A. 收入的结转　　B. 负债的减少　　C. 资产的减少　　D. 所有者权益的减少
8. 在借贷记账法下，账户的贷方登记（　　）。
   A. 资产的增加　　B. 负债的增加　　C. 成本费用的增加　D. 所有者权益的增加
9. 在借贷记账法下，账户的贷方登记（　　）。
   A. 资产的减少　　B. 收入的减少　　C. 成本费用的减少　D. 权益的减少
10. 通常，期末余额在账户借方的有（　　）。
    A. 资产类账户　　　　　　　　　　B. 负债类账户
    C. 所有者权益类账户　　　　　　　D. 成本费用类账户
11. 借贷记账法下的试算平衡公式有（　　）。
    A. 借方科目金额 = 贷方科目金额
    B. 借方期末余额 = 借方期初余额 + 本期借方发生额 − 本期贷方发生额
    C. 全部账户借方发生额合计 = 全部账户贷方发生额合计
    D. 全部账户借方余额合计 = 全部账户贷方余额合计
12. 复合会计分录有（　　）。
    A. 一借多贷　　　B. 一贷多借　　　C. 多借多贷　　　D. 一借一贷
13. 下列错误中，（　　）不能通过试算平衡发现。
    A. 某项经济业务遗漏登记入账　　　B. 只登记借方金额，未登记贷方金额
    C. 应借应贷的账户中，借贷方向记反　D. 借贷双方同时多记了相等的金额
14. 编制会计分录时，必须考虑清楚的问题是（　　）。
    A. 分析经济业务内容　　　　　　　B. 确定应借记和应贷记的账户名称（科目）
    C. 确定应记的金额　　　　　　　　D. 确定账户的余额在借方还是在贷方

四、判断题

1. 会计科目设置的详细程度越高，对经济业务反映越详细，会计核算效果就越好。（　　）
2. 所有的账户都是依据会计科目开设的。（　　）
3. "本年利润""库存现金"属于损益类会计科目。（　　）
4. "应付账款""应交税费"属于负债类会计科目。（　　）
5. 账户有一定的结构，但是在不同记账方法下，账户结构是不同的。（　　）
6. 每个账户的期初期末余额，一般都与增加额记录的方向相同。（　　）
7. 所有账户的左边都记录增加额，右边都记录减少额。（　　）
8. 单式记账法有时也会在经济业务发生后，在相关的两个账户中进行登记。（　　）
9. 所有经济业务的发生，都会引起会计等式两边发生变化。（　　）
10. 会计记账从产生开始，一直都是采用复式记账法。（　　）
11. 单式记账法是指所有的经济业务都记一笔账。（　　）
12. 复式记账法造成账户之间没有对应关系。（　　）
13. 借贷记账法账户的基本结构是：每一个账户的左边均为借方，右边均为贷方。（　　）

14. 一个账户的借方如果用来记录增加额，其贷方一定用来记录减少额。　　　　（　　）

15. 一般地说，各类账户的期末余额与记录增加额的一方都在同一方向。　　　　（　　）

五、思考题

1. 设置会计科目应遵循什么原则？
2. 说明会计科目与账户之间的关系。
3. 账户的基本结构如何？
4. 什么是总分类账户与明细分类账户的平行登记？其要点有哪些？
5. 简述借贷记账法的特点。
6. 借贷记账法是如何进行试算平衡的？
7. 借贷记账法的账户结构如何？

六、实务练习题

习题一

1. 目的：练习会计科目的分类。
2. 资料，如表 3-14 所示：

表 3-14　练习会计科目分类表

会计科目	资产类	负债类	所有者权益类	成本类	损益类
银行存款					
短期借款					
实收资本					
生产成本					
主营业务收入					
应付账款					
应交税费					
应收账款					
库存商品					
资本公积					
制造费用					
主营业务成本					
管理费用					
固定资产					
原材料					
其他应付款					

3. 要求：将上列会计科目填入应属于的类别栏内。

习题二

1. 目的：练习总分类账户与明细分类账户的平行登记。

2. 资料：

诚信公司 20×9 年年初"原材料"账户期初借方余额 61 000 元，其中 A 材料期初结存 500 千克，期初结存金额 25 000 元；B 材料期初结存 600 千克，期初结存金额 36 000 元。1 月发生以下经济业务。

（1）1 月 10 日，从世纪公司购进 A 材料 800 千克，每千克 50 元，B 材料 1 000 千克，每千克 60 元，合计价款 100 000 元，货款用银行存款支付（不考虑增值税，以下相同）。

（2）1 月 20 日，生产车间领用 A 材料 700 千克，计 35 000 元；领用 B 材料 800 千克，计 48 000 元。

（3）1 月 21 日，从华光公司购进 A 材料 400 千克，每千克 50 元；B 材料 400 千克，每千克 60 元，合计价款 44 000 元，货款未付。

3. 要求：

（1）根据账户期初余额开设"原材料"总分类账户和 A、B 两种材料的明细分类账户；

（2）将 1 月发生的经济业务逐笔记入总分类账户和明细分类账户；

（3）加计本月发生额和期末余额，并进行总分类账户与明细分类账户之间的发生额和期末余额核对。

习题三

1. 目的：练习借贷记账法的运用。

2. 资料：

诚信公司发生以下经济业务。

（1）从银行存款中提取现金 2 000 元备用。

（2）将现金 1 000 元存入银行。

（3）购入甲材料共计 8 000 元，材料款尚未支付。

（4）销售 B 产品 20 000 元，货款已收妥并存入银行。

（5）用银行存款 8 000 元，偿还前欠甲材料款。

（6）企业向银行借款 60 000 元存入银行，借款期限为 6 个月。

（7）收回前欠的货款 62 000 元，存入银行。

（8）用银行存款 20 000 元归还银行短期借款。

（9）收到投资者投资款 10 000 元，存入银行。

（10）销售 A 产品 92 000 元，货款尚未收到。

（11）收回（10）项欠款 92 000 元，存入银行。

3. 要求：根据以上资料编制会计分录。

习题四

1. 目的：练习发生额和余额的试算平衡。

2. 资料：诚信公司各账户期初余额如表 3-15 所示。

表 3-15 诚信公司各账户期初余额表　　　　　　　　　　单位：元

会计科目	借方余额	贷方余额
库存现金	1 200	
银行存款	85 000	

续表

会计科目	借方余额	贷方余额
交易性金融资产	120 200	
应收账款	70 000	
原材料	80 000	
固定资产	200 000	
短期借款		84 000
应付账款		92 400
实收资本		380 000
合计	556 400	556 400

3. 要求：

（1）根据习题三资料开设总分类账户；

（2）将习题三各账户发生额记入各总分类账户；

（3）计算各总分类账户期末余额；

（4）编制试算平衡表，如表3－16所示。

表3－16　本期发生额及余额试算平衡表　　　　　　　　单位：元

账户名称	期初余额		本期发生额		期末余额	
	借方余额	贷方余额	借方发生额	贷方发生额	借方余额	贷方余额
库存现金						
银行存款						
交易型金融资产						
应收账款						
原材料						
固定资产						
短期借款						
应付账款						
实收资本						
主营业务收入						
合计						

学习情境二　会计凭证

子情境四
会计凭证基础

【学习目标】
1. 了解原始凭证的种类，能判断出各种经济业务所对应的原始凭证。
2. 理解原始凭证的内容和填制要求，能准确规范地填制经济活动中常见的原始凭证，并进行审核。
3. 理解记账凭证的种类、内容和填制要求，能判断出各种不同经济业务所应填制的记账凭证，并能填制和审核。
4. 掌握装订记账凭证的方法，知道会计凭证应如何保管和传递。

任务一　会计凭证的意义和种类

一、会计凭证的概念

所谓会计凭证，是在会计工作中记录经济业务、明确经济责任的书面证明，是据以登记账簿的依据。

为保证会计信息真实、可靠，会计主体进行任何一项经济业务，都必须办理凭证手续，由经办业务的相关人员填制或取得会计凭证，说明该项经济业务的内容，并在会计凭证上签名或盖章，明确经济责任，然后由相关人员进行审核，审核无误并由审核人员签章后，作为记账的依据。

二、会计凭证的意义

合法地取得与正确地填制和审核会计凭证，是会计核算的基本方法之一，也是会计核算工作的起点，在整个会计核算中具有非常重要的意义。

（一）记录经济业务，提供记账依据

各企业单位在日常的生产经营活动中，会发生各种各样的经济业务，如各项资产的取得和使用、各项债务的发生和偿付、财务成果的形成和分配等，既有货币资金的收付，又有财产物资的进出。通过会计凭证的填制，可以将日常发生的大量经济业务真实地记录下来，及时、准确地反映各项经济业务的内容和完成情况，为登记账簿提供必要的依据。

（二）明确经济责任，强化内部控制

由于会计凭证记录了每项经济业务的内容，并要求有关部门与经办人签章。当出现问题

时，就可借助于会计凭证落实各经办部门和人员所负的经济责任，明确各自经济责任。同时，通过有关人员的签章，还可促进企业内部分工协作，互相牵制，强化企业内部控制。

（三）监督经济活动，控制经济运行

通过取得和填制会计凭证，可以检查每项经济业务是否真实、正确、合法、合规、合理，及时发现经济管理上的不足之处和各项管理制度上的漏洞，从而采取必要的措施来改进工作。

三、会计凭证的种类

会计凭证是多种多样的，按其填制的程序和用途的不同，可以分为原始凭证和记账凭证两大类。

任务二 原 始 凭 证

一、原始凭证的概念

原始凭证，也称单据，是在经济业务发生或完成时取得或者填制的，用以记录或证明经济业务发生与完成情况的书面证明文件。它详细记录了所发生经济业务的内容与数据，是进行会计核算的重要原始数据。

二、原始凭证的基本内容

各个单位发生的经济业务事项复杂多样，记录和反映经济业务事项的原始凭证来源于不同渠道，原始凭证的内容、格式不尽相同。作为反映经济业务事项已经发生或完成并承担明确经济责任的书面文件，无论是哪一种原始凭证，都应当具备以下基本内容：

（1）原始凭证的名称，如发票、入库单；
（2）原始凭证的填制日期和编号，一般应当是经济业务事项发生或完成的日期；
（3）接受原始凭证单位名称或个人姓名；
（4）经济业务事项的内容摘要；
（5）经济业务事项的数量、单价和金额；
（6）填制原始凭证的单位名称；
（7）有关经办人员的签名或盖章。

从外单位取得的原始凭证，应该使用统一的发票，发票上印有税务专用章，并且必须盖有填制单位的公章。从个人取得的原始凭证，必须有填制人员的签名或者盖章。自制原始凭证必须有经办部门的负责人或者指定的人员签名或者盖章，对外开出的原始凭证必须加盖本单位的公章。

原始凭证为了满足其他业务需要，还可列入相应的内容，如预算项目、合同号数等，使原始凭证能够发挥多方面的作用。

三、原始凭证的分类

（一）按照来源不同，可分为外来的原始凭证和自制的原始凭证

（1）外来的原始凭证。外来的原始凭证是在经济业务发生或完成时，从其他单位或者个人直接取得的原始凭证，如购进原材料时从购货单位取得的增值税专用发票、在向外单位

付款时取得的收据，职工出差取得的飞机票、火车票等。

（2）自制的原始凭证。自制的原始凭证是指经济业务发生或完成时由本单位内部有关人员填制的，在本单位内部使用的原始凭证，如收料单、领料单、产品入库单、借款单、工资计算单等。

（二）按照填制方法不同，可分为一次凭证、累计凭证和汇总原始凭证

（1）一次凭证。一次凭证是指一次填写完成，在一张凭证上只记录一笔经济业务的原始凭证。外来原始凭证和大多数自制原始凭证都是一次凭证，如购货发票、银行结算凭证、借款单等。

（2）累计凭证。累计凭证是指在一张凭证上连续登记一定期间内发生的相同经济业务的凭证，比较有代表性的就是限额领单。

（3）汇总原始凭证。汇总原始凭证又被称为原始凭证汇总表，是指将一定时期内若干张同类经济业务的原始凭证，经过汇总编制完成的凭证，如发出材料汇总表、工资结算汇总表、差旅费报销单等。

（三）按照格式的不同，可分为通用凭证和专用凭证

（1）通用凭证。通用凭证是指由有关部门统一印制的，在一定范围内使用的，具有统一格式和使用方法的原始凭证。它可全国通用，也可以在某一地区、某一行业通用，如中国人民银行统一制定的银行转账结算凭证、由税务部门统一规定使用的增值税专用发票等。

（2）专用凭证。专用凭证是指具有特定内容和专门用途的原始凭证，如差旅费报销单、产品入库单等。

四、常见原始凭证的填制方法

（一）支票的填写方法

银行、单位和个人填写的各种票据和结算凭证是办理支付结算和现金收付的重要依据，直接关系到支付结算的准确、及时和安全。因此，填写票据和结算凭证，必须做到标准化、规范化、要素齐全、数字正确、字迹清晰、无错漏、不潦草，防止涂改。支票是银行结算凭证的一种，常见的有现金支票和转账支票。

1. 转账支票的填制

支票上印有"转账"字样的为转账支票，一般分为存根和正联两部分。转账支票由出纳员用碳素笔、正楷字填写，字迹工整。填写时，先填写存根部分，再填写正联部分。

（1）日期的书写方法。正联部分的出票日期必须使用中文大写。为防止变造票据的出票日期，在填写月、日时，月为壹、贰和壹拾的，日为壹至玖、壹拾、贰拾和叁拾的，应在其前加"零"；日为拾壹至拾玖的，应在其前加"壹"。如1月15日，应写成"零壹月壹拾伍日"；10月20日，应写成"零壹拾月零贰拾日"。

（2）金额书写方法。结算金额分为大写和小写，大写金额数字用中文正楷或行书填写，且紧接"人民币"字样填写，不得留有空白。阿拉伯小写金额数字前面，均应填写人民币符号"￥"。阿拉伯小写金额数字要认真填写，不得连写分辨不清。

（3）其他注意事项。收款人处应填写无误。出票人账号有账号章的可以加盖账号章。

填写用途应实事求是，如××货款。支票填写完成审核无误后，在出票人签章处加盖预留银行的印鉴，即单位财务专用章和法人名章，然后在支票左边与存根的衔接处加盖财务专用章，最后从骑缝线处剪开，正联交收款人办理转账，存根留下作为记账依据。转账支票如表4-1所示。

表4-1 转账支票

支票存根	中国工商银行 转账支票 No：00225845
No：00225845 科　目 对方科目 出票日期 2019 年 3 月 1 日 收款人：济南钢材有限责任公司 金　额：¥35 000.00 用　途：购买材料 单位主管　　　会计	出票日期（大写）贰零壹玖年叁月零壹日 付款行名称：济南市工商银行桥西支行七一路分理处 收款人：济南钢材有限责任公司　出票人账号：160100730461098 人民币（大写）叁万伍千元整　亿千百十万千百十元角分 ¥ 3 5 0 0 0 0 0 用途 购买材料　　　科目（借） 上列款项请从　　　对方科目（贷） 我账户内支付　　　付讫日期　年 月 日 出票人签章　　　复核　　　记账

2. 现金支票的填制

支票上印有"现金"字样的为现金支票。其填制方法与转账支票基本相同，所不同的是："用途"一般填写"备用金""工资""差旅费"等。

（二）领料单的填制方法

领料单又被称为发料单，是一种一次有效的发料凭证。它适用于临时性需要和没有消耗定额的各种材料。领料单由领料部门根据生产或其他需要填制，经部门主管签名或盖章后据以领料。领料单通常以一料一单为宜，仓库发料时，填写实发数量；同时，由领发料双方签章，以示负责。领料单应填制一式多联，一联由领料部门带回，作为领用部门核算的依据；一联交财会部门据以记账；一联由仓库留存据以登记材料明细账。领料单如表4-2所示。

表4-2 领料单

领　料　单

领用部门：生产车间　　　　　　　　　　　　　　　　　　　　　编号：001
用途：生产 A 产品　　　　20×9 年 3 月 25 日　　　　发料仓库：1 号库

材料编号	名　称	规　格	计量单位	请领数量	实发数量	单位成本	金　额
0016	圆木	6 厘米	立方米	3	3	1 500	4 500
备注						合计	4 500

审批：×× 　　　发料：×× 　　　记账： 　　　领料：××

（三）收料单的填制方法

收料单是记录外购材料验收入库的一种原始凭证。"收料单"一般一式三联，第一联为存根，由采购员带回供应部门备查；第二联为会计记账联，交财会部门据以记账；第三联为仓库记账联,由仓库留下作为登记原材料明细账数量的依据。材料运到企业,材料保管员验收后,在收料单上填写收料日期、材料名称、计量单位、应收实收数量等项目,会计人员填写材料单价、金额、运杂费等项目。收料单如表4-3所示。

表4-3 收料单

供货单位:新华工厂　　　　　　　　　　　　　　　　　　　　　　　编号:001
发票号码:02154789　　　　　　20×9年3月26日　　　　　　收料仓库:2号库

材料编号	名　称	规　格	计量单位	应收数量	实收数量	单位成本	金　额
0015	圆钢	25毫米	吨	5	5	3 000	15 000
备注						合计	15 000

收料:×× 　　　　记账: 　　　　保管:×× 　　　　仓库负责人:××

(四) 增值税专用发票的填制方法

一般纳税人因销售货物或提供应税劳务,按规定应向付款人开具增值税专用发票。增值税专用发票为机打发票,由企业会计人员填写,全部联次一次性打印完成。该发票基本联次为四联,销货单位和购货单位各两联。其中留销货单位的两联,一联留存有关业务部门,一联作会计机构的记账凭证;交购货单位的两联,一联作为购货单位的结算凭证,一联为税款抵扣凭证。购货单位向一般纳税人购货,应取得增值税专用发票,因为只有取得增值税专用发票税款抵扣联,支付的进项税额才能在购货单位作为"进项税额"列账。增值税专用发票如表4-4所示。

表4-4 增值税专用发票

××增值税专用发票

开票日期:20×9年3月10日　　　　　　No 00002546245

购货单位	名称:振华工厂 纳税人登记号:120156475821 地址、电话:中山路18号 开户银行及账号:工行中山路支行　645721263	密码区	75+2145787(6) -/456789 加密版本02 2114<>、*33568899224523545644、 3-1545-1>>>>+547887954562153 41245321

商品或劳务名称	计量单位	数量	单价	金　额 百十万千百十元角分	税率%	税　额 百十万千百十元角分
A产品	件	200	50	1 0 0 0 0 0 0	13	1 3 0 0 0 0
合计				¥1 0 0 0 0 0 0	13	¥1 3 0 0 0 0
价税合计(大写)	⊗壹万壹仟叁佰零拾零元零角零分					¥11 300.00

销货单位	名称:新华工厂 纳税人登记号:120156473769 地址、电话:中山路20号 开户银行及账号:工行中山路支行　145721263	备注:	

收款人:　　　　复核:　　　　开票人:××　　　　销售单位:(章)

(五) 收据的填制方法

企业因相关业务而向个人收取现金时,应开具收据。收据由企业出纳人员负责填写,应按照编号顺序使用。收据一般为一式三联,第一联为存根联;第二联为收据联;第三联为记账联。出纳员在填写收据时,应采用双面复写纸一次套写完成,并在各联加盖出纳个人名章,在第二联加盖财务专用章,至此收据开具完毕。审核无误后,将收据联交给交款单位或个人,存根联保存在收据本上以备查询,记账联留作记账依据。收据如表4-5所示。

表4-5 收款收据

收 款 收 据

20×9年3月20日　　　　　　　　　　　　No.35872140

交款单位或交款人	张 明	收款方式	现 金
事　由　收回差旅费余款			备注:
人民币(大写)贰佰元整		¥200.00	

第三联

收款单位(盖章):(章)　　　　　　　　　　　收款人(签章):王力

(六) 借款单的填制方法

企业职工因公出差或其他原因向企业借款,须填制借款单。借款单可作为职工的借据、企业与职工之间结算的依据及会计人员记账的依据。借款单中的借款日期、借款单位、借款理由、借款金额由借款人填好后,在借款人处签字,再由本单位负责人审批,同意后签字;然后交财务主管核批并签字;最后交出纳员支取现金。借款单如表4-6所示。

表4-6 借款单

借 款 单

20×9年3月16日

部 门	审计部	借款理由	出 差
借款金额	金额(大写)贰仟元整		¥2 000.00
部门负责人(签字) 张强 20×9年3月　16日	财务负责人(签字) 钱敏 20×9年3月　16日		借款人:高明 20×9年3月　16日

(七) 银行进账单的填制方法

当企业持有转账支票、银行汇票和银行本票等到银行办理转账时,须填制进账单。进账单一般一式三联:第一联为回单,是出票人开户银行交给出票人的回单;第二联为贷方凭证,由收款人开户银行作为贷方凭证;第三联为收账通知,是收款人开户银行在款项收妥后给收款人的收账通知。进账单填完并审核无误后,连同转账支票一起交给开户银行办理转账。银行审核无误后,在第三联上加盖银行印章,然后传递给企业作为记账的依据。银行进账单如表4-7所示。

表 4-7 中国工商银行进账单

中国工商银行进账单（收账通知）3

填制日期 20×9 年 3 月 18 日

出票人	全称	华新商厦	收款人	全称	通达有限公司	千	百	十	万	千	百	十	元	角	分
	账号	16257842125		账号	16258721164										
	开户银行	工行开发区支行		开户银行	工行新华支行										
人民币（大写）玖万肆仟柒佰柒拾元整								¥	9	4	7	7	0	0	0
票据种类		转账支票													
票据张数		1 张	收款人开户银行盖章												
票据号码		00225845													
复核		记账													

此联是收款人开户银行交收款人的收账通知

（八）限额领料单的填制方法

限额领料单是一种在规定的领用限额之内多次使用的累计发料凭证。它适用于经常需要并规定有消耗定额的各种材料。在其有效期间（一般以一个月为限），只要不超过领用限额，就可以继续使用。它是由材料供应部门会同生产计划部门，根据各单位的生产任务和开展业务的需要以及材料消耗定额核定领用限额来填制的。限额领料单一般按照每种材料、每一用途分别填制。限额领料单应填制一式两联，一联交仓库作为物料发料依据；一联交领用部门作为领料的凭证。每次领料发料时，仓库应认真审查清理数量，如未超过限额，应予发料。发料后在两联同时填写实发数，并计算出限额结余数，并由发料人和领料人同时签章。月末结出实发数量和金额交财会部门据以记账。限额领料单如表 4-8 所示。

表 4-8 限额领料单

限额领料单

领料部门：二车间　　　　　　20×9 年 3 月　　　　　　发料仓库：1 号库
用　途：生产工具　　　　　　　　　　　　　　　　　　　No.135678421

材料编号	材料名称	规格	计量单位	领用限额	单价	全月实用	
						数量	金额
0012	圆钢	15 毫米	千克	6 000	2.50	5 800	14 500
领用日期	请领数量	实发数量	领料人	发料人	限额结余		
5	1 200	1 200	略	略	4 800		
10	1 200	1 200			3 600		
15	1 200	1 200			2 400		
19	1 200	1 200			1 200		
25	1 000	1 000			200		
合计	5 800	5 800			200		

审核：×× 　　　　　　保管：×× 　　　　　　领料：××

五、原始凭证的填制要求

原始凭证是经济业务的原始证明,是记账的原始依据。填制原始凭证是会计工作的第一个环节,因此严格按照相关的要求进行填制至关重要。

(一)基本要求

(1) 记录真实。这就是要实事求是地填写经济业务,原始凭证上填制的日期、业务内容、数量、金额等必须与实际情况完全符合,确保凭证内容真实可靠。

(2) 内容完整。每张凭证必须按照规定的格式和内容逐项填写齐全,不得省略或者遗漏,而且必须填写手续完备,符合内部填制制度。

(3) 填制及时。按照经济业务的执行和完成情况及时填制原始凭证,这对于保证会计资料的时效是非常重要的。同时也可以避免由于原始凭证填制不及时,事后记忆模糊,补办手续时出现差错现象。

(4) 书写清楚。原始凭证上的文字和数字都要认真填写,要求字迹清楚,易于辨认。原始凭证上的各项内容均不得涂改;原始凭证有错误的,应当由出具单位重开或者更正,更正处需加盖出具单位印章。原始凭证金额有错误的,应当由出具单位重开,不得在原始凭证上更正。

(二)具体要求

(1) 凡填有大写和小写金额的原始凭证,大写与小写金额必须相符。

(2) 购买实物的原始凭证,必须有验收证明。

(3) 支付款项的原始凭证,必须有收款单位和收款人的收款证明,不能仅以支付款项的有关凭证(银行汇款凭证等)代替,以防止舞弊行为的发生。

(4) 一式多联的原始凭证,应当注明各联的用途,只能以一联作为报销凭证。一式多联的发票和收据,必须用双面复写纸套写,并连续编号,作废时应当加盖"作废"戳记,连同存根一起保存,不得撕毁。

(5) 发生销货退回的,除填制退货发票外,还必须有退货验收证明;退款时,必须取得对方的收款收据或者汇款银行的凭证,不得以退货发票代替收据。

(6) 职工因公出差借款凭据,必须附在记账凭证之后。收回借款时,应当另开收据或者退还借据副本,不得退还原借据收据。

(7) 阿拉伯数字前面应写人民币符号"¥",并且应一个一个地写,不得连笔写。

(8) 所有以元为单位的阿拉伯数字,除表示单价等情况下,一律填写到角分,无角分的,角位和分位可写"00",或符号"—";有角无分的,分位应写"0",不得用符号"—"代替。

(9) 原始凭证(除套写的可用圆珠笔)必须用蓝色或黑色墨水书写。

(10) 经过上级有关部门批准的经济业务,应当将批准文件作为原始凭证附件。如果批准文件需要单独归档的,应当在凭证上注明批准机关名称、日期和文件号。

六、原始凭证的审核及审核后的处理

(一)原始凭证的审核

只有经过审核无误的原始凭证,才能作为记账的依据,为了保证原始

原始凭证的审核及审核后的处理

凭证内容的真实性和合理性，一切原始凭证填制或取得后，都应按规定的程序及时送交会计部门，由会计主管或具体处理该事项的会计人员进行审核。原始凭证的审核主要从以下四方面着手。

（1）真实性审核。真实性审核包括审核原始凭证本身是否真实以及原始凭证反映的经济业务事项是否真实两方面。即确定原始凭证是否虚假、是否存在伪造或者涂改等情况；核实原始凭证所反映的经济业务是否发生过，是否反映了经济业务事项的本来面目等。

（2）合法性审核。即审核原始凭证所反映的经济业务事项是否符合国家有关法律、法规、政策和国家统一会计制度的规定，是否符合有关审批权限和手续的规定，以及是否符合单位的有关规章制度，有无违法乱纪、弄虚作假等现象。

（3）完整性审核。即根据原始凭证所反映基本内容的要求，审核原始凭证的内容是否完整，手续是否齐备，应填项目是否齐全，填写方法、填写形式是否正确，有关签章是否具备等。

（4）正确性审核。即审核原始凭证的摘要和数字是否填写清楚、正确，数量、单价、金额的计算有无错误，大写与小写金额是否相符。

（二）原始凭证审核后的处理

原始凭证经会计机构、会计人员审核后，对于核对无误的，可以作为编制记账凭证的依据；对于审核中发现的问题，根据不同情况，分别采取以下两种方法进行处理。

（1）对于不真实、不合法的原始凭证有权不予接受，并应当报告单位负责人，要求查明原因，作出处理。

（2）对于记载不准确、不完整的原始凭证应予以退回，并要求有关经济业务事项的经办人员按国家统一会计制度的规定更正、补充，待内容补充完整、手续完备后，再予以办理。

原始凭证的审核是一项严肃细致的重要工作，为了做好这项工作，审核人员必须熟悉国家有关的方针、政策、法令、规定和制度以及本单位的有关规定，并掌握本单位内部各部门的工作情况。另外，审核人员应做好宣传解释工作，因原始凭证所证明的经济业务需要由有关的领导和职工去经办，只有对他们做好宣传解释工作，才能避免违法乱纪经济业务的发生。

任务三　记　账　凭　证

记账凭证的填制

记账凭证是会计人员根据审核无误的原始凭证加以归类整理，确定会计分录，并据以登记账簿的一种会计凭证。

由于经济业务发生时取得的原始凭证种类繁多，格式多样，而且原始凭证一般不能明确经济业务应记入的账户名称和借、贷的方向，因此不便于使用原始凭证直接登记会计账簿。对此，会计人员在登记账簿之前，先对审核无误的原始凭证，编制具有一定格式的记账凭证，来确定应借、应贷的账户名称和金额，然后再据此登记入账。原始凭证作为记账凭证的证明和依据，应附于记账凭证之后，这样可以保证账簿记录的准确性，也便于对账、查账和凭证的管理，从而提高会计工作质量。

一、记账凭证的填制方法

记账凭证按照使用单位选择和适用的经济业务的不同可以分为专用记账凭证和通用记账凭证。

(一) 专用记账凭证的填制方法

专用记账凭证是专门用于某一类经济业务的记账凭证,包括收款凭证、付款凭证和转账凭证。在实际工作中,为了便于识别,避免差错,提高会计工作效率,各种专用记账凭证通常用不同颜色的纸张印刷。

1. 收款凭证

收款凭证是指专门用以记录现金和银行存款收入业务的记账凭证。它根据加盖"收讫"戳记的收款原始凭证编制,作为登记库存现金日记账、银行存款日记账以及有关账簿的依据。收款凭证的左上方为借方科目,应填列"库存现金"或"银行存款"科目。凭证的贷方科目应填列与"库存现金"或"银行存款"相应的账户。金额栏填列经济业务实际发生的数额,在凭证的右侧填写所附原始凭证的张数,并在出纳及制单处签名或盖章。"记账符号"栏供记账员在根据收款凭证登记有关账簿以后做记号用,表示该项金额已经记入有关账户,避免重记或漏记(下同)。收款凭证如表 4-9 所示。

表 4-9 收款凭证

收 款 凭 证

借方科目:银行存款　　　　　20×9 年 3 月 20 日　　　　　银收字第 1 号

摘要	贷方科目		√	金额									
	一级科目	明细科目		千	百	十	万	千	百	十	元	角	分
收到光明厂前欠货款	应收账款	光明厂					1	2	5	0	0	0	0
合计	人民币:壹万贰仟伍佰元整			¥			1	2	5	0	0	0	0

附件 1 张

会计主管:　　　记账:　　　出纳:陈玉　　　复核:王冰　　　制证:张宁

2. 付款凭证

付款凭证是指专门用以记录现金和银行存款付款业务的记账凭证,它根据加盖"付讫"戳记的付款原始凭证编制,作为登记库存现金日记账、银行存款日记账和其他有关账簿的依据。付款凭证的左上方为贷方科目,应填列"库存现金"或"银行存款"科目。凭证的借方科目,应填列与"库存现金"或"银行存款"相对应的科目。金额栏填列经济业务实际发生的数额,在凭证的右侧填写所附原始凭证的张数,并在出纳及制单处签名或盖章。付款凭证如表 4-10 所示。

表 4-10 付款凭证

付 款 凭 证

贷方科目:银行存款　　　　　20×9 年 3 月 21 日　　　　　银付字第 1 号

摘要	借方科目		√	金额									
	一级科目	明细科目		千	百	十	万	千	百	十	元	角	分
支付广告费	销售费用	广告费						2	0	0	0	0	0
合计	人民币:贰万元整			¥				2	0	0	0	0	0

附件 1 张

会计主管:　　　记账:　　　出纳:陈玉　　　复核:王冰　　　制证:张宁

需要强调指出的是，对于涉及现金和银行存款之间相互划转的业务，如把现金送存银行或从银行存款户中提取现金的业务，为避免重复记账，一般只填付款凭证，不填收款凭证。

3. 转账凭证

转账凭证是用于登记不涉及现金和银行存款收付的其他经济业务的记账凭证。它与收付款凭证的区别是：不设主体科目栏，填制凭证时将经济业务所涉及的会计科目全部填列在凭证内，借方科目在前，贷方科目在后，将各会计科目应借应贷的金额填列在"借方金额"或"贷方金额"栏内。借方、贷方金额合计数应该相等。制单人应在填制凭证后签名盖章，并在凭证的右侧填写所附原始凭证的张数。转账凭证如表 4－11 所示。

表 4－11 转账凭证

转 账 凭 证

20×9 年 3 月 21 日　　　　　　　　　　　　转字第 1 号

摘 要	总账科目	明细科目	√	借方金额 千 百 十 万 千 百 十 元 角 分	贷方金额 千 百 十 万 千 百 十 元 角 分	
计提折旧	制造费用	折旧费		6 0 0 0 0 0		附件1张
	管理费用	折旧费		3 0 0 0 0 0		
	累计折旧				9 0 0 0 0 0	
合计				￥ 9 0 0 0 0 0	￥ 9 0 0 0 0 0	

会计主管：　　　记账：　　　出纳：　　　复核：王冰　　　制证：赵文

（二）通用记账凭证的填制方法

通用记账凭证是一种采用通用式格式记录全部经济业务的记账凭证。采用通用记账凭证的单位无论是款项的收付还是转账业务，都采用统一格式的记账凭证。该种凭证通常适用于规模不大，款项收付业务不多的企业。通用记账凭证的格式与填制方法与转账凭证相同，如表 4－12 和表 4－13 所示。

表 4－12 记账凭证（1）

记 账 凭 证

20×9 年 3 月 21 日　　　　　　　　　　　　记字第 1 号

摘 要	总账科目	明细科目	√	借方金额 千 百 十 万 千 百 十 元 角 分	贷方金额 千 百 十 万 千 百 十 元 角 分	
计提折旧	制造费用	折旧费		6 0 0 0 0 0		附件1张
	管理费用	折旧费		3 0 0 0 0 0		
	累计折旧				9 0 0 0 0 0	
合计				￥ 9 0 0 0 0 0	￥ 9 0 0 0 0 0	

会计主管：　　　记账：　　　出纳：　　　复核：王冰　　　制证：赵文

表4-13 记账凭证（2）

记 账 凭 证

20×9年3月21日　　　　　　　　　　　　　　　　记字第2号

摘　要	总账科目	明细科目	√	借方金额									贷方金额									
				千	百	十	万	千	百	十	元	角	分	千	百	十	万	千	百	十	元	角	分
支付广告费	销售费用	广告费				2	0	0	0	0	0	0										
	银行存款															2	0	0	0	0	0	0
合计				¥		2	0	0	0	0	0	0		¥		2	0	0	0	0	0	0	

附件1张

会计主管：　　　记账：　　　出纳：　　　复核：王冰　　　制证：赵文

二、记账凭证的基本内容

由上述填制过程中可以总结出记账凭证必须具备以下八项共同的基本内容：
（1）记账凭证的名称；
（2）填制记账凭证的日期；
（3）记账凭证的编号；
（4）经济业务的内容摘要；
（5）经济业务所涉及的会计科目及其记账方向；
（6）经济业务的金额；
（7）所附原始凭证的张数；
（8）会计主管、记账、审核、出纳、制单等有关经办人员的签章。

三、记账凭证的填制要求

记账凭证是进行会计处理的直接依据，记账凭证的填制除应严格按原始凭证的填制要求填制外，还应遵守以下填制要求。

1. 填写内容完整

填制记账凭证的依据，必须是经审核无误的原始凭证或汇总原始凭证。

2. 记账凭证日期的填写

记账凭证的日期一般为编制记账凭证当天的日期，但不同的会计事项，其编制日期也有区别，收付款业务的日期应填写货币资金收付的实际日期，它与原始凭证所记的日期不一定一致；转账凭证的填制日期为收到原始凭证的日期，但在"摘要"栏注明经济业务发生的实际日期。

3. 摘要填写要确切、简明

摘要应与原始凭证内容一致，能正确反映经济业务和主要内容，表达简短精练。对于收付款业务要写明收付款对象的名称、款项内容，使用银行支票的还应填写支票号码；对于购买材料、商品业务，要写明供应单位名称和主要数量；对于经济往来业务，应写明对方单位、业务经手人、发生时间等内容。

4. 记账凭证的编号

记账凭证的编号，采取按月份编顺序号的方法。采用通用记账凭证的，一个月编制一个顺序号，即"顺序编号法"。采用专用记账凭证的，可采用"字号编号法"，它可以按现金收付、银行存款收付、转账业务三类分别编制顺序号。具体地编为"收字第××号""付字第××号""转字第××号"。也可以按现金收入、现金支出、银行存款收入、银行存款支出和转账五类进行编号，具体为"现收字第××号""现付字第××号""银收字第××号""银付字第××号""转字第××号"。如果一笔经济业务需要填制两张或两张以上的记账凭证时，记账凭证的编号可采用"分数编号法"。例如，转字第 50 号凭证需要填制 3 张记账凭证，就可以编成转字 $50\frac{1}{3}$ 号、$50\frac{2}{3}$ 号、$50\frac{3}{3}$ 号。

5. 记账凭证可汇总填写

记账凭证可以根据每一张原始凭证填制或者根据若干张同类原始凭证汇总填制，或根据原始凭证汇总表填制，但不得将不同内容和类别的原始凭证汇总填制在一张记账凭证上。

6. 记账凭证必须附有原始凭证

除结账和更正错误的记账凭证可以不附原始凭证外，其他记账凭证必须附有原始凭证。记账凭证上应注明所附原始凭证的张数，以便核查。所附原始凭证张数的计算，一般以原始凭证的自然张数为准。如果记账凭证中附有原始凭证汇总表，则应该把所附原始凭证和原始凭证汇总表的张数一起计入附件的张数之内。但报销差旅费的零散票券，可以粘贴在一张纸上，作为一张原始凭证。

如果一张原始凭证涉及多张记账凭证的，可将该原始凭证附在一张主要的记账凭证后面，在其他记账凭证上注明附在××字××号记账凭证上。如果原始凭证需另行保管时，则应在记账凭证上注明"附件另订"和原始凭证名称、编号，要相互关联。

7. 填制记账凭证时若发生错误，应当按要求更正或重新填制

如果在填制记账凭证时发生错误，应当重新填制。已经登记入账的记账凭证，在发现填写错误时，可用红字填写一张与原内容相同的记账凭证，同时再用蓝字重新填制一张正确的记账凭证。如果会计科目正确，只是金额错误，也可以将正确数额与错误数额间的差额，另编一张调整的记账凭证，调增数额用蓝字，调减用红字。

8. 对空行的处理

记账凭证填制后，如果有空行，应当自金额栏最后一笔金额数字下的空行处至合计数上的空行处划斜线或"S"线注销，合计金额第一位前要填写货币符号。

另外需注意的是，如果在同一项经济业务中，既有现金或银行存款的收付业务，又有转账业务时，应相应地填制收、付款凭证和转账凭证。如职工李明出差回来，报销差旅费 500 元，之前已预借 700 元，剩余款项交回现金。对于这项经济业务应根据收款收据的记账联填制现金收款凭证，同时根据差旅费报销凭单填制转账凭证。

四、记账凭证的审核

为了正确登记账簿和监督经济业务，除了编制记账凭证的人员应当加强自审以外，同时还应建立专人审核制度。记账凭证的审核主要包括以下三项内容。

（1）记账凭证是否附有原始凭证，所附原始凭证的内容和张数是否与记账凭证相符。

（2）记账凭证所确定的应借、应贷会计科目（包括二级或明细科目）是否正确，对应关系是否清楚，金额是否正确。

（3）记账凭证中的有关项目是否填列齐全，有无错误，有关人员是否签名或者盖章。

在审核记账凭证的过程中，发现已经入账的记账凭证填写错误时，应区别不同情况，采用规定的方法进行更正。

任务四　会计凭证的传递与保管

企业、单位的一项经济业务往往涉及若干部门和经办人员，会计凭证作为记录经济业务的载体，也要在不同部门和人员之间传递，以反映经济业务的完成情况，履行有关部门的责任和手续。

一、会计凭证的传递

会计凭证的传递是指会计凭证从填制或取得开始，经审核、记账到装订保管的全过程。各种会计凭证，其所记录的经济业务不尽相同，所以办理会计手续的程序和占用的时间也不同。实际工作中，应该为每种会计凭证的传递程序和在各个环节上的停留时间作出规定。即会计凭证填制后，应当交到哪个部门、哪个工作岗位上，由谁接办业务手续，直到归档保管为止。会计凭证的传递是会计制度的一个重要组成部分，应在会计制度中作出明确的规定。

正确组织会计凭证的传递，对及时地反映和控制经济业务的发生与完成情况，合理组织会计核算，强化经济责任制，具有重要的意义。科学的传递程序，应该使会计凭证按最快捷、最合理的流向运行。因此，在制定会计凭证传递程序时，应该着重考虑以下三点。

（1）要根据经济业务的特点，企业内部机构设置和人员分工情况以及经营管理上的需要，具体规定各种凭证的联数和传递程序；注意流程的合理性，避免不必要的环节，以免影响传递的速度。

（2）要根据有关部门与经办人员对经济业务办理必要手续的需要，确定会计凭证在各个环节的停留时间。防止在各个流经环节过多的、不必要的耽搁。

（3）建立严格的会计凭证交接和签收制度，保证会计凭证的安全完整，做到责任明确，手续齐全、严密。

二、会计凭证的整理与装订

（一）会计凭证的整理

会计档案装订整理

会计凭证登记完毕后，应将记账凭证连同所附的原始凭证或原始凭证汇总，按照编号顺序折叠整齐，准备装订。会计凭证在装订之前，必须进行适当的整理，以便于装订。

会计凭证的整理，主要是对记账凭证所附的原始凭证进行整理。会计实务中收到的原始凭证纸张往往大小不一，因此，需要按照记账凭证的大小进行折叠或粘贴。通常，对面积大于记账凭证的原始凭证采用折叠的方法，按照记账凭证的面积尺寸，将原始凭证先自右向左，再自下向上两次折叠。折叠时应注意将凭证上的左上角或左侧面突出，以便于装订后的展开查阅。对于纸张面积过小的原始凭证，则采用粘贴的方法，即按一定次序和类别将原始凭证粘贴在一张与记账凭证大小相同的白纸上。粘贴时要注意，应尽量将同类同金额的票据粘在一起；粘贴完成之后，应在白纸一旁注明原始凭证的张数和合计金额。对于纸张面积略小于记账凭证的原始凭证，则可以用回形针或大头针别在记账凭证后面，待装订凭证时，抽去回形针或大头针。

对于数量过多的原始凭证，如工资结算表、领料单等，可以单独装订保管，但应在封面上注明原始凭证的张数、金额，所属记账凭证的日期、编号、种类。封面应一式两份，一份作为原始凭证装订成册的封面，封面上注明"附件"字样；另一份附在记账凭证的后面，同时在记账凭证上注明"附件另订"，以备查考。

此外，各种经济合同、存出保证金收据以及涉外文件等重要原始凭证，应当另编目录，单独登记保管，并在有关的记账凭证和原始凭证上相互注明日期的编号。

（二）会计凭证的装订

会计凭证的装订是指将整理完毕的会计凭证加上封面和封底，装订成册，并在装订线上加贴封签的一系列工作。会计凭证不得跨月装订。记账凭证少的单位，可以一个月装订一本；记账凭证较多的单位，一个月内可装订成若干册。序号每月一编。装订好的会计凭证厚度通常为 2.0~3.0cm。

装订成册的会计凭证必须加盖封面，封面上应注明单位名称、年度、月份和起讫日期、凭证种类、起讫号码，由装订人在装订线封签外签名或者盖章。会计凭证封面如表 4-14 所示。

表 4-14 记账凭证封面

记账凭证封面

年　　月　　　　　　　　　　编号

单位名称	
册　　数	第　　册共　　册
起讫编号	自第　　号至第　　号共计　　张
起讫日期	自　年　月　日至　年　月　日

会计主管：　　　　　　　　　　　　装订人：

（三）会计凭证的保管

会计凭证是一个单位的重要经济档案，必须妥善保管，防止丢失或毁损，以备日后随时查阅。会计部门根据会计凭证登记账簿后，应将各种记账凭证按照编号顺序连同所附原始凭证定期装订成册，以防散失。

查阅会计凭证应办理查阅手续，经本单位有关领导批准。调阅时，应填写"会计档案调阅表"，详细填写调阅会计凭证的名称、调阅日期、调阅人姓名、调阅理由、调阅批准人。原始凭证不得外借，其他单位如因特殊原因需要使用原始凭证时，经本单位会计机构负责人、会计主管人员批准，可以复制，避免抽出原始凭证。向外单位提供的原始凭证复制件，应当专设登记簿登记，说明所复制的会计凭证名称、张数，并由提供人员和收取人员共同签名或者盖章。

原始凭证较多时，可单独装订，但要在凭证封面注明所属记账凭证的日期、编号和种类，此时在所属的记账凭证上注明"附件另订"字样。

每年装订成册的会计凭证，在年度终了时可暂由单位会计机构保管一年，期满后应移交单位档案机构统一保管；出纳人员不得兼管会计档案。

会计凭证的保管期限和销毁手续，必须根据《会计档案管理办法》的有关规定执行，任何人都无权自行随意销毁。对保管期满需要销毁的会计凭证，必须开列清单，按规定手续报经批准后才能销毁。

情 境 小 结

会计凭证是记录经济业务事项发生或完成的书面证明，也是登记账簿的依据。会计凭证按照编制的程序和用途不同分为原始凭证和记账凭证。

原始凭证是在经济业务发生或完成时取得或填制的，用以记录或证明经济业务的发生或完成情况的文字凭据。

原始凭证根据取得的来源可分为外来凭证和自制凭证。按照填制方法不同，可分为一次凭证、累计凭证和汇总原始凭证。

记账凭证是会计人员根据审核无误的原始凭证按照经济业务事项的内容加以归类，并据以确定会计分录后所填制的会计凭证，是登记账簿的直接依据。

记账凭证按照使用单位选择和适用的经济业务不同，分为通用记账凭证和专用记账凭证。

会计凭证的传递是指会计凭证从编制、办理业务手续、审核、整理、记账，以及装订、归档保管的全过程。

同步强化练习

一、名词解释

1. 会计凭证　　2. 原始凭证　　3. 记账凭证　　4. 收款凭证
5. 付款凭证　　6. 转账凭证

二、单项选择题

1. 会计凭证按其（　　）不同，可以分为原始凭证和记账凭证。
   A. 填制的方式　　　　　　　　B. 填制的程序和用途
   C. 取得的来源　　　　　　　　D. 反映经济业务的次数
2. 下列会计凭证中属于自制原始凭证的是（　　）。
   A. 收款凭证　　B. 付款凭证　　C. 银行结算凭证　　D. 收料单
3. 原始凭证按（　　）分类，分为一次凭证、累计凭证和汇总原始凭证。
   A. 用途和填制程序　B. 取得的来源　C. 填制方式　　D. 填制程序和内容
4. 下列原始凭证中属于外来原始凭证的有（　　）。
   A. 提货单　　B. 发出材料汇总表　C. 购货发票　　D. 领料单
5. 下列各项中，不属于记账凭证审核内容的有（　　）。
   A. 凭证是否符合有关的计划和预算
   B. 会计科目使用是否正确
   C. 凭证的金额与所附原始凭证的金额是否一致
   D. 凭证的内容与所附原始凭证的内容是否一致
6. 出纳人员付出货币资金的依据是（　　）。
   A. 收款凭证　　B. 付款凭证　　C. 转账凭证　　D. 原始凭证

7. 在审核原始凭证时，对于内容不完整、填制有错误或手续不完备的原始凭证，应该（　　）。
   A. 拒绝办理，并向本单位负责人报告
   B. 予以抵制，对经办人员进行批评
   C. 由会计人员重新填制或予以更正
   D. 予以退回，要求更正、补充，以致重新填制
8. 下列凭证中不能作为编制记账凭证依据的是（　　）。
   A. 收货单　　　　B. 发票　　　　C. 发货单　　　　D. 购销合同
9. 不涉及"库存现金"和"银行存款"收付业务应编制的记账凭证是（　　）。
   A. 收款凭证　　　B. 付款凭证　　　C. 转账凭证　　　D. 原始凭证
10. 用转账支票支付前欠货款，应填制（　　）。
    A. 转账凭证　　　B. 收款凭证　　　C. 付款凭证　　　D. 原始凭证

三、多项选择题

1. 属于一次凭证的有（　　）。
   A. 收料单　　　　B. 报销凭单　　　C. 领料单　　　　D. 限额领料单
2. 涉及现金与银行存款之间收付款业务时，可以编制的记账凭证有（　　）。
   A. 现金收款凭证　　　　　　　　　B. 现金付款凭证
   C. 银行存款收款凭证　　　　　　　D. 银行存款付款凭证
3. 企业购买一批材料并验收入库，该项业务可能取得的原始凭证有（　　）。
   A. 支票存根　　　B. 发票　　　　　C. 收料单　　　　D. 运输单据
4. 下列各项中属于记账凭证审核内容的有（　　）。
   A. 金额是否正确　B. 项目是否齐全　C. 科目是否正确　D. 书写是否正确
5. 下列凭证中属于自制原始凭证的有（　　）。
   A. 购货发票　　　B. 销货发票　　　C. 限额领料单　　D. 发出材料汇总表
6. 某一张记账凭证的编制依据可以是（　　）。
   A. 某一张原始凭证　　　　　　　　B. 反映一类经济业务的多张原始凭证
   C. 汇总原始凭证　　　　　　　　　D. 有关账簿记录
7. 会计凭证可以用来（　　）。
   A. 记录经济业务　B. 明确经济责任　C. 登记账簿　　　D. 编制报表
8. 专用记账凭证主要包括（　　）。
   A. 汇总收款凭证　B. 收款凭证　　　C. 转账凭证　　　D. 付款凭证
9. 在已经装订好的记账凭证的封面上，应加盖印章的人员有（　　）。
   A. 记账凭证填制人　　　　　　　　B. 记账凭证装订人
   C. 会计主管　　　　　　　　　　　D. 出纳

四、判断题

1. 原始凭证金额出现错误，应由开出单位出具证明更正，并加盖单位印章。（　　）
2. 记账凭证填制日期应当与原始凭证填制日期相同。（　　）
3. 一张限额领料单只限于领用一种材料。（　　）

4. 企业每项经济业务的发生都必须从外部取得原始凭证。（   ）
5. 原始凭证是登记明细分类账的依据，记账凭证是登记总分类账的依据。（   ）
6. 一式多联的原始凭证，应当注明各联的用途，只能以一联作为报销凭证。（   ）
7. 从外单位取得的原始凭证如有遗失，必须由开具单位重新开具。（   ）
8. 所有记账凭证都必须附有原始凭证并如实填写所附原始凭证的张数。（   ）
9. 企业将现金存入银行或从银行提取现金，可以只编制付款凭证，不用编制收款凭证。（   ）
10. 对于不真实、不合法的原始凭证，会计人员有权不予接受；对记载不准确、不完整的原始凭证，会计人员有权要求其重填。（   ）
11. 原始凭证不得外借，其他单位如因特殊需要使用原始凭证时，会计人员可以为其复制。（   ）
12. 一张原始凭证所列支出需要几个单位共同负担的，应当将其他单位负担的部分用复印件提供给其他单位。（   ）
13. 记账凭证的审核与编制不能是同一会计人员。（   ）

五、简答题

1. 填制审核会计凭证有什么作用？
2. 会计凭证有哪些种类？
3. 原始凭证应具备哪些内容？
4. 填制原始凭证应符合哪些基本要求？
5. 审核原始凭证的主要内容有哪些？
6. 记账凭证应具备哪些内容？填制记账凭证有哪些具体要求？
7. 如何审核记账凭证？
8. 设计会计凭证传递程序应该考虑哪些因素？

六、业务处理题

根据下列所给业务，填制其对应的原始凭证，并据此编制收款凭证、付款凭证和转账凭证。

阳光公司20×9年1月发生以下经济业务。

（1）1月3日从银行提取现金3 000元备用。现金支票如表4-15所示。

表4-15　中国工商银行现金支票

支票存根 No：00225845	中国工商银行　　现金支票　　No：00225845
科　目 对方科目 出票日期　年　月　日 收款人： 金　额： 用　途： 单位主管　　　会计	出票日期（大写）　　年　月　日 付款行名称： 收款人：　　　　　　　出票人账号： 人民币（大写）　　亿千百十万千百十元角分 用途＿＿＿＿　　科目（借） 上列款项请从　　　对方科目（贷） 我账户内支付　　付讫日期　年　月　日 出票人签章　　　复核　　　　记账

(2) 1月6日，公司市场部员工张强出差，经市场部李明经理批准，向财务部预借差旅费 2 000 元，出纳审核其借款单后给付现金。借款单如表 4-16 所示。

表 4-16 借款单

借 款 单

年 月 日

部 门		借款理由	
借款金额	金额（大写）		￥
部门负责人（签字）	财务负责人（签字）		借款人：
年 月 日	年 月 日		年 月 日

(3) 1月15日，销售一批 A 产品给河北兴华装饰有限公司，数量 20 吨，单价 150 元/吨，价款 3 000 元，增值税额 510 元，价税合计 3 510 元，开出增值税专用发票一式四联，对方以转账支票办理结算（填制增值税专用发票）（其中购货单位：河北兴华装饰有限公司，纳税识别号：13010456088879；地址：石家庄市中山路 131 号；电话：87654321；开户行及账号：建设银行中山路支行，20-57468241）。增值税专用发票如表 4-17 所示。

表 4-17 ××增值税专用发票

××增值税专用发票

开票日期： 年 月 日　　　　　　　　　　　　　　　　　　No 00002546245

购货单位	名称： 纳税人登记号： 地址、电话： 开户银行及账号：				密码区	75＋2145787(6)－/456789 加密版本 02 2114＜＞、＊33568899224523545644、 3－1545－1＞＞＞＞＋547887954562153 41245321														
商品或劳务名称	计量单位	数量	单价	金　额								税率%	税　额							
				百	十	万	千	百	十	元	角	分		百	十	万	千	百	十	元	角	分
	件																					
合计																						
价税合计 （大写）	￥																					
销货单位	名称： 纳税人登记号： 地址、电话： 开户银行及账号：				备注：																

收款人：　　　　　　复核：　　　　　　开票人：××　　　　　　销售单位：（章）

(4) 1月20日，上月购入的材料到达，办理验收入库手续，收到钢材 10 吨，单价每吨 100 元。填制收料单，如表 4-18 所示。

表 4-18 收料单

收 料 单

供货单位：　　　　　　　　　　　　　　　　　　　　　　　　　　　编号
发票号码：　　　　　　　　　　年　月　日　　　　　　　　　收料仓库：　号库

材料编号	名　称	规　格	计量单位	应收数量	实收数量	单位成本	金　额
备注						合计	

收料：××　　　　　记账：　　　　　　保管：　　　　　仓库负责人：

子情境五
主要经济业务核算及记账凭证填制

【学习目标】
1. 了解企业主要经济业务的内容。
2. 熟悉企业资金筹集业务、供应过程业务、生产过程业务、销售过程业务、企业财务成果形成和分配业务及资金退出业务核算的账户设置。
3. 能编制主要经济业务的会计分录。
4. 会根据主要经济业务填制相应的记账凭证。
5. 能进行材料采购成本、产品制造成本以及财务成果的计算。

任务一　企业主要经济业务

　　企业是以盈利为目的的独立的经济实体,为了实现盈利的目的,企业必须从事各种经营活动。制造业的生产经营活动是组织产品的生产和销售,因而其主要经济业务包括资金筹集业务、供应过程业务、生产过程业务、销售过程业务、财务成果的形成和分配业务以及资金退出业务等。

　　资金筹集业务是指企业从各种渠道筹集生产经营活动所需资金的业务,其主要核算的内容包括投资者投入资金和借入资金的核算。

　　供应过程业务是为产品生产过程准备必要的劳动资料和劳动对象,即购置生产所必需的固定资产、购买进行产品生产需要的原材料。因此,供应过程业务的主要核算内容包括固定资产购入业务核算、材料采购业务的核算及材料采购成本的计算。通过供应过程业务,企业的资金形态由货币资金转化为固定资金和储备资金。

　　生产过程业务是生产者利用劳动手段对劳动对象进行加工,制造出社会所需的产品。生产过程既是产品的制造过程,又是物化劳动和活劳动的消耗过程。因而在这一过程中还要发生各种资金的耗费,首先要发生各种材料物资的耗费,由此储备资金转化为生产资金,同时还要发生劳动者活劳动的耗费、固定资产的折旧费用和其他有关各项生产耗费,这些费用要按照一定的方法在各种产品之间进行分配,最终形成产品成本。当产品完工入库时,生产资金又转化为成品资金。因此,生产费用的发生、归集和分配,以及产品成本的计算,是产品生产过程业务核算的主要内容。

　　销售过程业务是企业将其生产的产品按销售合同的规定对外销售给客户,并收取货款。因此,确认销售收入、与客户办理结算、收回货款、支付销售费用、计算销售税金及附加等是产品销售过程业务核算的主要内容。通过产品销售过程,企业的资金又由成品资金转化为货币资金。

　　财务成果的形成和分配业务包括财务成果的确定和利润分配核算两项内容。企业收回货币资金后，首先要补偿在生产过程中物化劳动和活劳动的耗费，另外还要计算应向国家缴纳的各种税费，并计算盈亏，确定财务成果，对实现的利润进行分配。资金的补偿和分配是企业再生产继续进行和扩大生产规模的基本保障。

资金退出业务是指企业生产经营资金退出企业生产经营过程的业务，其主要核算的内容包括减少企业资本、偿还企业债务、缴纳各种税费和向投资者支付利润等。

综上所述，制造业的生产经营过程中，资金筹集业务和资金退出业务与供应过程、生产过程和产品销售过程首尾相接，构成了制造业的主要经济业务。

任务二　资金筹集业务

资金筹集是企业生产经营活动的首要条件，是资金运动全过程的起点。从企业资金来源来看，不同的企业可以有不同的筹资渠道，但归纳起来主要包括两个部分：一是投资者投入的资本金，即实收资本（股份公司称为股本）；二是企业借入的资金，即企业的各种负债。

一、实收资本的核算

实收资本是指企业实际收到的投资者投入的资本金，它是企业所有者权益的基本组成部分，也是企业设立的基本条件之一。企业的资本金按照投资主体不同，可分为国家资本金、法人资本金、个人资本金和外商资本金；按照投入资本的物资形态不同，可分为货币投资、实物投资、证券投资和无形资产投资等。

投入资本应按实际确认的投资数额入账，即投资者以现金投入的资本，应当以实际收到或存入企业开户银行的金额作为实收资本入账；投资者以非现金投入的资本，应按投资各方确认的价值（双方作价不公允的除外）作为实收资本入账。投资者按照出资比例或合同、章程的规定，分享企业的利润和承担企业风险。投资者投入企业的资本金应当保全，除法律、法规另有规定外，投资者不得抽回。企业在生产经营过程中所取得的收入、发生的支出，以及财产物资的盘盈、盘亏等，也不得直接增减实收资本（或股本）。

（一）账户设置

企业应设置"实收资本"账户，用来核算企业投资者投入资本的增减变动及其结果。该账户属于所有者权益类账户，其贷方登记企业实际收到的投资者投入的资本金；借方登记依法定程序减少的资本金数额；期末余额在贷方，表示投入资本的实有数额。本账户应按投资者设置明细分类账户进行明细分类核算。企业收到投资者投入的资金，超过其在注册资本中所占份额的部分，作为资本溢价或股本溢价，在"资本公积"账户核算，不在本账户核算。

"实收资本"账户结构如图5-1所示。

借方	实收资本	贷方
投入资本的减少额	收到投资者投入的资本	
	余额：期末投入资本的实有数额	

图5-1　"实收资本"账户结构

(二) 核算举例

现以盛昌公司20×9年12月发生的经济业务为例，说明资金筹集业务的核算。

【例5-1】 12月3日，企业收到国家投入的货币资金500 000元，款项存入银行。

此项经济业务的发生，一方面使企业的银行存款增加了500 000元，另一方面使国家对企业的投资也增加500 000元。因此，该项经济业务涉及"银行存款"和"实收资本"两个账户。银行存款的增加是资产的增加，应记入"银行存款"账户的借方；国家对企业投资的增加是所有者权益的增加，应记入"实收资本"账户的贷方。编制会计分录如下：

借：银行存款　　　　　　　　　　　　　　　500 000
　　贷：实收资本——国家资本　　　　　　　　　　500 000

注：此业务应编制银行收款凭证，如表5-1所示。

表5-1　收款凭证

收　款　凭　证

借方科目：银行存款　　　　　20×9年12月3日　　　　　银收字第1号

摘要	贷方科目		√	金额								
	一级科目	明细科目		千	百	十	万	千	百	十	元	角	分
收到国家投资	实收资本	国家资本				5	0	0	0	0	0	0	0
合计	人民币：伍拾万元整			¥		5	0	0	0	0	0	0	0

附件2张

会计主管：　　　记账：　　　出纳：陈玉　　　复核：王冰　　　制证：张宁

【例5-2】 12月5日，企业收到新华公司作为投资投入的不需安装的新机器一台并交付使用，协商作价226 000元并收到增值税专用发票，上列价款200 000元，税额26 000元。按照公司章程和投资协议规定，全部作为新华公司的投入资本。

此项经济业务的发生，一方面使企业的固定资产增加了200 000元、应抵扣的增值税进项税额增加了26 000元；另一方面使新华公司对企业的投资增加了226 000元。因此，该项经济业务涉及"固定资产""应交税费"和"实收资本"三个账户。固定资产增加是资产的增加，应记入"固定资产"账户的借方；应抵扣的增值税进项税额的增加是负债的减少，应记入"应交税费——应交增值税（进项税额）"账户的借方；新华公司对企业投资的增加是所有者权益的增加，应记入"实收资本"账户的贷方。编制会计分录如下：

借：固定资产　　　　　　　　　　　　　　　　　200 000
　　应交税费——应交增值税（进项税额）　　　　　26 000
　　贷：实收资本——新华公司　　　　　　　　　　　226 000

注：此业务属于转账业务，应填制转账凭证，如表5-2所示。

表 5-2 转账凭证

转 账 凭 证

20×9 年 12 月 5 日   转字第 1 号

摘要	总账科目	明细科目	√	借方金额 千百十万千百十元角分	贷方金额 千百十万千百十元角分	
收到投入的固定资产	固定资产			2 0 0 0 0 0 0 0		附件2张
	应交税费	应交增值税(进项税额)		2 6 0 0 0 0 0		
	实收资本	新华公司			2 2 6 0 0 0 0 0	
合　　　计				¥ 2 2 6 0 0 0 0 0	¥ 2 2 6 0 0 0 0 0	

会计主管：　　　记账：　　　出纳：　　　复核：王冰　　　制证：赵文

二、借入资金的核算

企业在生产经营过程中，为了补充生产周转资金的不足，经常需要向银行或其他金融机构等债权人借入资金。企业借入的资金按偿还期限的长短分为短期借款和长期借款。偿还期在一年以内的各种借款称为短期借款；偿还期限在一年以上的各种借款称为长期借款。企业借入的各种款项应按期支付利息和归还本金。

（一）短期借款的核算

1. 账户设置

企业应设置"短期借款"账户，用来核算企业向银行或其他金融机构借入的期限在一年以内的各种借款的取得和归还情况。该账户属于负债类账户，贷方登记企业取得的各项短期借款；借方登记归还的各项短期借款；期末余额在贷方，表示期末尚未归还的短期借款。该账户应按债权人设置明细账，并按借款种类进行明细分类核算。

"短期借款"账户结构如图 5-2 所示。

借方	短期借款	贷方
归还的短期借款		取得的短期借款
		余额：期末尚未归还的短期借款

图 5-2 "短期借款"账户结构

2. 核算举例

【例 5-3】12 月 1 日，企业向银行取得借款 100 000 元，期限为 6 个月，年利率为 6%，利息每季结算一次，所得借款存入银行。

此项经济业务的发生，一方面使银行存款增加100 000元，另一方面使企业的短期借款增加100 000元。因此，该项业务涉及"银行存款"和"短期借款"两个账户。银行存款的增加是资产的增加，应记入"银行存款"账户的借方；短期借款的增加是负债的增加，应记入"短期借款"账户的贷方。编制会计分录如下。

借：银行存款　　　　　　　　　　　　　　　　　　　　100 000
　　贷：短期借款　　　　　　　　　　　　　　　　　　100 000

注：此业务应编制银行收款凭证。

企业取得的短期借款所应支付的利息，一般采用按季结算的办法。借款利息支出较大的企业一般采用按月计提的方式计入各月费用，于结息日一次性支付；利息支出较小的企业，则于结息日按实付利息一次性计入当月费用。企业发生的短期借款利息支出应直接计入当期财务费用，单独在"财务费用"账户中核算；对于按月计提利息费用的企业，已计提尚未支付的利息计入"应付利息"账户。有关借款利息的计算和账务处理，将在本子情境后面财务费用核算中具体说明。

（二）长期借款的核算

1. 账户设置

企业应设置"长期借款"账户，用来核算企业向银行或其他金融机构借入的期限在一年以上的各种借款的取得和本息偿还情况。该账户属于负债类账户，贷方登记取得的各种长期借款和应付未付的长期借款利息；借方登记偿还的长期借款本金和利息；期末余额在贷方，表示期末尚未偿还的长期借款的本金和利息。该账户应按债权人设置明细账，并按借款种类进行明细分类核算。

"长期借款"账户结构如图5-3所示。

借方	长期借款	贷方
偿还长期借款的本金和利息	① 取得的长期借款 ② 应付未付的借款利息	
	余额：期末尚未偿还的长期借款本金和利息	

图5-3　"长期借款"账户结构

2. 核算举例

【例5-4】12月10日，企业从银行借入长期借款800 000元，期限为2年，年利率为7.2%，所得借款存入银行。

此项经济业务的发生，一方面使银行存款增加800 000元，另一方面使企业的长期借款增加800 000元。因此，该项业务涉及"银行存款"和"长期借款"两个账户。银行存款的增加是资产的增加，应记入"银行存款"账户的借方；长期借款的增加是负债的增加，应记入"长期借款"账户的贷方。编制会计分录如下。

借：银行存款　　　　　　　　　　　　　　　　　　　　800 000
　　贷：长期借款　　　　　　　　　　　　　　　　　　800 000

注：此业务应编制银行收款凭证。

上述资金筹集业务的总分类核算如图5-4所示。

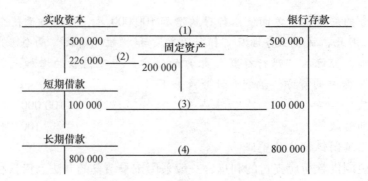

图 5-4 资金筹集业务总分类核算图

任务三 供应过程业务

企业通过一定的渠道筹集到所需资金后,应立即开展生产经营活动,着手进行产品的生产。制造企业要进行正常的产品生产,就必须购置一定数量的固定资产,购买和储备一定品种与数量的原材料等存货。因此,固定资产购入业务和材料采购业务,就构成了供应过程核算的主要经济业务。

一、固定资产购入业务的核算

固定资产,是指同时具有下列两个特征的有形资产:①为生产商品、提供劳务、出租或经营管理而持有的;②使用寿命超过一个会计年度。

固定资产同时满足下列条件的,才能予以确认:①该固定资产包含的经济利益很可能流入企业;②该固定资产的成本能够可靠地计量。

固定资产应当按照成本计量。比如,外购固定资产的成本,包括购买价款,相关税费,使固定资产达到预定可使用状态前所发生的可归属于该项资产的运输费、装卸费、安装费和专业人员服务费等。企业购买固定资产支付的增值税,在取得增值税专用发票且按照税法规定准予抵扣时,增值税专用发票上列明的税额应记入"应交税费—应交增值税(进项税额)"账户,不构成固定资产成本。

(一)账户设置

1."固定资产"账户

企业应设置"固定资产"账户,用来核算企业持有的按原价反映的固定资产的增减变动和结存情况。该账户属于资产类账户,借方登记企业增加的固定资产原价,贷方登记企业减少的固定资产原价,期末余额在借方,表示企业期末结存固定资产的原价。本账户应按固定资产类别和项目进行明细核算。

"固定资产"账户结构如图 5-5 所示。

借方	固定资产	贷方
增加固定资产的原价		减少固定资产的原价
余额:结存固定资产的原价		

图 5-5 "固定资产"账户结构

2. "应交税费"账户

"应交税费"账户，是用来核算企业应交和实交税费增减变化情况的账户。该账户为负债类账户，贷方登记应交纳的各种税费，借方登记实际交纳的各种税费，期末余额一般在贷方，表示企业尚未交纳的各种税费；期末余额如在借方，表示企业多交或尚未抵扣的税费。本账户按应交税费项目进行明细核算。其中，"应交税费——应交增值税"账户是用来反映和监督企业应交和实交增值税情况的账户。增值税是以商品（含应税劳务）在流转过程中产生的增值额作为计税依据而征收的一种流转税。增值税的计算采用抵扣的方式，即：应纳增值税额 = 当期销项税额 - 当期进项税额。企业购买材料时向供应单位支付的增值税称为进项税额，记入该账户的借方；企业在销售商品时向购买单位收取的增值税称为销项税额，记入该账户的贷方；期末余额如果在贷方，表示企业应交而未交的增值税；期末余额如在借方，则表示企业本期尚未抵扣的增值税。月份终了，企业应将"应交税费——应交增值税"明细账户的多交或未交税额转入"应交税费——未交增值税"明细账户。

"应交税费"账户结构如图5-6所示。

借方	应交税费	贷方
实际缴纳的各种税费		应缴纳的各种税费
余额：多缴纳的税费		余额：尚未缴纳的税费

图5-6 "应交税费"账户结构

增值税一般纳税人"应交税费——应交增值税"明细账户结构如图5-7所示。

借方	应交税费——应交增值税	贷方
①进项税额		①销项税额
②已交税金		②进项税额转出
③转出未交增值税		③转出多交增值税
余额：留待抵扣的增值税		

图5-7 "应交税费——应交增值税"明细账户结构

（二）核算举例

仍以盛昌公司20×9年12月发生的经济业务为例，说明供应过程业务的核算。

【例5-5】12月6日，企业购入不需要安装的机器一台，增值税专用发票注明，价款20 000元，税款2 600元，全部款项已用银行存款支付。

此项经济业务的发生，一方面使企业的固定资产增加了20 000元，应交税费中的应交增值税进项税额增加了2 600元；另一方面使企业的银行存款减少了22 600元。因此，该项业务涉及"固定资产""应交税费"和"银行存款"三个账户。固定资产的增加是资产的增加，应记入"固定资产"账户的借方；增值税进项税额的增加是负债的减少，应记"应交税费——应交增值税"账户的借方；银行存款的减少是资产的减少，应记入"银行存款"账户的贷方。编制会计分录如下。

借：固定资产　　　　　　　　　　　　　　　　　　20 000
　　应交税费——应交增值税（进项税额）　　　　　　2 600
　　贷：银行存款　　　　　　　　　　　　　　　　　22 600

注：此业务应编制银行付款凭证，如表5-3所示。

表5-3 付款凭证

付 款 凭 证

贷方科目：银行存款　　　　　　　20×9年12月6日　　　　　　　银付字第1号

摘　要	贷方科目		√	金　额								附件2张
	一级科目	明细科目		千	百	十	万	千	百	十	元	角	分	
购买固定资产	固定资产						2	0	0	0	0	0	0	
	应交税费	应交增值税（进项税额）						2	6	0	0	0	0	
合计	人民币：贰万贰仟陆佰元整			¥			2	2	6	0	0	0	0	

会计主管：　　　　记账：　　　　出纳：陈玉　　　　复核：王冰　　　　制证：张宁

二、材料采购业务的核算

在材料采购过程中，一方面是企业从供应单位购进各种材料物资，另一方面是企业要支付材料的买价、税金和各种采购费用，包括运输费、装卸费和入库前的整理挑选费用等，并与供应单位发生货款结算关系。企业购进的材料，经过验收入库后即为可供生产领用的库存材料。材料的买价、运杂费、入库前的挑选整理费用、运输途中的合理损耗和其他应计入材料采购成本的税金等，就构成了材料的采购成本。

（一）账户设置

为了加强对材料采购业务的管理，反映和监督库存材料的增减变动和结存情况，以及因采购材料而与供应单位发生的债务结算关系，核算中应设置以下账户。

1."在途物资"账户

"在途物资"账户，是用来反映外购在途材料的买价和采购费用，计算确定在途材料实际采购成本的账户。该账户为资产类账户，其借方登记应计入购入材料采购成本的买价和采购费用，贷方登记验收入库而转入"原材料"账户的材料实际采购成本。该账户若有余额，为借方余额，表示在途材料的实际成本。本账户可按照供应单位和材料品种设置明细账，进行明细分类核算。

"在途物资"账户结构如图5-8所示。

借方	在途物资	贷方
购入材料的买价和采购费		验收入库材料的实际成本
余额：在途材料的实际成本		

图5-8　"在途物资"账户结构

2."原材料"账户

"原材料"账户，是用来核算库存材料的收入、发出和结存情况的账户。该账户为资产类账户，其借方登记已验收入库材料的实际成本，贷方登记发出材料的实际成本，期末余额在借方，表示结存材料的实际成本。为了具体反映每一种材料的增减变动和结存情况，应分别登记材料的品种规格等，设置"原材料"明细分类账户，进行明细分类核算。材料的明细分类核算，既要提供价值指标，又要提供详细的实物数量。

"原材料"账户结构如图 5-9 所示。

借方	原材料	贷方
入库材料的实际成本	发出材料的实际成本	
余额：结存材料的实际成本		

图 5-9 "原材料"账户结构

3. "应付账款"账户

"应付账款"账户，是用来核算企业因采购材料等而应付供应单位款项的增减变动情况的账户。该账户为负债类账户，其贷方登记应付供应单位的款项，借方登记已偿付供应单位的款项，余额一般在贷方，表示期末应付未付的款项；如为借方余额，表示企业预付的款项。该账户应按供应单位设置明细账，进行明细分类核算。

"应付账款"账户结构如图 5-10 所示。

借方	应付账款	贷方
偿还供应单位的款项	应付供应单位的款项	
	余额：尚未偿还的应付款	

图 5-10 "应付账款"账户结构

4. "预付账款"账户

"预付账款"账户，是用来核算企业按照合同规定预付货款增减变动情况和结果的账户。该账户为资产类账户，其借方登记向供货单位预付的货款和补付的款项，贷方登记收到供货单位提供的材料及有关发票账单而冲销的预付账款，期末余额一般在借方，表示已付款而尚未结算的预付款。该账户应按供货单位设置明细账，进行明细分类核算。

"预付账款"账户结构如图 5-11 所示。

借方	预付账款	贷方
向供应单位预付和补付的款项	冲销预付供货单位的款项	
余额：实际预付尚未结算的款项		

图 5-11 "预付账款"账户结构

(二) 核算举例

【例 5-6】12 月 2 日，企业从明远公司购入甲、乙两种材料，增值税专用发票上注明甲材料 30 吨，单价 5 000 元，计 150 000 元，增值税进项税额 19 500 元；乙材料 15 吨，单价 2 000 元，计 30 000 元，增值税进项税额 3 900 元。上述款项共计 203 400 元，企业以转账支票支付，材料尚未到达企业。

此项经济业务的发生，一方面使材料采购成本增加 180 000 元（150 000 + 30 000），增值税进项税额增加 23 400 元（19 500 + 3 900）；另一方面使银行存款减少 203 400 元。因此，这项经济业务涉及"在途物资""应交税费——应交增值税"和"银行存款"三个账户。材料采购成本的增加是资产的增加，应记入"在途物资"账户的借方；增值税进项税额的增加是负债的减少，应记入"应交税费——应交增值税"账户的借方；银行存款的减少是资产的减少，应记入"银行存款"账户的贷方。编制会计分录如下：

借：在途物资——甲材料　　　　　　　　　　　　　　　150 000
　　　　　　——乙材料　　　　　　　　　　　　　　　 30 000
　　应交税费——应交增值税（进项税额）　　　　　　　 23 400
　　贷：银行存款　　　　　　　　　　　　　　　　　　203 400

注：此业务应编制银行付款凭证。

【例5-7】12月3日，用银行存款支付上述采购甲、乙两种材料的运费，收到运输单位开具的增值税专用发票上注明：运费3 600元，税额324元，运费按甲、乙材料重量比例分配。

购入材料发生的采购费用，凡能分清是为采购某种材料所发生的，可以直接计入该材料的采购成本；不能分清有关对象的，如同批购入两种或两种以上材料共同发生的采购费用，应按适当标准在该批各种材料之间进行分配，以便正确确定各种材料的采购成本。材料采购费用的分配标准一般有重量、体积、材料的买价等，在实际工作中应视具体情况选择采用。材料采购费用分配率的计算公式为

$$某项采购费用的分配率 = \frac{某项待分配的采购费用总额}{各种材料的分配标准之和}$$

某种材料应负担的采购费用 = 该种材料的分配标准 × 某项采购费用的分配率

本例运杂费按甲、乙两种材料重量比例分配，具体计算如下：

$$材料运杂费分配率 = \frac{3\,600}{30+15} = 80（元/吨）$$

甲材料应负担的运杂费 = 30 × 80 = 2 400（元）
乙材料应负担的运杂费 = 15 × 80 = 1 200（元）

此项经济业务的发生，一方面使甲材料的材料采购成本增加了2 400元，乙材料的采购成本增加1 200元；另一方面使银行存款减少3 924元。应分别记入"在途物资"账户的借方、"应交税费"账户的借方和"银行存款"账户的贷方。编制会计分录如下：

借：在途物资——甲材料　　　　　　　　　　　　　　　 2 400
　　　　　　——乙材料　　　　　　　　　　　　　　　 1 200
　　应交税费——应交增值税（进项税额）　　　　　　　　 324
　　贷：银行存款　　　　　　　　　　　　　　　　　　 3 924

注：此业务应编制银行付款凭证。

【例5-8】12月5日，企业从永新公司购入乙材料30吨，单价2 000元，计60 000元；增值税进项税额7 800元，运杂费2 400元。材料已运达企业并验收入库，款项尚未支付。

此项经济业务的发生，一方面使库存材料成本增加62 400元（60 000 + 2 400），增值税进项税额增加7 800元；另一方面使应付账款增加70 200元。因此，这项经济业务涉及"原材料""应交税费——应交增值税"和"应付账款"三个账户。材料成本的增加是资产的增加，应记入"原材料"账户的借方；增值税进项税额的增加是负债的减少，应记入"应交税费——应交增值税"账户的借方；应付账款的增加是负债的增加，应记入"应付账款"账户的贷方。编制会计分录如下。

借：原材料——乙材料　　　　　　　　　　　　　　　　62 400
　　应交税费——应交增值税（进项税额）　　　　　　　 78 000
　　贷：应付账款——永新公司　　　　　　　　　　　　 70 200

注：此业务应编制转账凭证。

【例5-9】12月6日，企业按合同规定以银行存款15 000元，向光明公司预付丙材料货款。

此项经济业务的发生，一方面使预付账款增加15 000元；另一方面使银行存款减少15 000元。因此，该项业务涉及"预付账款"和"银行存款"两个账户。预付账款增加是企业资产的增加，应记入"预付账款"账户的借方，银行存款减少是企业资产的减少，应记入"银行存款"账户的贷方。编制会计分录如下。

借：预付账款——光明公司　　　　　　　　　　　　　　　15 000
　　贷：银行存款　　　　　　　　　　　　　　　　　　　　　15 000

注：此业务应编制银行付款凭证。

【例5-10】12月10日，以银行存款70 200元，支付前欠永新公司的货款。

此项经济业务的发生，一方面使应付账款减少70 200元，另一方面使银行存款减少70 200元。该业务涉及"应付账款"和"银行存款"两个账户。应付账款的减少是负债的减少，应记入"应付账款"账户的借方，银行存款减少是资产的减少，应记入"银行存款"账户的贷方。编制会计分录如下。

借：应付账款——永新公司　　　　　　　　　　　　　　　70 200
　　贷：银行存款　　　　　　　　　　　　　　　　　　　　　70 200

注：此业务应编制银行付款凭证。

【例5-11】12月15日，从明远公司购入的甲、乙两种材料，到达企业，如数验收入库，结转其实际采购成本。

此项经济业务的发生，一方面使库存材料成本增加183 600元（152 400+31 200）；另一方面使在途物资减少183 600元。因此，这项经济业务涉及"原材料"和"在途物资"两个账户。原材料成本的增加是资产的增加，应记入"原材料"账户的借方；在途物资的减少是资产的减少，应记入"在途物资"账户的贷方。编制会计分录如下。

借：原材料——甲材料　　　　　　　　　　　　　　　　　152 400
　　　　　——乙材料　　　　　　　　　　　　　　　　　　31 200
　　贷：在途物资——甲材料　　　　　　　　　　　　　　　152 400
　　　　　　　　——乙材料　　　　　　　　　　　　　　　　31 200

注：此业务应编制转账凭证。

【例5-12】12月15日，企业收到光明公司发来的、已预付货款的丙材料，增值税专用发票上注明：数量5吨，单价3 000元，计15 000元，税额1 950元；光明公司代垫运费并转来承运单位开具的增值税专用发票上注明：运费1 000元，税额90元，冲销原预付货款后，不足部分暂欠。材料已验收入库。

此项经济业务的发生，一方面使库存材料成本增加16 000元（15 000+1 000），增值税进项税额增加2 040元；另一方面使预付账款减少18 040元。因此，该业务涉及"原材料""应交税费——应交增值税"和"预付账款"三个账户。库存材料成本的增加应记入"原材料"账户的借方，增值税进项税额的增加是负债的减少，应记入"应交税费——应交增值税"账户的借方，预付账款的减少是资产的减少，应记入"预付账款"账户的贷方。编制会计分录如下。

借：原材料——丙材料　　　　　　　　　　　　　　　　　16 000

　　　　应交税费——应交增值税（进项税额）　　　　　　　2 040
　　　　　贷：预付账款——光明公司　　　　　　　　　　　　　18 040
　　注：此业务应编制转账凭证。

【例5-13】12月16日，企业以银行存款3 040元，补付所欠光明公司的货款。

　　此项经济业务的发生，一方面使预付账款增加3 040元，另一方面使银行存款减少3 040元。该业务涉及"预付账款"和"银行存款"两个账户。预付账款的增加是资产的增加，应记入"预付账款"账户的借方，银行存款减少是资产的减少，应记入"银行存款"账户的贷方。编制会计分录如下。

　　　借：预付账款——光明公司　　　　　　　　　　　　　3 040
　　　　　贷：银行存款　　　　　　　　　　　　　　　　　　3 040
　　注：此业务应编制银行付款凭证。

【例5-14】12月21日，企业以银行存款22 600元，支付前欠利丰公司的购货款。

　　此项经济业务的发生，一方面使应付账款减少22 600元，另一方面使银行存款减少22 600元。该业务涉及"应付账款"和"银行存款"两个账户。应付账款的减少是负债的减少，应记入"应付账款"账户的借方，银行存款减少是资产的减少，应记入"银行存款"账户的贷方。编制会计分录如下。

　　　借：应付账款——利丰公司　　　　　　　　　　　　　22 600
　　　　　贷：银行存款　　　　　　　　　　　　　　　　　　22 600
　　注：此业务应编制银行付款凭证。

【例5-15】12月6日，采购员李明经批准，预借差旅费3 000元，付给现金。

　　此项经济业务的发生，一方面使其他应收款增加3 000元，另一方面使库存现金减少3 000元。该业务涉及"其他应收款"和"库存现金"两个账户。其他应收款的增加是资产的增加，应记入"其他应收款"账户的借方，库存现金减少是资产的减少，应记入"库存现金"账户的贷方。编制会计分录如下。

　　　借：其他应收款——李明　　　　　　　　　　　　　　3 000
　　　　　贷：库存现金　　　　　　　　　　　　　　　　　　3 000
　　注：此业务应编制现金付款凭证。

【例5-16】12月16日，采购员李明出差回来报销差旅费3 200元，其中可抵扣进项税额60元，以现金补付差额200元。

　　此项经济业务的发生，一方面使企业管理费用增加3 140元，增值税进项税额增加了60元；另一方面使其他应收款减少3 000元、库存现金减少200元。该业务涉及"管理费用""应交税费""其他应收款"和"库存现金"四个账户。管理费用的增加是费用的增加，应记入"管理费用"账户的借方；增值税进项税额增加是负债的减少，应记入"应交税费"账户的借方；其他应收款、库存现金的减少是资产的减少，应分别记入"其他应收款"和"库存现金"账户的贷方。编制会计分录如下：

　　（1）借：管理费用　　　　　　　　　　　　　　　　　2 940
　　　　　　应交税费——应交增值税（进项税额）　　　　　　60
　　　　　　贷：其他应收款——李明　　　　　　　　　　　　3 000
　　（2）借：管理费用　　　　　　　　　　　　　　　　　　200
　　　　　　贷：库存现金　　　　　　　　　　　　　　　　　 200

注：此业务应分开编制转账凭证和现金付款凭证。

【例5-17】 12月22日，采购员王海出差回来报销差旅费2 500元，其中可抵扣的增值税进项税额为50元，退回现金500元（原借款3 000元）。

此项经济业务的发生，一方面使企业管理费用增加2 450元，增值税进项税额增加50元、库存现金增加500元；另一方面使其他应收款减少3 000元。该业务涉及"管理费用""应交税费""库存现金"和"其他应收款"四个账户。管理费用的增加是费用的增加，应记入"管理费用"账户的借方；库存现金的增加是资产的增加，应记入"库存现金"账户的借方；增值税进项税额增加应记入"应交税费"账户的借方；其他应收款减少是资产的减少，应记入"其他应收款"账户的贷方。编制会计分录如下：

(1) 借：管理费用　　　　　　　　　　　　　　　　　2 450
　　　　应交税费——应交增值税（进项税额）　　　　　50
　　　贷：其他应收款——王海　　　　　　　　　　　2 500
(2) 借：库存现金　　　　　　　　　　　　　　　　　　500
　　　贷：其他应收款——王海　　　　　　　　　　　　500

注：此业务应分开编制转账凭证和现金收款凭证。

上述供应过程业务的总分类核算如图5-12所示。

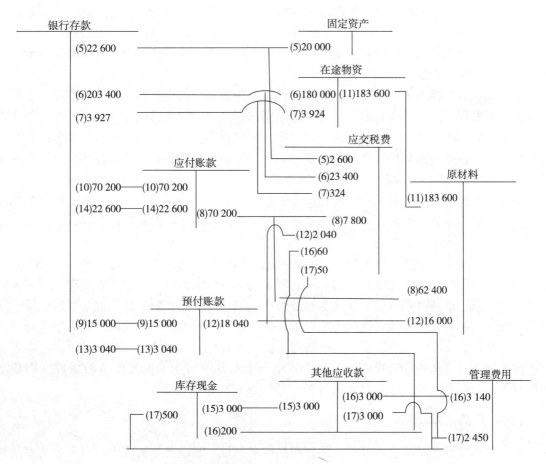

图5-12 供应过程业务总分类核算图

根据材料采购过程例 5-6 至例 5-13 经济业务的入库单和有关结算支付凭证,计算本月已验收入库的材料采购成本如表 5-4 所示。

表 5-4 材料采购成本计算表

项目	甲材料		乙材料		丙材料	
	总成本（30 吨）	单位成本	总成本（45 吨）	单位成本	总成本（5 吨）	单位成本
买价	150 000	5 000	90 000	2 000	15 000	3 000
采购费用	2 400	80	3 600	80	1 000	200
采购成本	152 400	5 080	93 600	2 080	16 000	3 200

任务四 生产过程业务

一、生产过程概述

(一) 生产费用和产品成本的概念

企业生产过程的核算,就是生产费用的归集、产品成本计算的过程。所谓费用,是指企业在日常活动中发生的、会导致所有者权益减少的、与向所有者分配利润无关的经济利益的总流出,也就是企业在一定时期内生产经营过程中所耗费或支出的人力、物力和财力的货币表现,具体包括生产费用和期间费用。

企业在一定时期内为生产产品而发生的各项耗费的货币表现,称之为生产费用,主要包括各种材料费用、人工费用、动力费用、固定资产折旧费用以及其他各种费用。生产费用按其计入生产成本的方式不同,可分为直接费用和间接费用。直接费用是指与产品生产有直接关系的费用,包括直接材料、直接人工费用等。间接费用是指企业生产单位如生产车间为组织和管理生产而发生的共同费用,也称制造费用,包括间接材料、间接人工和其他间接费用。企业所发生的直接费用可按受益对象即生产的产品直接计入各产品成本中,而间接费用则要通过归集汇总后,再分配到各种产品成本中,最后各种产品所归集的直接材料、直接人工和制造费用构成该产品成本。

产品制造企业为生产一定种类和一定数量的产品所发生的生产费用的总和,称为产品成本。生产费用和产品成本是既有区别,又有联系的两个概念。生产费用是企业在一定时期内生产过程中发生的各种耗费;产品成本则是生产费用的对象化。前者强调的是期间,即一定时期内发生的各种耗费;后者强调的是对象,即生产一定种类和一定数量产品的生产费用总和,它可能是多个会计期间发生的生产费用,按成本计算的对象进行归集的结果。

成本计算,是将生产过程中为生产产品而发生的各项费用,按照产品的品种（即成本计算对象）进行分配和归集,计算出各种产品的总成本和单位成本。

(二) 产品成本项目

生产费用按其经济用途的分类,称为产品成本项目。制造企业的成本项目可分为直接材料、直接人工、制造费用。

(1) 直接材料是指企业在产品生产过程中,直接用于产品生产、构成产品实体的材料,包括原料、主要材料以及有助于产品形成的辅助材料等。

（2）直接人工是指直接从事产品生产的工人工资、福利费等薪酬。

（3）制造费用是指企业各个生产单位（分厂、车间）为组织和管理生产所发生的各项费用，包括生产单位管理人员工资、福利费、生产单位房屋建筑物与机器设备等计提的折旧费、机物料消耗、低值易耗品摊销、水电费、办公费、差旅费、劳动保护费等。

（三）期间费用

期间费用是指企业行政管理部门为组织和管理生产而发生的各种费用，包括销售费用、管理费用和财务费用。期间费用不计入产品成本，直接计入当期损益。

（1）销售费用是指企业在销售商品和提供劳务过程中发生的应由本企业负担的各项费用，包括应由企业负担的运输费、装卸费、包装费、保险费、展览费、广告费，以及专设的销售机构人员的工资和其他经费等。

（2）管理费用是指公司（企业）为组织和管理公司（企业）生产经营所发生的费用，包括公司（企业）的行政管理部门在经营管理中发生的、应由公司（企业）统一负担的公司经费（包括行政管理部门职工薪酬、修理费、物料消耗、低值易耗品摊销、办公费和差旅费等）、工会经费、失业保险费、劳动保险费、董事会费（包括董事会成员津贴、会议费和差旅费等）、聘请中介机构费、咨询费、诉讼费、业务招待费、房产税、车船税、土地使用税、印花税、技术转让费、开办费、矿产资源补偿费、无形资产和长期待摊费用摊销、职工教育经费、研究开发费等。

（3）财务费用是企业在筹资等财务活动中发生的费用，包括企业经营期间发生的利息净支出、汇兑净损失、银行手续费等，以及因筹资而发生的其他费用等。

（四）费用核算的一般程序

制造业费用核算的一般程序，主要有两项内容：

（1）归集、分配一定时期内企业生产过程中发生的各项费用，如材料费用、工资费用、折旧费用等；

（2）按一定种类的产品汇总各项费用，最终计算出各种产品的制造成本。

费用核算的一般程序如图5-13所示。

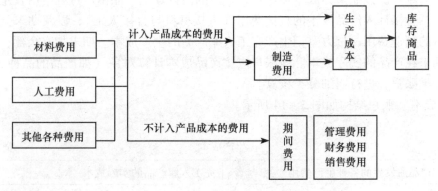

图5-13 费用核算一般程序图

(五）产品生产成本计算的一般程序

一般地说，产品生产成本的计算和生产费用的核算是同时进行的，产品生产成本的计算过程，也就是生产费用的归集和分配的过程。这一过程，按以下基本程序进行。

1. 确定成本计算对象

成本计算对象是生产费用的承担者，即归集和分配生产费用的对象。产品成本计算对象，包括产品的品种、产品的批别和产品的生产步骤等，企业应根据自身的生产特点和管理要求，选择合适的产品成本计算对象。

2. 确定成本项目

成本项目是生产费用按经济用途划分的项目。通过成本项目，可以反映成本的经济构成以及产品生产过程中不同的资产耗费情况。

3. 确定成本计算期

成本计算期是指成本计算的起止日期。成本计算期可以与会计报告期相同，也可以与产品生产周期相同。

4. 归集和分配各种生产费用

生产费用的归集和分配就是将应计入产品成本的各种费用在各有关产品之间，按照成本项目进行归集和分配。将直接费用直接计入成本计算对象，将间接费用先在"制造费用"账户归集，期末按一定的标准和方法进行分配。

5. 计算完工产品和月末在产品的成本

对既有完工产品又有月末在产品的产品，应计入该产品的生产费用，在其完工产品和月末在产品之间采用适当的方法进行分配，求得完工产品和月末在产品成本。

二、账户设置

为了核算和监督产品生产过程中发生的各项费用的归集和分配，以及正确地计算产品的生产成本，应设置以下账户。

1. "生产成本"账户

"生产成本"账户，是用来归集和反映产品生产过程中所发生的一切费用，计算确定产品生产成本的账户。该账户为成本类账户，账户的借方登记产品生产过程中所发生的各项生产费用，包括直接计入产品成本的直接费用（直接材料与直接人工），以及期末分配转入产品生产成本的制造费用；贷方登记生产完工入库产品的生产成本。期末如有余额，为借方余额，表示期末在产品的实际成本。该账户应按产品成本计算对象（如产品的品种、批别等）设置明细分类账户，进行明细分类核算。

"生产成本"账户结构如图 5-14 所示。

借方	生产成本	贷方
生产产品所发生的各种生产费用		完工入库产品的实际成本
余额：在产品的实际成本		

图 5-14 "生产成本"账户结构

2. "制造费用"账户

"制造费用"账户，是用来归集与分配企业生产车间范围内为组织生产和管理生产而发生的各项间接费用。该账户为成本类账户，账户的借方登记实际发生的各项制造费用，贷方登记分配转入生产成本的制造费用，月末该账户一般无余额。该账户应按生产车间设置明细账，进行明细分类核算。

"制造费用"账户结构如图 5-15 所示。

借方	制造费用	贷方
本期发生的各种制造费用	分配转入"生产成本"账户的制造费用	

图 5-15　"制造费用"账户结构

3. "应付职工薪酬"账户

"应付职工薪酬"账户，是用来核算和监督企业应付职工薪酬的提取、结算、使用等情况的账户。该账户为负债类账户，账户的贷方登记实际发生的应分配的职工薪酬（应付数），借方登记实际支付的职工薪酬，账户贷方余额，反映应付未付的职工薪酬。该账户可按"工资""职工福利""社会保险费""住房公积金""工会经费""职工教育经费""辞退福利""股份支付"等进行明细核算。

"应付职工薪酬"账户结构如图 5-16 所示。

借方	应付职工薪酬	贷方
实际支付、使用的职工薪酬	分配计入有关成本费用项目的职工薪酬数额	
	余额：应付未付的职工薪酬	

图 5-16　"应付职工薪酬"账户结构

4. "累计折旧"账户

"累计折旧"账户，是用来核算和监督企业对固定资产计提的累计折旧，是"固定资产"账户的抵减账户。该账户为资产类账户。其贷方登记固定资产折旧的增加数（即固定资产价值的减少数），借方登记已提固定资产折旧的减少数或转销数，期末贷方余额表示企业固定资产已提折旧的累计数。

"累计折旧"账户结构如图 5-17 所示。

借方	累计折旧	贷方
固定资产折旧的减少数或转销数	固定资产折旧的计提数	
	余额：固定资产累计折旧额	

图 5-17　"累计折旧"账户结构

5. "库存商品"账户

"库存商品"账户，是用来核算和监督库存商品实际成本增减变动及结存情况的账户。该账户为资产类账户，借方登记已经完工验收入库产品的实际生产成本，贷方登记发出或销售产品的实际成本，期末借方余额表示库存商品的实际成本。该账户可按产品的品种、种类和规格进行明细分类核算。

"库存商品"账户结构如图 5-18 所示。

借方	库存商品	贷方
生产完工验收入库产品的成本	发出或销售产品的成本	
余额：库存商品的实际成本		

图 5-18 "库存商品" 账户结构

6. "管理费用" 账户

"管理费用" 账户，是用来核算和监督公司（企业）行政管理部门为组织和管理生产经营活动发生的各种费用。该账户属于损益类账户，其借方登记发生的各项管理费用；贷方登记期末转入 "本年利润" 账户的管理费用；期末结转后本账户应无余额。为详细反映本期管理费用的发生和期末结转情况，本账户应按费用项目设置明细账，进行明细分类核算。

"管理费用" 账户结构如图 5-19 所示。

借方	管理费用	贷方
本期发生的各项管理费用	期末结转 "本年利润" 账户的管理费用	

图 5-19 "管理费用" 账户结构

7. "财务费用" 账户

"财务费用" 账户，是用来核算和监督企业为筹集生产经营所需资金而发生的费用。该账户属于损益类账户，其借方登记企业发生的各项财务费用；贷方登记期末转入 "本年利润" 账户的财务费用；期末结转后本账户无余额。

"财务费用" 账户结构如图 5-20 所示。

借方	财务费用	贷方
本期发生的各项财务费用	期末结转 "本年利润" 账户的财务费用	

图 5-20 "财务费用" 账户结构

三、生产过程业务核算

仍以盛昌公司 20×9 年 12 月发生的经济业务为例，说明生产过程业务的核算和产品成本的计算。

（一）材料费用的核算

企业在生产经营过程中，必然要消耗材料。生产部门和管理部门需要材料时，需填制领料单等领料凭证，向仓库办理领料手续。月末，将领料凭证按材料的具体用途和种类汇总编制材料耗用汇总表，该表是会计部门核算材料费用的依据。

【例 5-18】12 月 30 日，企业根据当月的领料凭证，编制当月材料耗用汇总表（如表 5-5 所示），分配材料费用。

表 5-5 材料耗用汇总表

材料耗用汇总表

20×9 年 12 月

用 途	甲材料			乙材料			丙材料			金额合计/元
	数量/吨	单价/(元·吨$^{-1}$)	金额/元	数量/吨	单价/(元·吨$^{-1}$)	金额/元	数量/吨	单价/(元·吨$^{-1}$)	金额/元	
生产产品耗用 其中：A 产品 B 产品	15 10	5 080 5 080	76 200 50 800	20 25	2 080 2 080	41 600 52 000	0.5	3 200	1 600	119 400 102 800
车间一般耗用							1	3 200	3 200	3 200
行政管理部门耗用							0.5	3 200	1 600	1 600
合计	25	5 080	127 000	45	2 080	93 600	2	3 200	6 400	227 000

此项经济业务的发生，一方面使企业库存材料减少了 227 000 元，另一方面使生产成本和相关费用增加了 227 000 元；其中，直接用于产品生产的，分别计入 A、B 产品的生产成本，车间一般耗用的，应记入制造费用，行政管理部门耗用的记入管理费用。因此，该项经济业务涉及"生产成本""制造费用""管理费用"和"原材料"四个账户。生产成本、制造费用和管理费用的增加，均应记入相应账户的借方，库存材料的减少，应记入"原材料"账户的贷方。编制会计分录如下。

借：生产成本——A 产品　　　　　　　　　　　　　　　　119 400
　　　　　　——B 产品　　　　　　　　　　　　　　　　102 800
　　制造费用　　　　　　　　　　　　　　　　　　　　　　3 200
　　管理费用　　　　　　　　　　　　　　　　　　　　　　1 600
　　贷：原材料——甲材料　　　　　　　　　　　　　　　127 000
　　　　　　　——乙材料　　　　　　　　　　　　　　　 93 600
　　　　　　　——丙材料　　　　　　　　　　　　　　　 6 400

注：此业务应编制转账凭证。

（二）人工费用的核算

人工费用是指企业根据有关规定支付给职工的各种薪酬，包括工资、奖金、津贴、职工福利费、社会保险费等。其中，工资是企业根据一定的原则和方法，按照劳动的数量和劳动质量支付给企业职工的劳动报酬；职工福利费是企业为职工提供的各种福利。企业发生的人工费用，应区分人员的性质分别计入有关成本费用账户。具体来说，直接从事产品生产的人员，其薪酬应作为直接费用，计入产品的生产成本；车间管理人员的薪酬，应作为间接费用，先通过"制造费用"账户归集；企业管理人员、销售人员的薪酬，作为期间费用，分别计入管理费用和销售费用。

【例 5-19】12 月 10 日，开出现金支票从银行提取现金 99 000 元，备发工资。

此项经济业务的发生，一方面使企业的库存现金增加了 99 000 元，应记入"库存现金"账户的借方；另一方面使银行存款减少了 99 000 元，应记入"银行存款"账户的贷方。编制会计分录如下。

借：库存现金　　　　　　　　　　　　　　　　　　　　　99 000
　　贷：银行存款　　　　　　　　　　　　　　　　　　　99 000

注：此业务应编制银行付款凭证。

【例5-20】12月10日，以库存现金99 000元，支付职工工资。

此项经济业务的发生，一方面使库存现金减少99 000元，应记入"库存现金"账户的贷方，另一方面支付职工工资99 000元，意味着企业欠职工的债务减少，应记入"应付职工薪酬"账户的借方。编制会计分录如下。

借：应付职工薪酬　　　　　　　　　　　　　　　　　　99 000
　　贷：库存现金　　　　　　　　　　　　　　　　　　　　99 000

注：此业务应编制现金付款凭证。

【例5-21】12月31日，根据12月份工资及福利费汇总表（如表5-6所示），结算并分配本月应付职工工资。

表5-6　工资汇总表（简表）

20×9年12月　　　　　　　　　　　　　　　　　　　　　　单位：元

项目	应付职工工资
生产工人工资	
其中：A产品	40 000
B产品	30 000
车间管理人员	8 000
行政管理人员	21 000
合计	99 000

此项经济业务的发生，一方面，企业的应付职工工资增加了99 000元；另一方面，企业的生产费用和期间费用共增加99 000元，其中，生产工人工资70 000元，应记入产品生产成本，车间管理人员工资8 000元，应记入制造费用，企业管理人员工资21 000元，应记入管理费用。因此，该业务涉及"生产成本""制造费用""管理费用"和"应付职工薪酬"四个账户。生产工人的工资作为直接费用应记入"生产成本"账户的借方；车间管理人员的工资作为间接生产费用，应记入"制造费用"账户的借方；行政管理人员的工资作为期间费用，记入"管理费用"账户的借方；应付工资的增加是企业负债的增加，应记入"应付职工薪酬"账户的贷方。编制会计分录如下：

借：生产成本——A产品　　　　　　　　　　　　　　　　40 000
　　　　　　——B产品　　　　　　　　　　　　　　　　30 000
　　制造费用　　　　　　　　　　　　　　　　　　　　　8 000
　　管理费用　　　　　　　　　　　　　　　　　　　　　21 000
　　贷：应付职工薪酬——工资　　　　　　　　　　　　　99 000

注：此业务应编制转账凭证。

（三）计提固定资产折旧的核算

固定资产在使用过程中因磨损而减少的价值，称为固定资产折旧。这部分价值应当在固定资产有效使用年限内进行分摊，形成折旧费用，计入各期成本或期间费用。

【例5-22】12月31日，计提本月固定资产折旧16 230元，其中生产车间用固定资产折旧费9 780元，行政管理部门用固定资产折旧费6 450元。

此项经济业务的发生，一方面使企业的折旧费用增加了16 230元，其中车间固定资产折旧费应记入"制造费用"账户的借方,行政管理部门固定资产折旧费应记入"管理费用"账户的借方,另一方面使企业固定资产的折旧额增加了 16 230 元,即固定资产发生了价值损耗,应记入"累计折旧"账户的贷方。编制会计分录如下:

  借: 制造费用   9 780
    管理费用   6 450
    贷: 累计折旧   16 230

  注: 此业务应编制转账凭证。

(四) 其他费用的核算

  企业在产品生产过程中,除了发生材料费、人工费、固定资产折旧费之外,还会发生其他费用,如办公费、水电费、利息费用等。

  【例 5-23】 12 月 20 日,购买办公用品一批,取得的增值税专用发票上列明价款 7 900 元,增值税 1 027 元,款项以银行存款付讫;购买的办公用品当即交付车间和管理部门,其中车间领用办公用品 1 500 元、行政管理部门领用办公用品费 6 400 元。

  此项经济业务的发生,一方面使银行存款减少了 8 927 元,应记入"银行存款"账户的贷方;另一方面使企业办公费用增加了 7 900 元,其中,车间办公费属于间接费用,应记入"制造费用"账户的借方,行政管理部门的办公费属于期间费用,应记入"管理费用"账户的借方,增值税额记入"应交税费——应交增值税"账户的借方。编制会计分录如下:

  借: 制造费用   1 500
    管理费用   6 400
    应交税费——应交增值税(进项税额)   1 027
    贷: 银行存款   8 927

  注: 此业务应编制银行付款凭证。

  【例 5-24】 12 月 31 日,收到供水公司开来的增值税专用发票,发票上注明本月水费 3 600 元,税额 324 元;款项以银行存款支付;根据耗用量进行分配,生产车间应负担水费 2 520 元,行政管理部门应负担水费 1 080 元。

  此项经济业务的发生,一方面使银行存款减少了 3 924 元,应记入"银行存款"账户的贷方;另一方面使企业成本费用增加了 3 600 元,其中车间水费属于间接费用,应记入"制造费用"账户的借方,行政管理部门的水费属于期间费用,应记入"管理费用"账户的借方。增值税进项税额应记入"应交税费——应交增值税"账户的借方。编制会计分录如下:

  借: 制造费用   2 520
    管理费用   1 080
    应交税费——应交增值税(进项税额)   324
    贷: 银行存款   3 924

  注: 此业务应编制银行付款凭证。

  【例 5-25】 12 月 31 日,收到供电公司开来的增值税专用发票,发票上注明本月电费 5 000 元,税额 650 元;款项以银行存款支付;根据耗用量进行分配,生产车间应负担电费 3 000 元,行政管理部门应负担电费 2 000 元。

  此项经济业务的发生,一方面使银行存款减少了 5 650 元,应记入"银行存款"账户的贷方;另一方面使企业成本费用增加了 5 000 元,其中车间电费属于间接费用,应记入"制造费用"账户的借方,行政管理部门的电费属于期间费用,应记入"管理费用"账户的借方。增值税进项税额应记入"应交税费——应交增值税"账户的借方。编制会计分录如下:

  借:制造费用   3 000
    管理费用   2 000
    应交税费——应交增值税(进项税额)   650
     贷:银行存款   5 650

注:此业务应编制银行付款凭证。

【例5-26】12月31日,计提本月短期借款应负担的银行借款利息500元。

短期借款月利息=借款本金×借款年利率÷12=100 000×6%÷12=500(元)

此项经济业务的发生,一方面使企业的财务费用增加500元;另一方面使企业应付利息增加500元。财务费用增加是费用的增加,应记入"财务费用"账户的借方;应付利息增加是负债的增加,应记入"应付利息"账户的贷方。编制会计分录如下:

  借:财务费用   500
     贷:应付利息   500

注:此业务应编制转账凭证。

(五)计算分配制造费用

由于制造费用是构成产品成本的间接费用,月末应将当月归集的制造费用按照一定的分配标准计入各产品成本中(转入"生产成本"账户)。常用的分配标准有:生产工人工资、生产工人工时、机器工时等,各企业应根据自身的情况来选择。制造费用具体的分配方法为

$$制造费用的分配率 = \frac{待分配的制造费用总额}{制造费用的分配标准之和}$$

某种产品应负担的制造费用 = 该种产品制造费用的分配标准 × 制造费用分配率

【例5-27】12月31日,按照本月A、B产品生产工人工资比例分配结转本月发生的制造费用。

根据"制造费用"明细分类账户借方归集的12月份发生的制造费用总额为28 000元。制造费用的分配计算过程如下:

$$制造费用的分配率 = \frac{待分配的制造费用总额}{制造费用的分配标准之和} = \frac{28\ 000}{40\ 000 + 30\ 000} = 0.4$$

A产品应负担的制造费用=40 000×0.4=16 000(元)
B产品应负担的制造费用=30 000×0.4=12 000(元)

制造费用的分配可通过编制制造费用分配表来进行,如表5-7所示。

表5-7 制造费用分配表

20×9年12月   单位:元

产品名称	分配标准(生产工人工资)	制造费用	
		分配率	分配金额
A产品	40 000	0.4	16 000
B产品	30 000	0.4	12 000
合计	70 000	0.4	28 000

将A、B产品应负担的制造费用计算确定后,应将制造费用全部转入产品生产成本。因

此，此项经济业务的发生，一方面使产品间接生产费用增加，应记入"生产成本"账户的借方，另一方面使制造费用减少，应记入"制造费用"账户的贷方。编制会计分录如下。

借：生产成本——A产品　　　　　　　　　　　　　16 000
　　　　　　——B产品　　　　　　　　　　　　　12 000
　　贷：制造费用　　　　　　　　　　　　　　　　　　　28 000

注：此业务应编制转账凭证。

（六）计算和结转完工产品的生产成本

企业的生产费用经过归集和分配后，各项生产费用均归集到"生产成本"账户及其所属各产品成本明细账的借方，最后就可以将归集到某种产品的各项费用（包括期初在产品成本和本期发生的费用）在本月完工产品和月末在产品之间进行分配，计算完工产品成本和月末在产品成本。其平衡公式为

　　　　月初在产品成本 + 本月生产费用 = 完工产品成本 + 月末在产品成本

在月末没有在产品的情况下，生产成本明细账内归集的费用总额就是完工产品的总成本。总成本除以本月该种产品产量，就是单位成本。结转完工产品成本时，借记"库存商品"账户，贷记"生产成本"账户。

【例5-28】12月31日，本月投产的A产品1 000件、B产品1 000件全部完工，并已验收入库，计算并结转其完工产品的生产成本（假定A产品、B产品月初均无在产品）。

根据前述有关会计分录，分别登记到A、B两种产品的生产成本明细账，如表5-8和表5-9所示。

表5-8　生产成本明细账

产品名称：A产品　　　　　　　　　　　　　　　　　　　　　　　　　　　　　　　　单位：元

20×9年		凭证号数	摘　要	借方（成本项目）			
月	日			直接材料	直接人工	制造费用	合　计
12	（略）	（略）	领用材料	119 400			119 400
			生产工人工资		40 000		40 000
			分配制造费用			16 000	16 000
12			合计	119 400	40 000	16 000	175 400
12			结转完工产品成本	119 400	40 000	16 000	175 400

表5-9　生产成本明细账

产品名称：B产品　　　　　　　　　　　　　　　　　　　　　　　　　　　　　　　　单位：元

20×9年		凭证号数	摘　要	借方（成本项目）			
月	日			直接材料	直接人工	制造费用	合　计
12	（略）	（略）	领用材料	102 800			102 800
			生产工人工资		30 000		30 000
			分配制造费用			12 000	12 000
12			合计	102 800	30 000	12 000	144 800
12			结转完工产品成本	102 800	30 000	12 000	144 800

根据 A、B 产品生产成本明细账,编制完工产品成本计算单,如表 5-10 所示。

表 5-10 完工产品成本计算单 单位:元

成本项目	A 产品(1 000 件)		B 产品(1 000 件)	
	总成本	单位成本	总成本	单位成本
直接材料	119 400	119.4	102 800	102.8
直接人工	40 000	4.0	30 000	30
制造费用	16 000	16	12 000	12
产品生产成本	175 400	175.4	144 800	144.8

A、B 产品完工,验收入库,一方面使库存商品增加,应记入"库存商品"账户的借方;另一方面使生产成本减少,应记入"生产成本"账户的贷方。编制会计分录如下。

借:库存商品——A 产品　　　　　　　　　　　　　175 400
　　　　　　——B 产品　　　　　　　　　　　　　144 800
　贷:生产成本——A 产品　　　　　　　　　　　　　175 400
　　　　　　——B 产品　　　　　　　　　　　　　144 800

注:此业务应编制转账凭证。

上述生产过程业务的总分类核算如图 5-21 所示。

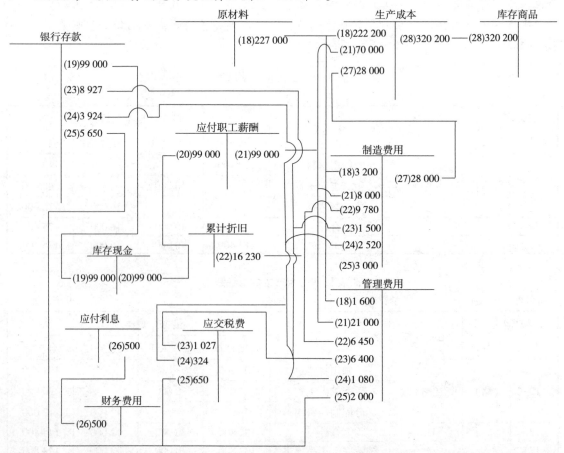

图 5-21 生产过程业务总分类核算图

任务五　销售过程业务

销售过程是企业生产经营过程的最后阶段,也是产品价值的实现阶段。在这一过程中,企业要将制造完工的产成品及时销售给购买单位,让渡商品所有权,确认产品销售收入的实现,与购买单位办理结算,收回货款,获得与产品销售相关的经济利益流入;结转已销售产品的成本,将取得的销售收入与产品的销售成本相比较,若收入大于成本,其差额则为销售毛利,小于成本则为销售亏损。销售过程中在取得销售收入的同时还要发生各项销售费用,如产品运输费、广告费等,并要按一定比例计算缴纳销售税金及附加,如城市维护建设税、教育费附加等。因此,销售过程的业务内容包括销售收入的确认、与购货方结算销货款、计算并结转销售成本、支付销售费用、计算销售税金及附加、确定销售业务成果等。

一、销售收入确认的条件

由于销售收入确认、计量的合理、准确与否,直接影响到企业经营成果能否得到准确的报告,所以,按照《企业会计准则第14号——收入》准则的要求,销售商品的收入同时满足下列条件的,才能予以确认:①企业已将商品所有权上的主要风险和报酬转移给购货方;②企业既没有保留通常与所有权相联系的继续管理权,也没有对已售出的商品实施有效控制;③收入的金额能够可靠地计量;④相关的经济利益很可能流入企业;⑤相关的已发生或将发生的成本能够可靠地计量。

二、账户设置

为了核算和监督企业销售商品等所实现的收入以及因销售商品而与购买单位之间发生的货款结算关系,企业应设置以下主要账户。

1. "主营业务收入"账户

"主营业务收入"账户,是用来核算企业销售产品、提供劳务等所取得的收入的账户。该账户属损益类账户,账户贷方登记已实现的产品销售收入,借方登记销售退回、销售折让的发生额和期末转入"本年利润"账户的数额,结转后本账户应无余额。该账户应按产品的种类设置明细账,进行明细分类核算。

"主营业务收入"账户结构如图5-22所示。

借方	主营业务收入	贷方
① 销售退回和销售折让冲减的销售收入 ② 期末转入"本年利润"的销售收入	本期实现的销售收入	

图5-22　"主营业务收入"账户结构

2. "主营业务成本"账户

"主营业务成本"账户,是用来核算企业因销售商品、提供劳务或让渡资产使用权等日常活动而发生的实际成本。该账户属于损益类账户,借方登记从"库存商品"账户结转的已销售产品的生产成本,贷方登记销售退回应冲减的销售成本及期末转入"本年利润"账户的数额,结转后本账户无余额。该账户应根据产品类别分别设置明细分类账,进行明细分类核算。

"主营业务成本"账户结构如图5-23所示。

借方	主营业务成本	贷方
结转已销售产品的生产成本	① 销售退回应冲减的销售成本 ② 期末转入"本年利润"的销售成本	

图 5-23 "主营业务成本"账户结构

3. "税金及附加"账户

"税金及附加"账户,是用来核算企业日常活动应负担的销售税金及附加,包括消费税、城市维护建设税、资源税和教育费附加等。该账户属于损益类账户,其借方登记企业按照规定计算应负担的税金及附加;贷方登记期末转入"本年利润"账户的数额;结转后本账户应无余额。

"税金及附加"账户结构如图 5-24 所示。

借方	税金及附加	贷方
本期应负担的税金及附加	期末转入"本年利润"的税金及附加	

图 5-24 "税金及附加"账户结构

4. "销售费用"账户

"销售费用"账户,是用来核算企业在销售商品过程中发生的各项费用,包括运输费、装卸费、包装费、保险费、展览费和广告费,以及为销售本企业的商品而专设的销售机构的职工工资及福利费、业务费等经营费用。该账户属于损益类账户,其借方登记本期发生的各项销售费用;贷方登记期末转入"本年利润"账户的数额;结转后本账户应无余额。该账户应按费用种类设置明细账。

"销售费用"账户结构如图 5-25 所示。

借方	销售费用	贷方
本期发生的销售费用	期末转入"本年利润"的销售费用	

图 5-25 "销售费用"账户结构

5. "应收账款"账户

"应收账款"账户,是用来核算企业因销售商品、提供劳务等应向购货单位或接受劳务单位收取款项的结算情况的账户。该账户是资产类账户,其借方登记因销售商品或提供劳务等而发生的应收账款,贷方登记收回的应收账款,期末一般为借方余额,表示尚未收回的应收账款。该账户应按购货单位或接受劳务单位的名称设置明细账,进行明细分类核算。

"应收账款"账户结构如图 5-26 所示。

借方	应收账款	贷方
发生的应收账款 余额:尚未收回的应收账款	收回的应收账款	

图 5-26 "应收账款"账户结构

6. "预收账款"账户

"预收账款"账户,是用来核算企业按合同的规定预收购买单位或接受劳务单位款项的增减变动及结余情况的账户。该账户属负债类账户,其贷方登记预收账款的增加,借方登记收入实现时冲减的预收账款,期末余额如在贷方,表示企业预收账款的结余额,如在借方,表示购货单位或接受劳务单位应补付给本企业的款项。该账户应按购买单位或接受劳务单位设置明细账,进行明细分类核算。

"预收账款"账户结构如图5-27所示。

借方	预收账款	贷方
用商品或劳务偿付的预收账款	发生的预收账款	
	余额:预收账款的结余额	

图5-27 "预收账款"账户结构

三、销售过程业务核算

仍以盛昌公司20×9年12月发生的经济业务为例,说明销售过程业务的核算。

【例5-29】 12月10日,向佳美公司销售A产品500件,单位售价360元;B产品600件,单位售价300元,价款共计360 000元,增值税销项税额46 800元,款项已收并存入银行。

此项经济业务的发生,一方面使企业的银行存款增加了406 800元,另一方面使产品销售收入增加了360 000元,增值税销项税额增加了46 800元。银行存款的增加应记入"银行存款"账户的借方,销售收入的增加应记入"主营业务收入"账户的贷方,增值税销项税额的增加应记入"应交税费——应交增值税"账户的贷方。编制会计分录如下。

借:银行存款　　　　　　　　　　　　　　　　　406 800
　　贷:主营业务收入——A产品　　　　　　　　　180 000
　　　　　　　　　　——B产品　　　　　　　　　180 000
　　　　应交税费——应交增值税(销项税额)　　　 46 800

注:此业务应编制银行收款凭证。

【例5-30】 12月16日,向华丰公司销售A产品300件,单位售价360元;B产品600件,单位售价300元,价款共计288 000元,增值税销项税额37 440元,以银行存款为对方代垫运费3 040元,全部款项均未收到。

此项经济业务的发生,一方面使企业的应收账款增加了328 480元,另一方面使产品销售收入和增值税销项税额分别增加了288 000元和37 440元,银行存款减少了3 040元。应收账款增加,应记入"应收账款"账户的借方;销售收入的增加应记入"主营业务收入"账户的贷方,增值税销项税额的增加应记入"应交税费——应交增值税"账户的贷方,银行存款减少应记入"银行存款"账户的贷方。编制会计分录如下。

借:应收账款——华丰公司　　　　　　　　　　　328 480
　　贷:主营业务收入——A产品　　　　　　　　　108 000
　　　　　　　　　　——B产品　　　　　　　　　180 000
　　　　应交税费——应交增值税(销项税额)　　　 37 440
　　　　银行存款　　　　　　　　　　　　　　　　3 040

注:此业务在采用专用记账凭证时,应拆分为两个会计分录,分别编制转账凭证和银行付款凭证。

【例5-31】 12月18日,根据合同预收宏发公司购货款150 000元,存入银行。

此项经济业务的发生,一方面使企业银行存款增加150 000元,应记入"银行存款"账户的借方;另一方面使企业预收账款增加150 000元。预收账款的增加是负债的增加,应记入"预收账款"账户的贷方。编制会计分录如下。

借：银行存款　　　　　　　　　　　　　　　　　　　　　　　　150 000
　　贷：预收账款——宏发公司　　　　　　　　　　　　　　　　　　150 000

注：此业务应编制银行收款凭证。

【例5-32】12月20日，以银行存款支付产品广告费，增值税专用发票上列明价款50 000元，税额3 000元。

此项经济业务的发生，一方面使企业销售费用增加50 000元，应记入"销售费用"账户的借方；增值税进项税额的增加应记入"应交税费——应交增值税"账户的借方；另一方面使银行存款减少53 000元，应记入"银行存款"账户的贷方。编制会计分录如下：

借：销售费用　　　　　　　　　　　　　　　　　　　　　　　　50 000
　　应交税费——应交增值税（进项税额）　　　　　　　　　　　　3 000
　　贷：银行存款　　　　　　　　　　　　　　　　　　　　　　　53 000

注：此业务应编制银行付款凭证。

【例5-33】12月23日，收到振华公司所欠的款项117 000元，存入银行。

此项经济业务的发生，一方面使企业的银行存款增加117 000元，应记入"银行存款"账户的借方；另一方面使应收账款减少了117 000元，应记入"应收账款"账户的贷方。编制会计分录如下：

借：银行存款　　　　　　　　　　　　　　　　　　　　　　　　117 000
　　贷：应收账款——振华公司　　　　　　　　　　　　　　　　　117 000

注：此业务应编制银行收款凭证。

【例5-34】12月26日，向宏发公司发出A产品500件，单位售价360元，共计货款180 000元，增值税销项税额23 400元，原预收款不足，其差额部分尚未收到。

此项经济业务的发生，涉及"预收账款""主营业务收入""应交税费"三个账户。由于结算引起预收账款的减少，应记入"预收账款"账户的借方；销售收入的增加，应记入"主营业务收入"账户的贷方；增值税销项税额的增加，应记入"应交税费——应交增值税"账户的贷方。编制会计分录如下。

借：预收账款——宏发公司　　　　　　　　　　　　　　　　　　203 400
　　贷：主营业务收入——A产品　　　　　　　　　　　　　　　　180 000
　　　　应交税费——应交增值税（销项税额）　　　　　　　　　　23 400

注：此业务应编制转账凭证。

【例5-35】12月31日，结转本月已销售产品的生产成本。

本月销售的产品不一定都是本月生产的。由于各个月份生产的同一种产品的单位生产成本可能不同，所以与确定仓库发出材料的实际成本一样，要计算本月销售产品的生产成本，就必须采用一定的存货计价方法，如先进先出法、加权平均法等。本例为简化核算，假定企业每月生产的同一种产品单位生产成本相同，据此计算本月已销售产品的生产成本如表5-11所示。

表5-11　已销售产品生产成本计算表　　　　　　　　　　　　　　单位：元

产品种类	销售产品数量	单位生产成本	生产成本合计
A	1 300	175.40	228 020
B	1 200	144.80	173 760
合计	—	—	401 780

结转已销售产品的生产成本,一方面表明已销售产品成本的增加,另一方面表明库存商品成本的减少。因此,此项经济业务涉及"主营业务成本"和"库存商品"两个账户。产品销售成本的增加是费用的增加,应记入"主营业务成本"账户的借方;库存商品成本的减少是资产的减少,应记入"库存商品"账户的贷方。编制会计分录如下。

借:主营业务成本——A 产品　　　　　　　　　　　　228 020
　　　　　　　——B 产品　　　　　　　　　　　　173 760
　贷:库存商品——A 产品　　　　　　　　　　　　　228 020
　　　　　　——B 产品　　　　　　　　　　　　　173 760

注:此业务应编制转账凭证。

【例 5-36】12 月 31 日,按照规定计算出本月应负担的城市维护建设税 3 640 元,教育费附加 1 560 元。

此项经济业务的发生,一方面使本月应负担的税金及附加增加 5 200 元,应记入"税金及附加"账户的借方,另一方面使企业应交的税费增加,应记入"应交税费"账户的贷方。编制会计分录如下:

借:税金及附加　　　　　　　　　　　　　　　　　5 200
　贷:应交税费——应交城建税　　　　　　　　　　　3 640
　　　　　　——应交教育费附加　　　　　　　　　1 560

注:此业务应编制转账凭证。

上述销售过程业务的总分类核算如图 5-28 所示。

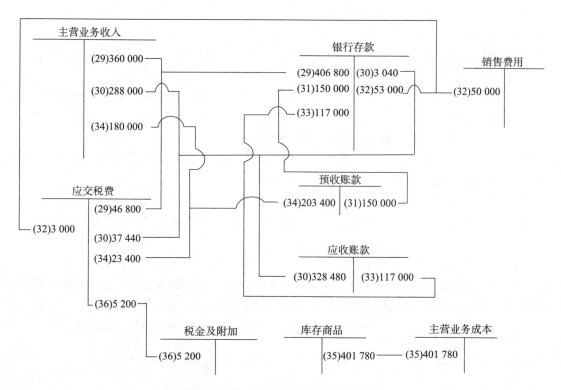

图 5-28　销售过程业务总分类核算图

任务六 财务成果形成与分配业务

财务成果是企业在一定时期内全部经营活动在财务上所取得的最终成果,即利润或亏损。财务成果包括企业的收入与费用相抵后的差额和直接计入当期利润的利得和损失。财务成果是企业经济效益和工作质量的综合反映,正确核算企业的财务成果,对于考核企业的经济效益,监督企业的利润形成与分配过程,评价企业的工作业绩具有重要意义。

一、财务成果形成的核算

(一)利润的构成

从利润的构成内容看,财务成果不仅包括在销售业务核算中涉及的主营业务收支,也包括其他业务、期间费用、投资收益等营业活动中的损益,同时还包括那些与生产经营活动没有直接关系的利得和损失。因此,利润一般包括收入减去费用后的净额、直接记入当期利润的利得和损失。利润的具体构成包括以下三部分。

1. 营业利润

营业利润=营业收入-营业成本-税金及附加-销售费用-管理费用-财务费用-资产减值损失+公允价值变动收益(-公允价值变动损失)+投资收益(-投资损失)

营业收入=主营业务收入+其他业务收入

营业成本=主营业务成本+其他业务成本

资产减值损失是指企业计提各项资产减值准备所形成的损失。

公允价值变动收益(或损失)是指企业交易性金融资产等公允价值变动形成的记入当期损益的收益或损失。

投资收益(或损失)是指企业以各种方式对外投资所取得的收益(或发生的损失)。

2. 利润总额

利润总额=营业利润+营业外收入-营业外支出

营业外收入是指企业发生的与其日常经营活动没有直接关系的各项利得,包括非流动资产处置利得、罚没利得、债务重组利得、政府补助、捐赠利得等。

营业外支出是指企业发生的与其日常经营活动没有直接关系的各项损失,包括非流动资产处置损失、罚没损失、盘亏损失、债务重组损失、公益性捐赠支出、非常损失等。

3. 净利润

净利润=利润总额-所得税费用

在企业的利润总额和净利润中,营业利润代表企业的核心能力。其中主营业务和期间费用的核算内容已在本子情境的任务四、任务五中作了介绍,其他业务、投资收益的核算将在后续课程中阐述,这里将主要介绍营业外收支、所得税费用、净利润形成的核算。

(二)账户设置

1."营业外收入"账户

"营业外收入"账户,是用来核算营业外收入的取得及结转情况的账户。该账户为损益类账户,其贷方登记确认的营业外收入,借方登记期末转入"本年利润"账户的营业外收入额，结转后该账户期末无余额。该账户应按营业外收入项目设置明细账，进行明细分类核算。

"营业外收入"账户结构如图 5-29 所示。

借方	营业外收入	贷方
期末转入"本年利润"的营业外收入		本期取得的营业外收入

图 5-29 "营业外收入"账户结构

2. "营业外支出"账户

"营业外支出"账户，是用来核算营业外支出的发生及结转情况的账户。该账户为损益类账户，其借方登记发生的营业外支出，贷方登记期末转入"本年利润"账户的营业外支出数，期末结转后无余额。该账户应按营业外支出项目设置明细账，进行明细分类核算。

"营业外支出"账户结构如图 5-30 所示。

借方	营业外支出	贷方
本期取得的营业外支出		期末转入"本年利润"的营业外支出

图 5-30 "营业外支出"账户结构

3. "所得税费用"账户

"所得税费用"账户，是用来核算企业确认的应从当期利润总额中扣除的所得税费用。该账户属于损益类账户，其借方登记本期发生的所得税费用；贷方登记期末结转到"本年利润"账户的数额。期末结转后无余额。本账户可设置"当期所得税费用"和"递延所得税费用"两个明细分类账户。

"所得税费用"账户结构如图 5-31 所示。

借方	所得税费用	贷方
本期发生的所得税费用		期末转入"本年利润"的所得税费用

图 5-31 "所得税费用"账户结构

4. "本年利润"账户

"本年利润"账户，是用来核算企业实现的净利润或发生的净亏损。该账户属于所有者权益类账户，其贷方登记期末各收入账户转入的收入数；借方登记期末各费用账户转入的费用数；期末将收入与费用相抵后，若收入大于费用，即为贷方余额，表示本期实现的净利润；若收入小于费用，即为借方余额，表示本期发生的亏损，在年度中间，该账户的余额保留在本账户，不予转账，表示截至本期末本年度累计实现的净利润或发生的累计亏损；年终，应将本年实现的净利润（或亏损额）全部转入"利润分配——未分配利润"账户的贷方（或借方），结转后本账户年末无余额。

"本年利润"账户结构如图 5-32 所示。

借方	本年利润	贷方
从有关费用账户转入的各项费用：如主营业务成本、其他业务成本、税金及附加、管理费用、财务费用、销售费用、营业外支出、所得税费用等		从有关收入账户转入的各项收入：如主营业务收入、其他业务收入、营业外收入等
余额：本期末止累计亏损额		余额：本期末止累计实现的净利润额
年终结转的全年净利润额		年终结转的全年亏损额

图 5-32 "本年利润"账户结构

（三）利润形成业务的核算

仍以盛昌公司 20×9 年 12 月发生的经济业务为例，说明财务成果形成业务的核算。

【例 5-37】 12 月 20 日，收到鑫源公司因违反技术服务合同有关条款而支付的罚款金额 5 000 元，款项已存入银行。

此项经济业务的发生，一方面使企业银行存款增加 5 000 元，应记入"银行存款"账户的借方；另一方面使营业外收入增加了 5 000 元，应记入"营业外收入"账户的贷方。编制会计分录如下。

借：银行存款　　　　　　　　　　　　　　　　5 000
　　贷：营业外收入　　　　　　　　　　　　　　　　5 000

注：此业务应编制银行收款凭证。

【例 5-38】 12 月 25 日，开出转账支票向希望工程捐款 10 000 元。

此项经济业务的发生，一方面使企业的银行存款减少了 10 000 元，应记入"银行存款"账户的贷方；另一方面使营业外支出增加了 10 000 元，应记入"营业外支出"账户的借方。编制会计分录如下。

借：营业外支出　　　　　　　　　　　　　　　10 000
　　贷：银行存款　　　　　　　　　　　　　　　　　10 000

注：此业务应编制银行付款凭证。

【例 5-39】 12 月 31 日，结转本月实现的各种收入共计 833 000 元，其中：主营业务收入 828 000 元，营业外收入 5 000 元。

此项经济业务涉及"主营业务收入""营业外收入"和"本年利润"三个账户。将各种收入账户的贷方发生额从其借方转入"本年利润"账户的贷方，应编制如下会计分录。

借：主营业务收入　　　　　　　　　　　　　828 000
　　营业外收入　　　　　　　　　　　　　　　5 000
　　贷：本年利润　　　　　　　　　　　　　　　833 000

注：此业务应编制转账凭证。

【例 5-40】 12 月 31 日，结转本月发生的各种费用共计 511 600 元，其中：主营业务成本 401 780 元，税金及附加 5 200 元，管理费用 44 120 元，财务费用 500 元，销售费用 50 000 元，营业外支出 10 000 元。

此项经济业务是将各费用类账户本期借方发生额从其贷方转入"本年利润"账户的借

方，应编制如下会计分录。

借：本年利润		511 600
贷：主营业务成本		401 780
税金及附加		5 200
管理费用		44 120
财务费用		500
销售费用		50 000
营业外支出		10 000

注：此业务应编制转账凭证。

经过上述结转后，将"本年利润"账户的本月贷方发生额减去借方发生额，可计算出本期实现的利润为 321 400（833 000 − 511 600）元。

【例 5 − 41】 12 月 31 日，企业按规定计算本期应交所得税（假定无纳税调整项目，所得税税率 25%，不考虑递延所得税）。

所得税是按照国家税法规定，对企业某一经营年度实现的经营所得和其他所得，按规定的所得税税率计算缴纳的一种税款。企业所得税一般实行按月预交、年终清算的办法。其计算公式为

$$应纳所得税额 = 应纳税所得额 \times 适用的所得税税率$$

$$应纳税所得额 = 利润总额 \pm 纳税调整项目$$

纳税调整项目主要是由于税法与会计的相关规定不同造成的，由于纳税调整项目的计算比较复杂，为了简化核算，在"会计学基础"课程中一般不予考虑。

本月应交所得税 = 321 400 × 25% = 80 350（元）

此项经济业务的发生，一方面使企业承担的所得税费用增加，应记入"所得税费用"账户的借方；另一方面使企业应交的所得税增加，应记入"应交税费"账户的贷方。编制会计分录如下。

借：所得税费用	80 350
贷：应交税费——应交所得税	80 350

注：此业务应编制转账凭证。

【例 5 − 42】 12 月 31 日，将"所得税费用"账户的本期发生额转入"本年利润"账户。

此项经济业务是将本期所发生的所得税费用转入"本年利润"账户，据以确定当期实现的净利润。结转所得税费用时，从"所得税费用"账户的贷方转入"本年利润"账户的借方。编制会计分录如下。

借：本年利润	80 350
贷：所得税费用	80 350

注：此业务应编制转账凭证。

上述财务成果形成业务的总分类核算如图 5 − 33 所示。

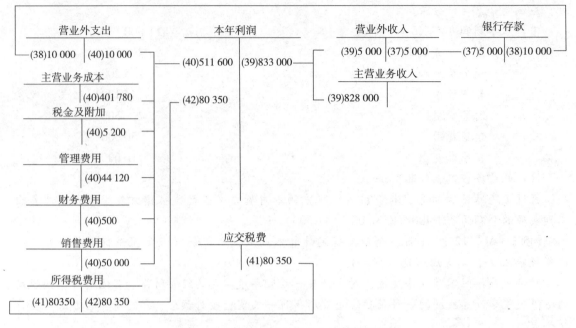

图 5-33 财务成果形成业务总分类核算图

二、利润分配的核算

(一) 利润分配的顺序

企业当年实现的净利润，首先是弥补以前年度的亏损，然后按以下顺序进行分配。

(1) 提取法定盈余公积。一般按当年实现净利润的 10% 提取。

(2) 向投资者分配利润或股利。其中，股份制企业向投资者分配利润时，按以下顺序进行：

① 支付优先股股利；

② 提取任意盈余公积金；

③ 支付普通股股利。

(二) 账户设置

为了核算企业利润分配的具体业务，需要设置"利润分配""盈余公积""应付股利"等账户。

1. "利润分配"账户

"利润分配"账户，是用来核算企业利润的分配（或亏损的弥补）和历年分配（或弥补）后的未分配利润（或未弥补亏损）的账户。该账户为所有者权益类账户，平时，其借方登记已分配的利润数，贷方一般不作登记。年末，将企业实现的净利润从"本年利润"账户转入"利润分配"账户贷方，若本年发生亏损，则将亏损额从"本年利润"账户转入"利润分配"账户借方；结转后本账户年末如为贷方余额，表示累计未分配利润数，如为借方余额，表示累计未弥补的亏损数。为了具体反映企业利润分配情况和未分配利润情况，本账户应设置"提取盈余公积""应付股利""未分配利润"等明细账户，进行明细分类核算。

"利润分配"账户结构如图 5-34 所示。

借方	利润分配	贷方
① 本年累计发生的亏损数		① 本期弥补的亏损数
② 本期净利润的分配数		② 本年累计实现的净利润
余额：期末累计未弥补的亏损数		余额：期末累计未分配的利润数

图 5-34 "利润分配"账户结构

2. "盈余公积"账户

"盈余公积"账户，是用来核算企业盈余公积的提取、使用和结余情况的账户。该账户为所有者权益类账户，其贷方登记提取的盈余公积数，借方登记盈余公积的使用数，期末贷方余额，表示盈余公积的结余数额。该账户应按盈余公积种类设置明细账，进行明细分类核算。

"盈余公积"账户结构如图 5-35 所示。

借方	盈余公积	贷方
盈余公积的支用数		从净利润中提取的盈余公积
		余额：盈余公积的结余数

图 5-35 "盈余公积"账户结构

3. "应付股利"账户

"应付股利"账户，是用来核算企业确定或宣告支付但尚未实际支付的利润或现金股利的账户。该账户为负债类账户，其贷方登记应支付给投资者的利润或现金股利，借方登记实际支付的利润或现金股利，期末贷方余额表示企业应付未付的利润或现金股利，该账户应按投资者设置明细账，进行明细分类核算。

"应付股利"账户结构如图 5-36 所示。

借方	应付股利	贷方
实际支付的利润或现金股利		应支付的利润或现金股利
		余额：尚未支付的利润或现金股利

图 5-36 "应付股利"账户结构

(三) 核算举例

【例 5-43】12 月 31 日，根据董事会通过的利润分配方案，按全年净利润 2 800 000 元的 10% 提取法定盈余公积金 280 000 元。

此项经济业务的发生，一方面使利润分配增加（即净利润减少）了 280 000 元，应记入"利润分配"账户的借方；另一方面使盈余公积增加了 280 000 元，应记入"盈余公积"账户的贷方。编制会计分录如下：

借：利润分配——提取盈余公积　　　　　　　　　　280 000
　　贷：盈余公积　　　　　　　　　　　　　　　　　　280 000

注：此业务应编制转账凭证。

【例 5-44】12 月 31 日，根据董事会通过的利润分配方案，企业决定向投资者分配利润 1 000 000 元。

此项经济业务的发生，一方面使利润分配增加了 1 000 000 元，应记入"利润分配"账户的借方；另一方面使应付股利增加了 1 000 000 元，应记入"应付股利"账户的贷方。编制会计分录如下。

借：利润分配——应付股利　　　　　　　　　　　　1 000 000
　　贷：应付股利　　　　　　　　　　　　　　　　　　　　1 000 000

注：此业务应编制转账凭证。

（四）年末结转

年末，企业需将"本年利润"账户及"利润分配"账户的有关明细账户的本年发生额分别转入"利润分配——未分配利润"账户，以求得未分配利润。结转后，"本年利润"账户及"利润分配"账户的有关明细账户（除未分配利润明细账户外）均无余额。

【例 5-45】12 月 31 日，将本年度实现的净利润 2 800 000 元，转入"利润分配——未分配利润"账户。

此项经济业务的发生，一方面使利润分配中的未分配利润增加，应记入"利润分配——未分配利润"账户的贷方；另一方面因结转净利润使本年实现的净利润减少，应记入"本年利润"账户的借方。编制会计分录如下。

借：本年利润　　　　　　　　　　　　　　　　　　2 800 000
　　贷：利润分配——未分配利润　　　　　　　　　　　　2 800 000

注：此业务应编制转账凭证。

【例 5-46】12 月 31 日，将"利润分配"账户下其他明细分类账户余额转入"利润分配——未分配利润"账户。

此项经济业务的发生，是"利润分配"账户的各明细账户之间的转账。编制会计分录如下。

借：利润分配——未分配利润　　　　　　　　　　　1 280 000
　　贷：利润分配——提取盈余公积　　　　　　　　　　　　280 000
　　　　　　　——应付股利　　　　　　　　　　　　　　1 000 000

注：此业务应编制转账凭证。

上述财务成果分配业务的总分类与明细分类核算如图 5-37 所示。

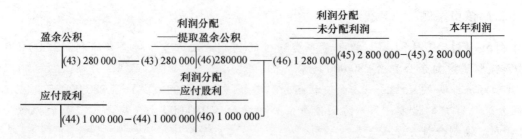

图 5-37　财务成果分配业务总分类与明细分类核算图

任务七 资金退出业务

资金投入企业后，经过一定时期的循环与周转，有一部分资金退出企业，如上交税费、向投资者支付股利、偿还借款等，使得这部分资金离开本企业，退出本企业的资金循环与周转。这里仅就企业上交税费、支付投资者利润、归还借款业务的核算加以说明。

一、税费计算及上交税费的核算

【例5-47】12月31日，计算、结转并上交本月应交增值税（实务中应于下月15日之前缴纳）。

本月销项税额合计＝107 640元

本月进项税额合计＝67 275元

本月应交增值税额＝当月销项税额－当月进项税额＝107 640－67 275＝40 365（元）

月末，应将本月应交的增值税由"应交税费——应交增值税"账户，转入"应交税费——未交增值税"账户。编制会计分录如下：

借：应交税费——应交增值税（转出未交增值税）　　40 365
　　贷：应交税费——未交增值税　　　　　　　　　　　　40 365

注：此业务应编制转账凭证。

实际上缴增值税时：

借：应交税费——未交增值税　　　　　　　　　　　40 365
　　贷：银行存款　　　　　　　　　　　　　　　　　　　40 365

注：此业务应编制银行付款凭证。

【例5-48】12月31日，以银行存款上交城建税3 640元和教育费附加1 560元（实务中应于下月15日之前缴纳）。

此项经济业务的发生，一方面使企业的应交税费减少，应记入"应交税费"账户的借方；另一方面使银行存款减少，应记入"银行存款"账户的贷方。编制会计分录如下：

借：应交税费——应交城建税　　　　　　　　　　　3 640
　　　　　　——应交教育费附加　　　　　　　　　　1 560
　　贷：银行存款　　　　　　　　　　　　　　　　　　　5 200

注：此业务应编制银行付款凭证。

二、支付投资者股利的核算

【例5-49】12月31日，以银行存款1 000 000元，支付投资者利润（实务中应于下年支付）。

此项经济业务的发生，一方面使企业的应付股利减少，应记入"应付股利"账户的借方；另一方面使银行存款减少，应记入"银行存款"账户的贷方。编制会计分录如下：

借：应付股利　　　　　　　　　　　　　　　　　1 000 000
　　贷：银行存款　　　　　　　　　　　　　　　　　　1 000 000

注：此业务应编制银行付款凭证。

三、归还银行借款的核算

【例 5-50】 12 月 31 日，以银行存款 200 000 元，归还银行长期借款。

此项经济业务的发生，一方面使企业的长期借款减少，应记入"长期借款"账户的借方；另一方面使银行存款减少，应记入"银行存款"账户的贷方。编制会计分录如下。

借：长期借款　　　　　　　　　　　　　　　　　200 000
　　贷：银行存款　　　　　　　　　　　　　　　　200 000

注：此业务应编制银行付款凭证。

上述财务成果分配业务的总分类与明细分类核算如图 5-38 所示。

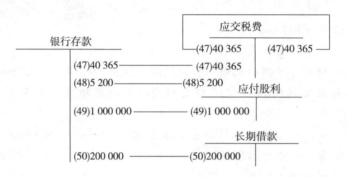

图 5-38　资金退出业务总分类核算图

"如来神掌"之主要
经济业务总结

情 境 小 结

制造企业是从事生产经营活动的主体，同其他类型的企业相比，它的经营活动经历了供应过程、生产过程和销售过程三个完整的阶段，资金形态从货币资金开始，进入供应过程转化为固定资金和储备资金；进入生产过程转化为生产资金，生产过程结束后转化为成品资金；进入销售过程又转化为货币资金，从而完成了经营资金的一次循环。制造业的主要经济业务包括：资金筹集业务、供应过程业务、生产过程业务、销售过程业务、财务成果形成和分配业务、资金退出业务。

本章以制造企业一个月的主要经济业务为例，结合其资金运动过程详细阐述了企业基本经济业务核算所需设置的主要账户、编制的会计分录及需要填制的记账凭证等。其中：资金筹集业务介绍了企业实收资本（吸收投资）和银行借款业务的核算；供应过程业务介绍了固定资产购入业务的核算、材料采购业务的核算及材料采购成本的计算；生产过程业务介绍了生产费用的发生、归集和分配的核算，以及产品成本的计算；销售过程业务介绍了企业收入的确认、销售成本的结转、销售费用的发生、税金及附加的计算等业务的核算；财务成果形成和分配业务介绍了本年利润的结转、净利润的形成以及对净利润的分配业务的核算；资金退出业务主要介绍了企业上交税费、支付股利和偿还借款等业务的核算。

同步强化练习

一、名词解释

1. 生产费用　　　2. 成本　　　3. 实收资本　　　4. 固定资产

5. 直接费用　　　6. 间接费用　　　7. 期间费用　　　8. 制造费用
9. 管理费用　　　10. 成本项目　　　11. 财务成果

二、单项选择题

1. "实收资本"或"股本"账户，属于企业的（　　）账户。
   A. 资产类　　　B. 负债类　　　C. 所有者权益类　　　D. 损益类
2. 投资者实际出资额超过其认缴的资本金数额部分，应记入（　　）账户。
   A. "实收资本"　　　B. "资本公积"　　　C. "盈余公积"　　　D. "营业外收入"
3. 企业向银行借入两年期借款，应记入（　　）账户的贷方。
   A. "短期借款"　　　B. "银行存款"　　　C. "长期借款"　　　D. "应付账款"
4. 一般纳税人购进材料过程中发生的增值税应记入（　　）。
   A. "在途物资"账户的借方
   B. "应交税费——应交增值税"账户的贷方
   C. "原材料"账户的借方
   D. "应交税费——应交增值税"账户的借方
5. 下列各项中，不能计入材料采购成本的是（　　）。
   A. 材料采购途中的运杂费　　　B. 采购材料时所支付的增值税
   C. 运输途中的合理损耗　　　D. 入库前的挑选费用
6. "在途物资"账户的期末借方余额表示（　　）的实际成本。
   A. 库存材料　　　B. 在途材料　　　C. 发出材料　　　D. 收入材料
7. 采购员出差预借差旅费时，应借记（　　）账户。
   A. "在途物资"　　　B. "其他应收款"　　　C. "其他应付款"　　　D. "管理费用"
8. 生产车间发生的间接费用，应记入（　　）账户。
   A. "管理费用"　　　B. "制造费用"　　　C. "生产成本"　　　D. "销售费用"
9. "累计折旧"账户，属于（　　）账户。
   A. 资产类　　　B. 负债类　　　C. 成本类　　　D. 损益类
10. "制造费用"账户月末分配结转后，该账户（　　）。
    A. 无余额　　　B. 余额在借方　　　C. 余额在贷方　　　D. 余额方向不固定
11. 企业生产的产品完工，应将其成本转入（　　）账户。
    A. "生产成本"　　　B. "库存商品"　　　C. "主营业务成本"　　　D. "本年利润"
12. 计提本月固定资产折旧时，应贷记（　　）账户。
    A. "管理费用"　　　B. "累计折旧"　　　C. "制造费用"　　　D. "固定资产"
13. 下列不属于期间费用的是（　　）。
    A. 管理费用　　　B. 制造费用　　　C. 财务费用　　　D. 销售费用
14. 销售费用属于（　　）账户。
    A. 资产类　　　B. 负债类　　　C. 所有者权益类　　　D. 损益类
15. 结转已销售产品实际成本时，贷记"库存商品"账户，借记（　　）账户。
    A. "生产成本"　　　B. "主营业务成本"　　　C. "销售费用"　　　D. "本年利润"
16. 企业发生的期间费用应（　　）。
    A. 计入当期生产成本　　　B. 计入当期损益

C. 计入间接费用　　　　　　　　　　D. 等待以后分摊
17. 月末计算出应交纳的所得税时，应借记（　　）账户。
    A. "所得税费用"　　　　　　　　　　B. "应交税费"
    C. "税金及附加"　　　　　　　　　　D. "管理费用"
18. 期末损益类账户转入（　　）账户后，余额为零。
    A. "本年利润"　　B. "利润分配"　　C. "应付股利"　　D. "所得税费用"
19. "利润分配"账户期末贷方余额，反映企业历年积存的（　　）。
    A. 未分配利润　　B. 利润总额　　　C. 净利润　　　　D. 未弥补亏损
20. 利润总额减去（　　）后的余额称为净利润。
    A. 增值税　　　　B. 营业税　　　　C. 所得税费用　　D. 城建税

三、多项选择题

1. 企业的资本金按投资主体不同，可以分为（　　）。
   A. 国家资本金　　B. 法人资本金　　C. 个人资本金　　D. 外商资本金
2. 下列属于材料采购费用的是（　　）。
   A. 买价　　　　　　　　　　　　　　B. 运输途中的合理损耗
   C. 采购时发生的运杂费　　　　　　　D. 采购人员差旅费
3. 供应过程核算设置的主要账户有（　　）。
   A. 原材料　　　　B. 在途物资　　　C. 应收账款　　　D. 应交税费
4. 生产成本明细账中的成本项目一般设置为（　　）。
   A. 直接材料　　　B. 直接人工　　　C. 制造费用　　　D. 管理费用
5. 材料发出的核算，可能涉及（　　）账户。
   A. "原材料"　　　B. "在途物资"　　C. "生产成本"　　D. "制造费用"
6. 工资费用分配的核算，可能涉及（　　）账户。
   A. "生产成本"　　　　　　　　　　　B. "管理费用"
   C. "应付职工薪酬"　　　　　　　　　D. "制造费用"
7. 计提固定资产折旧时，与"累计折旧"账户对应的账户为（　　）账户。
   A. "生产成本"　　B. "制造费用"　　C. "管理费用"　　D. "银行存款"
8. 下列项目中可计入"制造费用"账户的有（　　）。
   A. 车间一般耗用的材料　　　　　　　B. 车间管理人员的工资
   C. 行政管理部门人员的工资　　　　　D. 车间计提的固定资产折旧
9. 与"制造费用"账户可能发生对应关系的账户有（　　）账户。
   A. "原材料"　　　B. "库存商品"　　C. "生产成本"　　D. "应付职工薪酬"
10. 下列项目中属于期间费用的有（　　）。
    A. 制造费用　　　B. 管理费用　　　C. 销售费用　　　D. 财务费用
11. 下列账户中，能与"主营业务收入"账户发生对应关系的是（　　）账户。
    A. "银行存款"　　B. "应付账款"　　C. "应收账款"　　D. "本年利润"
12. 下列费用中，属于销售费用的有（　　）。
    A. 代垫运费　　　B. 广告费　　　　C. 产品运输费　　D. 产品展览费
13. 通过"税金及附加"账户核算的税金有（　　）。

A. 增值税　　　　B. 营业税　　　　C. 所得税　　　　D. 城市维护建设税
14. 企业结转已销产品的生产成本时,应通过(　　)账户核算。
A. "生产成本"　　　　　　　　B. "主营业务成本"
C. "库存商品"　　　　　　　　D. "本年利润"
15. 在结转损益时,下列账户余额应转入"本年利润"账户的是(　　)账户。
A. "制造费用"　　B. "销售费用"　　C. "管理费用"　　D. "财务费用"
16. 下列各项中,影响企业营业利润的项目有(　　)。
A. 投资收益　　B. 管理费用　　C. 营业外收入　　D. 税金及附加
17. 企业的利润总额,包括(　　)。
A. 营业利润　　B. 投资收益　　C. 营业外收入　　D. 营业外支出
18. 下列项目中,属于营业外收入的是(　　)。
A. 处置无形资产净收益　　　　B. 销售材料收入
C. 提供劳务收入　　　　　　　D. 处置固定资产净收益
19. 下列项目中,属于营业外支出的是(　　)。
A. 存货盘亏　　B. 固定资产的盘亏　　C. 捐赠支出　　D. 非常损失
20. 年末结转后,"利润分配"账户各明细账中没有余额的是(　　)。
A. 提取法定盈余公积　　　　　B. 提取任意盈余公积
C. 应付普通股股利　　　　　　D. 未分配利润

四、判断题

1. 资金筹集是企业资金运动的起点,而资金退出则是企业资金运动的终点。(　　)
2. 企业收到投资者投入的资本,超过其占注册资本份额的部分,也应确认为企业的实收资本或股本。(　　)
3. 短期借款的利息支出和长期借款的利息支出的性质是一样的,都是在筹集资金过程中发生的费用,因此,该项支出均应计入企业的财务费用。(　　)
4. 资金退出业务的发生,必将引起企业的资产和负债或所有者权益同时减少。(　　)
5. 企业的利润分配业务均属于资金退出业务。(　　)
6. 企业外购存货的采购成本,包括买价、运杂费、增值税等相关税费。(　　)
7. 增值税一般纳税人当期应纳的增值税额,应等于当期的销项税额减当期的进项税额。(　　)
8. 生产部门领用的材料,应按该材料的实际成本记入相应的生产成本账户。(　　)
9. 企业行政管理部门领用的材料成本,应计入企业的管理费用。(　　)
10. 企业在生产经营过程中支付的人员工资、福利费等,均属于成本项目中的直接人工。(　　)
11. 车间厂房、机器设备的折旧费,均为企业发生的制造费用。(　　)
12. 期末应将"制造费用"账户所归集的制造费用分配计入有关的成本计算对象。因此,该账户期末一般无余额。(　　)
13. 车间管理人员的工资应计入企业的管理费用。(　　)
14. "生产成本"明细账户,应按照企业的成本计算对象设置。(　　)
15. 各期间费用账户在期末结转后均无余额。(　　)

16. 企业生产车间为组织和管理生产而发生的各项费用，均应计入管理费用。（   ）
17. 增值税一般纳税人在确认商品销售收入的同时应核算增值税销项税额。（   ）
18. 利润总额，是指企业的营业利润加投资收益加营业外收支净额减去所得税费用后的余额。（   ）
19. 企业实际缴纳的增值税、消费税和城建税等均应记入"税金及附加"账户。（   ）
20. 年末结转后"利润分配——未分配利润"账户的借方余额，即为企业历年积存的未分配利润。（   ）

五、简答题

1. 企业外购材料的采购成本包括哪些内容？外购材料时所支付的增值税应如何处理？
2. 什么是直接费用？什么是间接费用？它们如何核算？
3. 什么是成本项目？制造业的成本项目有哪几项？
4. 简述产品生产成本计算的一般程序。
5. 什么是利润？利润的构成如何？企业的净利润是怎样形成的？
6. 简述利润的分配顺序。

六、实训（本部分因按资金运动过程设计企业经济业务，建议在完成全部经济业务记账凭证的填制后，再对所编制的记账凭证，分别按业务发生的时间顺序统一编号）

实训一

1. 目的：练习资金筹集业务的核算及记账凭证的填制。
2. 资料：兴海公司 20×9 年 12 月有关资金筹集业务如下。
(1) 1 日，收到丰华公司投入的货币资金 500 000 元，存入银行。
(2) 1 日，向银行取得为期 6 个月的借款 200 000 元，款项已转存银行。
(3) 5 日，向银行取得为期 2 年的借款 300 000 元，款项已转存银行。
(4) 15 日，新兴公司以机器设备一台作为对兴海公司的投资，双方协商作价 56 500 元；收到的增值税专用发票上注明价款 50 000 元，税额 6 500 元。
3. 要求：根据上述资料编制会计分录，并填制相应种类的记账凭证。

实训二

1. 目的：练习供应过程业务的核算及记账凭证的填制。
2. 资料：兴海公司 20×9 年 12 月有关供应过程业务如下。
(1) 2 日，购入不需安装的设备一台，收到的增值税专用发票上注明：价款 60 000 元，税额 7 800 元，款项已用银行存款支付，设备直接交付生产车间使用。
(2) 2 日，购入 A、B 两种材料，价款 150 000 元，增值税专用发票上注明的税款为 19 500 元。货款已付，材料未到。材料明细如表 5-12 所示。

表 5-12　A、B 材料明细表

品　种	重量/千克	买价/元
A 材料	3 000	60 000
B 材料	3 000	90 000

(3) 3 日，以银行存款支付上项购入 A、B 材料的运费，收到的增值税专用发票上注明：运费 6 000 元，税额 540 元，按材料的重量比例分配该项采购费用。

(4) 5 日，购入的 A、B 材料已到，并验收入库，结转材料的实际采购成本。

(5) 10 日，采购员王红经批准预借差旅费 5 000 元，付给现金。

(6) 12 日，以银行存款向海天公司预付购买 A 材料的货款 50 000 元。

(7) 15 日，收到海天公司发来的、已预付货款的 A 材料，增值税专用发票上注明：数量 4 000 千克，单价 20 元，价款 80 000 元，税款 10 400 元，材料已验收入库，预付款不足部分，尚未支付。

(8) 18 日，收到欣欣公司发来的 B 材料，增值税专用发票上注明：数量 2 000 千克，单价 30 元，价款 60 000 元，税款 7 800 元；欣欣公司代垫运费并转来承运单位开具的增值税专用发票上注明：运费 2 000 元，税额 180 元。材料已验收入库，款项尚未支付。

(9) 22 日，以银行存款 40 400 元，补付海天公司的货款。

(10) 25 日，王红出差回来报销差旅费 4 600 元，其中，可抵扣增值税进项税额 120 元，退回现金 400 元。

3. 要求：

(1) 编制材料采购成本计算表，如表 5 - 13 所示。

表 5 - 13　材料采购成本计算表

年　　月　　日　　　　　　　　　　　　　　　　　　　　　　单位：元

品　　种	分配标准	分配率	采购费用分配额	买　　价	总成本	单位成本
A 材料						
B 材料						
合　计						

(2) 编制上述经济业务的会计分录，并填制相应种类的记账凭证。

实训三

1. 目的：练习生产过程业务的核算及记账凭证的填制。

2. 资料：兴海公司 20×9 年 12 月有关生产过程业务如下：

(1) 10 日，开出现金支票从银行提取现金 120 000 元，备发工资。

(2) 10 日，以库存现金 120 000 元，支付职工工资。

(3) 20 日，购买办公用品一批，取得的增值税专用发票上列明价款 6 900 元，增值税 897 元，款项以银行存款付讫；购买的办公用品当即交付车间和管理部门，其中车间领用办公用品 1 500 元、行政管理部门领用办公用品费 5 400 元。

(4) 30 日，企业根据当月的领料凭证，编制当月材料耗用汇总表，如表 5 - 14 所示，分配材料费用。

表 5-14　材料耗用汇总表

20×9 年 12 月

用　途	A 材料			B 材料			金额合计/元
	数量/千克	单价/(元·千克$^{-1}$)	金额/元	数量/千克	单价/(元·千克$^{-1}$)	金额/元	
生产产品耗用							
其中：甲产品	4 000	21	84 000	2 000	31	62 000	146 000
乙产品	2 000	21	42 000	2 500	31	77 500	119 500
车间一般耗用	300	21	6 300	100	31	3 100	9 400
行政管理部门耗用	200	21	4 200	100	31	3 100	7 300
合计	6 500		136 500	4 700		145 700	282 200

（5）31 日，根据 12 月工资及福利费汇总表，如表 5-15 所示，结算并分配本月应付职工工资。

表 5-15　工资费用汇总表（简表）

20×9 年 12 月　　　　　　　　　　　　　　　　　　　　　单位：元

项　目	应付职工工资
生产工人：	
其中：甲产品	40 000
乙产品	60 000
车间管理人员	6 000
行政管理人员	14 000
合计	120 000

（6）31 日，计提本月固定资产折旧 13 290 元，其中生产车间用固定资产折旧费 8 560 元，行政管理部门用固定资产折旧费 4 730 元。

（7）31 日，收到供水公司开来的增值税专用发票，发票上注明本月水费 3 600 元，税额 324 元；款项以银行存款支付；根据耗用量进行分配，生产车间应负担水费 1 560 元，行政管理部门应负担水费 2 040 元。

（8）31 日，收到供电公司开来的增值税专用发票，发票上注明本月电费 5 400 元，税额 702 元；款项以银行存款支付；根据耗用量进行分配，生产车间应负担电费 2 980 元，行政管理部门应负担水费 2 420 元。

（9）31 日，计提本月负担的银行短期借款利息 1 000 元。

（10）31 日，按照本月甲、乙产品生产工人工资比例分配结转本月发生的制造费用。

（11）31 日，本月投产的甲产品 2 000 件、乙产品 1 000 件全部完工，并已验收入库，计算并结转其完工产品的生产成本（假定甲产品、乙产品月初均无在产品）。

3. 要求：

（1）根据上述经济业务编制会计分录，并填制相应种类的记账凭证；

（2）编制制造费用分配表和产品生产成本计算单，如表 5-16 ~ 表 5-18 所示。

表 5-16　制造费用分配表

年　　　月　　　　　　　　　　　　　　　　　　　　单位：元

受益对象	分配标准（生产工人工资）	分配率	分配金额
甲产品			
乙产品			
合计			

表 5-17　产品成本计算单

产品名称：甲产品　　　　　　　　年　　　月　　　　　　　　　　单位：元

成本项目	本月生产费用	总成本	单位成本
直接材料			
工资及福利费			
制造费用			
合计			

表 5-18　产品成本计算单

产品名称：乙产品　　　　　　　　年　　　月　　　　　　　　　　单位：元

成本项目	本月生产费用	总成本	单位成本
直接材料			
工资及福利费			
制造费用			
合计			

实训四

1. 目的：练习销售过程业务的核算及记账凭证的填制。
2. 资料：兴海公司 20×9 年 12 月有关销售过程业务如下。

（1）10 日，向华美公司销售甲产品 1 000 件，单位售价 180 元；乙产品 400 件，单位售价 320 元，价款共计 308 000 元，增值税销项税额 40 040 元，款项已收并存入银行。

（2）15 日，向万方公司销售甲产品 500 件，单位售价 180 元；乙产品 500 件，单位售价 320 元，价款共计 250 000 元，增值税销项税额 32 500 元，以银行存款为对方代垫运费 4 500 元，全部款项均未收到。

（3）18 日，根据合同预收大发公司购货款 50 000 元，存入银行。

（4）20 日，以银行存款支付产品广告费，增值税专用发票上列明价款 20 000 元，税额 1 200 元。

（5）25 日，向大发公司发出甲产品 400 件，单位售价 180 元，计货款 72 000 元，增值税销项税额 9 360 元，原预收款不足，其差额部分尚未收到。

（6）31 日，结转本月已销售产品的生产成本（甲产品单位生产成本 99 元，乙产品单位成本 197.50 元）。

（7）31 日，按照规定计算出本月应负担的城市维护建设税 1 750 元，教育费附加 750 元。

3. 要求：根据上述资料编制相应的会计分录，并填制相应种类的记账凭证。

实训五

1. 目的：练习利润形成、利润分配业务的核算及记账凭证的填制。

2. 资料：兴海公司20×9年12月有关财务成果形成和分配业务如下。

（1）18日，收到永安公司因违反技术服务合同有关条款而支付的罚款金额4 000元，款项已存入银行。

（2）25日，开出转账支票向希望工程捐款8 000元。

（3）31日，结转本月实现的各种收入共计634 000元，其中：主营业务收入630 000元，营业外收入4 000元。

（4）31日，结转本月发生的各种费用共计435 720元，其中：主营业务成本365 850元，税金及附加2 500元，管理费用38 370元，财务费用1 000元，销售费用20 000元，营业外支出8 000元。

（5）31日，企业按规定计算本月应交所得税（假定无纳税调整项目，所得税税率25%，不考虑递延所得税）。

（6）31日，将"所得税费用"账户的本月发生额转入"本年利润"账户。

（7）31日，根据企业利润分配方案，按本月实现的净利润的10%提取法定盈余公积金。

（8）31日，根据企业利润分配方案，企业决定向投资者分配利润20 000元。

（9）31日，将本月实现的净利润转入"利润分配——未分配利润"账户。

（10）31日，将"利润分配"账户下其他明细分类账户余额转入，转入"利润分配——未分配利润"账户。

3. 要求：

（1）根据上述经济业务编制会计分录，并填制相应种类的记账凭证。

（2）计算本月实现的营业利润、利润总额、净利润和期末未分配利润。

实训六

1. 目的：练习资金退出业务的核算及记账凭证的填制。

2. 资料：兴海公司20×9年12月份有关资金退出业务如下。

（1）31日，计算、结转并上交本月应交增值税（实务中应于下月15日之前缴纳）。

（2）31日，以银行存款上交城市维护建设税1 750元，教育费附加750元（实务中应于下月15日之前缴纳）。

（3）31日，以银行存款20 000元，支付投资者利润（实务中应于下年支付）。

（4）31日，以银行存款1 000元，支付银行借款利息。

3. 要求：根据上述经济业务编制会计分录，并填制相应种类的记账凭证。

学习情境三　会计账簿

子情境六
建账和登账

【学习目标】
1. 明确会计账簿的作用和种类，会建账和熟练地启用账簿。
2. 明确账簿的格式和登记规则，能熟练地登记日记账、总账和各种明细账。
3. 能发现账簿中的错误记录，并能正确地进行更正。
4. 了解账务处理程序的意义和种类，理解各种账务处理程序的特点、核算步骤、优缺点和适用范围，明确各种账务处理程序的异同；掌握两种常见的账务处理程序：记账凭证账务处理程序和科目汇总表账务处理程序的具体应用。

任务一　建　账

一、会计账簿的意义和种类

（一）会计账簿的意义

会计账簿（简称账簿）是由具有一定格式、相互联结的账页组成，以会计凭证为依据，用以全面、系统、序时、分类、连续地记录各项经济业务的簿记。

各单位应当按照国家统一的会计制度的规定和会计业务的需要设置会计账簿。设置和登记账簿是编制会计报表的基础，是连接会计凭证与会计报表的中间环节，在会计核算中具有重要意义，主要体现在：设置和登记账簿可以系统地归纳和积累会计核算资料，为改善企业经营管理，合理使用资金提供资料；设置和登记账簿可以为计算财务成果编制会计报表提供依据；设置和登记账簿，利用账簿的核算资料，为开展财务分析和会计检查提供依据。

会计账户存在于会计账簿之中，账簿中的每一账页就是账户的存在形式和载体，没有账簿，账户就无法存在；账簿序时、分类地记录经济业务，是在个别账户中完成的，因此，账簿只是一个外在形式，账户才是它的真实内容。账簿与账户的关系是形式和内容的关系。

（二）会计账簿的种类

会计核算中应用的账簿很多，不同的账簿其用途、形式、内容和登记方法都不相同。为更好地了解和使用各种账簿，对其进行分类是很有必要的。账簿按不同的分类标准可作如下分类。

1. 按用途可分为序时账簿、分类账簿与备查账簿

（1）序时账簿。序时账簿又称日记账，是按照经济业务发生或完成的先后顺序，逐日逐笔登记经济业务的账簿。通常大多数企业只对现金和银行存款的收付业务使用日记账。日记账按所核算和监督经济业务的范围，可分为特种日记账和普通日记账。

（2）分类账簿。分类账簿是通过对经济业务按照会计要素的具体类别而设置的分类账户进行登记的账簿。按记账内容详细程度不同，又分为总分类账和明细分类账。总分类账是按总分类账户分类登记的，简称总账；明细分类账是按明细分类账户分类登记的，简称明细账。

（3）备查账簿。备查账簿也称备查簿、辅助登记账簿，是对某些在日记账和分类账等主要账簿中未能记载的事项进行补充登记的账簿，如设置租入固定资产登记簿、代销商品登记簿等。这种账簿不是企业必须设置的，而是企业根据实际需要自行决定是否设置。

2. 按外表形式可分为订本式账簿、活页式账簿和卡片式账簿

（1）订本式账簿。订本式账簿是指在启用之前就把编有序号的若干账页固定装订成册的账簿。采用这种账簿，其优点是可以避免账页散失，防止人为抽换账页；其缺点是一般不能准确地为各账户预留账页。在实际工作中，这种账簿一般用于总分类账、现金日记账和银行存款日记账。

（2）活页式账簿。活页式账簿是指在账簿登记之前并不固定装订在一起，而是装在活页账夹中。当账簿登记完毕后（通常是一个会计年度）才将账页予以装订，加具封面，并给各账页连续编号。这类账簿的优点是记账时可以根据实际需要，随时将空白账页装入账簿，或抽出不需要的账页，也便于分工记账；其缺点是如果管理不善，可能会造成账页散失和被抽换。这种账簿主要适用于一般的明细分类账。

（3）卡片式账簿。卡片式账簿又称卡片账，是一种将账户所需格式印刷在硬卡片上的账簿。严格地说，卡片账也是一种活页账，只不过它不是装在活页账夹中，而是装在卡片箱内。在我国，企业一般只对固定资产明细账核算采用卡片账形式。少数企业在材料核算中也使用材料卡片账。

3. 按账页格式不同可分为三栏式账簿、多栏式账簿和数量金额式账簿

（1）三栏式账簿。三栏式账簿是设有借方、贷方和余额三个基本栏目的账簿。总分类账、日记账以及资本、债权、债务明细账一般采用三栏式。

（2）多栏式账簿。多栏式账簿是在账簿的两个基本栏目借方和贷方按需要分设若干专栏的账簿，如多栏式日记账、多栏式明细账。收入、费用明细账一般采用这种账簿格式。

（3）数量金额式账簿。数量金额式账簿是在账簿的借方、贷方和余额三个栏目内，都分设数量、单价和金额三小栏，借以反映财产物资的实物数量和价值量。如原材料、库存商品等明细账一般都采用数量金额式账簿。

二、账簿的设置方法

案例资料

盛昌公司20×9年12月初各账户余额如表6-1～表6-3所示。

表 6-1 总账和明细账期初余额表　　　　　　　　　　　单位：元

总账账户	明细账户	借方余额	贷方余额
库存现金		5 000	
银行存款		2 990 000	
应收账款		109 650	
	——华丰公司	109 650	
预付账款	——光明公司		
其他应收款		3 000	
	——李明		
	——王海	3 000	
坏账准备			500
在途物资	——甲材料		
	——乙材料		
	——丙材料		
原材料		8 760	
	——甲材料	5 080	
	——乙材料	2 080	
	——丙材料	1 600	
库存商品		170 400	
	——A商品	105 240	
	——B商品	65 160	
固定资产		1 100 000	
累计折旧			97 260
短期借款			100 000
应付账款			22 600
	——永新公司		
	——利丰公司		22 600
预收账款	——宏发公司		
应付职工薪酬			99 000
	——工资		99 000
应交税费	——未交增值税		
	——应交增值税		
	——应交城建税		
	——应交教育费附加		
	——应交所得税		

续表

总账账户	明细账户	借方余额	贷方余额
应付利息			500
应付股利			
长期借款			200 000
实收资本			500 000
资本公积			100 000
盈余公积			108 000
本年利润			2 558 950
利润分配	——未分配利润 ——提取盈公积 ——应付股利		600 000 600 000
生产成本	——A 商品 ——B 商品		
制造费用			
主营业务收入			
主营业务成本			
税金及附加			
销售费用			
管理费用			
财务费用			
营业外收入			
营业外支出			
所得税费用			

表 6-2 原材料明细分类账户期初余额表

名 称	数量/吨	单位成本/(元·吨$^{-1}$)	金额/元
甲材料	1	5 080	5 080
乙材料	1	2 080	2 080
丙材料	0.5	3 200	1 600
合计			8 760

表 6-3 库存商品明细分类账户期初余额表

名 称	数量/件	单位成本/(元·吨$^{-1}$)	金额/元
A 商品	600	175.4	105 240
B 商品	450	144.8	65 160
合计			170 400

(一) 总账的设置

总账的设置方法一般是按照总账会计科目的编码顺序分别开设账户,由于总账一般都采用订本式账簿,因此,应事先为每一个账户预留若干账页。

总账常用的格式为三栏式,在账页中设有借方、贷方和余额三个金额栏,如表6-4所示。现以应收账款为例说明总账账户的开设方法。

总账建账

表6-4 总分类账

总 分 类 账

会计科目：应收账款

20×9年		凭证号数	摘要	借方								贷方								借或贷	余额							
月	日			十	万	千	百	十	元	角	分	十	万	千	百	十	元	角	分		十	万	千	百	十	元	角	分
12	1		期初余额																	借		2	3	4	0	0	0	0

注：若日期为会计年度的1月1日,摘要栏一般写"上年结转",下同。

(二) 明细账的设置

明细账应根据各单位的实际需要,按照总分类科目的二级科目或三级科目分类设置。明细账一般采用活页式账簿,个别的应用卡片式账簿,其账页的格式应根据各单位经济管理的需要和各明细分类账记录内容的不同而有所区别,其账页的格式可采用三栏式、数量金额式和多栏式等。

明细账建账

1. 三栏式明细账

三栏式明细账的金额栏主要由借方、贷方和金额三栏组成,主要用来反映某项资金增加、减少和结余情况及结果。这种账簿适用范围较广,适用于只需要进行金额核算的经济业务。

应收账款、其他应收款、短期借款、应付账款和实收资本等总账科目下应采用三栏式账页建立明细账户。现以应收账款为例说明其明细账户的开设方法,如表6-5所示。

表6-5 应收账款明细分类账

应收账款明细分类账

明细科目：华丰公司

20×9年		凭证号数	摘要	借方								贷方								借或贷	余额							
月	日			十	万	千	百	十	元	角	分	十	万	千	百	十	元	角	分		十	万	千	百	十	元	角	分
12	1		期初余额																	借		2	3	4	0	0	0	0

2. 数量金额式明细账

数量金额式明细账的主体结构由"收入""发出"和"结存"三栏组成，并在每个栏目下再分设数量、单价和金额三个小栏。这种账簿一般适用于既要进行金额核算又要进行数量核算的财产物资账户，如"原材料明细账""库存商品明细账"等账户。现以"原材料"为例说明其明细账户的开设方法，如表6-6所示。

表6-6 原材料明细分类账

原材料明细分类账

材料类别：主要材料　　　　　　　存放地点：
名称和规格：甲材料　　　　　　　计量单位：吨　　　　　　　　　　　　　　　第　页

20×9年		凭证号数	摘要	收入			发出			结存		
						金额			金额			金额
月	日			数量	单价	万千百十元角分	数量	单价	万千百十元角分	数量	单价	万千百十元角分
12	1		期初余额							1	5080	5 0 8 0 0 0

3. 多栏式明细账

多栏式明细账是为了提供多项管理信息，根据各类经济业务的内容和管理需要来设置多个栏目，从而将属于同一个总账科目的各个明细科目合并在一张账页上进行登记。这类账簿首先将账户分为"借方""贷方"和"余额"三栏，再在借（或贷）方分别按明细科目设置多个栏目，用于提供管理所需要的信息，主要用于应记借方（或贷方）的经济业务较多，而另一方反映的经济业务较少或基本不发生的账户，如"管理费用明细账"（如表6-7所示）、"生产成本明细账""制造费用明细账""应交税费——应交增值税明细账"等。在实务中需注意，这种账簿的账页正反面内容是不一样的，若是活页式账页，务必将顺序排好。

表6-7 管理费用明细账

管理费用明细账

第　页

20×9年		凭证号数	摘要	借方						
月	日			修理费	折旧费	办公费	水电费	差旅费	……	合计

（三）日记账的设置

按照国家会计制度的规定，企业必须设置现金日记账和银行存款日记账，有外币业务的单位还需要按币种不同分别设置外币现金日记账和银行存款日记账。

1. 现金日记账的设置

现金日记账一般采用订本账，账页的格式有三栏式和多栏式两种，但在实际工作中大多

日记账建账

采用三栏式,即在同一张账页上设"收入""支出"和"结余"三个基本的金额栏目,并在金额栏与摘要栏之间插入"对方科目",以便记账时标明现金收入的来源科目和现金支出的用途科目,如表6-8所示。

表6-8 现金日记账

现金日记账

第 页

20×9年		凭证号数	摘要	对方科目	收入							支出							结余						
月	日				万	千	百	十	元	角	分	万	千	百	十	元	角	分	万	千	百	十	元	角	分
12	1		期初余额																	5	0	0	0	0	0

2. 银行存款日记账的设置

银行存款日记账应按企业在银行开立的账户和币种分别设置,每个银行账户设置一本日记账。银行存款日记账的格式和现金日记账基本相同,如表6-9所示。

表6-9 银行存款日记账

银行存款日记账

第 页

20×9年		凭证号数	摘要	对方科目	收入									支出									结余								
月	日				百	十	万	千	百	十	元	角	分	百	十	万	千	百	十	元	角	分	百	十	万	千	百	十	元	角	分
12	1		期初余额																						2	9	9	0	0	0	0	0

任务二 登 账

一、账簿的启用

(一)会计账簿的基本内容

在实际工作中,账簿的格式是多种多样的,不同格式的账簿所包括的具体内容也不尽相同,但各种账簿应具有以下基本要素。

(1)封面,主要表明账簿的名称,如总分类账、各明细分类账、现金日记账、银行存款日记账等。

(2)扉页,主要列明科目索引、账簿启用和经管人员一览表及其签章等内容。

(3)账页,是账簿用来记录经济业务的载体,其格式因记录经济业务的内容不同而有所不同，但基本内容包括：账户的名称、登记账户的日期栏、凭证种类和号数栏、摘要栏、金额栏、总页次和分户页次等。

（二）会计账簿的启用

为了保证账簿记录的合法性和账簿资料的完整性，明确记账责任，会计人员启用新账簿时，应在账簿封面上写明账簿名称。在账簿的扉页上填写账簿启用日期和经管人员一览表。会计人员如有变动，应办理交接手续，注明接管日期和移交人、接管人姓名，并由双方签名盖章。

启用订本式账簿应当从第一页到最后一页顺序编定页数，不得跳页、缺号。使用活页式账簿应当按账户的顺序编号，并定期装订成册，装订后再按实际使用的账页顺序编定页码，另加目录，记明每个账户的名称和页次。账簿启用及经管人员一览表，如表6-10所示。

表6-10 账簿启用和经管人员一览表

账簿启用和经管人员一览表

账簿名称：_____　　　　单位名称：_____
账簿编号：_____　　　　账簿册数：_____
账簿页数：_____　　　　启用日期：_____
会计主管：_____　　　　记账人员：_____

接管日期			接管人		移交日期			移交人		监交人	
年	月	日	姓名	签章	年	月	日	姓名	签章	姓名	签章

二、账簿的登记要求

启用订本式账簿，应当从第一页到最后一页顺序编定页数，不得跳页、缺号。使用活页式账页，应当按账户顺序编号，并需定期装订成册。装订后再按实际使用的账页顺序编定总页码，另加目录，记录每个账户的名称和页次。具体记账要求如下。

（一）准确完整

登记会计账簿时，应当将会计凭证日期、编号、内容摘要、金额和其他有关资料逐项记入账内，做到数字准确、摘要清楚、登记及时、字迹工整。登记完毕后，要在记账凭证上签名或者盖章，并在记账凭证的"过账"栏内注明账簿页数或画"√"，以明确责任，并避免重记或漏记。

（二）书写规范

账簿中书写的文字和数字上面要留有适当空距，不要写满格，一般应占格距的1/2。

（三）用笔规范

登记账簿要用蓝黑墨水或者碳素墨水书写，不得使用圆珠笔或者铅笔书写。下列情况可以用红色墨水记账：
(1) 按照红字冲账的记账凭证，冲销错误记录；
(2) 在不设借贷等栏的多栏式账页中，登记减少数；
(3) 三栏式账户的余额栏前，如未印明余额方向的，在余额栏内登记负数余额；
(4) 根据有关规定可以用红字登记的其他会计记录。

(四) 连续登记

各种账簿按页次顺序连续登记，不得跳行、隔页。如果发生跳行、隔页，应当将空行、空页划线注销。或者注明"此行空白""此页空白"字样，并由记账人员签名或者盖章。

(五) 结计余额

凡需要结出余额的账户，结出余额后，应当在"借或贷"栏内写明"借"或"贷"字样。没有余额的账户，应当在"借或贷"栏内写"平"字，并在余额栏内用"0"表示，应当放在"元"位。

(六) 过次承前

每一账页登记完毕结转下页时，应当结出本页合计数及余额，写在本页最后一行和下页第一行有关栏内，并在摘要栏内分别注明"过次页"和"承前页"字样；也可以将本页合计数及金额只写在下页第一行有关栏内，并在摘要栏内注明"承前页"字样，以保持账簿记录的连续性，便于对账和结账。

对需要结计本月发生额的账户，结计"过次页"的本页合计数应当为自本月初起到本页末止的发生额合计数；对需要结计本年累计发生额的账户，结计"过次页"的本页合计数应当为自年初起至本页末止的累计数；对既不需要结计本月发生额也不需要结计本年累计发生额的账户，可以只将每页末的余额结转次页。

(七) 正确更正

账簿记录发生错误，不准涂改、挖补、刮擦或者用药水去除字迹，不准重新抄写，必须用规定的方法进行更正。

三、账簿的登记方法

(一) 总账的登记

基于科目汇总表的总账登记

总分类账的记账依据和登记方法取决于企业采用的账务处理程序。既可以根据记账凭证逐笔登记，也可以根据经过汇总的科目汇总表或汇总记账凭证等登记。

总账账页中各基本栏目的登记方法如下：
(1) 日期栏：填写登记总账所依据的记账凭证上的日期。
(2) 凭证字、号栏：填写登记总账所依据的记账凭证的字（如现收、银收、转、科汇、汇收）等和编号。
(3) 摘要栏：填写所依据的凭证的简要内容。依据记账凭证登账的，应填写与记账凭证一致的摘要内容；依据科目汇总表登账的，可填写"×日至×日发生额×元"字样；依据汇总记账凭证登账的，可填写"第×号至第×号记账凭证"字样。

（4）借或贷栏：表示余额的方向，填写"借"字或"贷"字。

（5）借、贷方金额栏：填写所依据凭证上记载的各账户的借、贷方发生额。

（二）明细账的登记

明细账的登记

不同类型的经济业务的明细账，可以根据管理的需要，依据记账凭证、原始凭证或汇总原始凭证逐日逐笔或定期汇总登记。现金、银行存款账户由于已设置了日记账，不必再设明细账，其日记账实质上也是一种明细账。

（1）三栏式明细账。三栏式明细账根据记账凭证，按经济业务发生的顺序逐日逐笔进行登记。其他各栏目的登记方法与三栏式总账相同。

（2）多栏式明细账。多栏式明细账依据记账凭证顺序逐日逐笔登记。对于借方多栏式明细账，各明细项目的贷方发生额因其未设置贷方专栏，如果出现贷方发生额，则用红字登记在借方栏及明细项目专栏内，以表示对该项目金额的冲销或转出。

（3）数量金额式明细账。数量金额式明细账一般是由会计人员和业务人员（如仓库保管员），根据原始凭证按照经济业务发生的时间先后顺序逐日逐笔进行登记。

（三）日记账的登记

日记账登记

1. 现金日记账的登记

现金日记账是由出纳人员根据审核后的现金收款凭证和现金付款凭证及从银行提取现金业务的银行存款付款凭证，按经济业务发生时间逐日逐笔进行登记。具体登记方法如下：

（1）"日期栏"填写与现金实际收、付日期一致的记账凭证的日期。

（2）"凭证栏"填写所入账的收、付款凭证的"字"和"号"。

（3）"摘要"栏经济业务的简要内容。

（4）"对方科目"栏填写与"库存现金"账户发生对应关系的账户的名称。

（5）"收入"栏、"支出"栏填写每笔经济业务的现金实际收付的金额。

（6）现金日记账应进行"日清"。

每日应在本日所记最后一笔经济业务行的下一行进行本日合计，并在本日合计行内的"摘要"栏填写"本日合计"字样，分别合计本日的现金收入和现金支出金额，并计算出余额。

如果一个单位的现金收付业务不多，可不填写本日合计行，但需结出每日的余额并填写在每日所记的最后一笔经济业务行的"余额"栏内；每日的现金余额应与库存现金进行核对，以检查现金收付是否有误。

2. 银行存款日记账的登记

银行存款日记账应由出纳员根据与银行存款收付业务有关的记账凭证及将现金存入银行业务的现金付款凭证，按时间先后顺序逐日逐笔进行登记。现以三栏式日记账为例说明其登记方法。

（1）"日期"栏填写与银行存款实际收、付日期一致的记账凭证的日期。

（2）"凭证"栏填写所入账的收、付款凭证的"字"和"号"。

（3）"摘要"栏填写经济业务的简要内容。

（4）"对方科目"栏填写与"银行存款"账户发生对应关系的账户的名称。

(5)"收入"栏、"支出"栏填写银行存款实际收、付的金额。

(6)银行存款日记账应定期与"对账单"进行核对。

每日应在本日所记最后一笔经济业务行的下一行（本日合计行）进行本日合计，并在本日合计行内的"摘要"栏填写"本日合计"字样，分别合计本日的收入和支出，并计算出余额。

如果一个单位的银行存款收付业务不多，可不填写本日合计行，但需结出每日的余额并填写在每日所记最后一笔经济业务行的"余额"栏内；应定期将银行存款日记账的"余额"与银行送达的"对账单"核对。

四、错账查找的方法

在实际的记账过程中，会产生例如重复记账、漏记、数字颠倒、数字错位、数字错误、科目记错、借贷方向记反等错误，从而影响会计信息的准确性。错账查找的方法主要有以下四种：

1. 差数法

差数法是指按照错账的差数来查找错账的方法，查找借贷方有一方漏记的错误。例如，在记账过程中只登记了经济业务的借方或者贷方，漏记了另一方，从而形成试算平衡中借方合计数与贷方合计数不相等的情况。如果借方金额遗漏，就会使该金额在贷方超出；如果贷方金额遗漏，则会使该金额在借方超出。对于这样的差错，可由会计人员通过回忆和与相关金额的记账核对来查找。

2. 尾数法

对于发生的只有角、分的差错的可以只检查小数部分，这样可以提高查找错误的效率。

3. 除2法

除2法是指差数除以2来查找错账的方法。当记账时借方金额错计入贷方（或者相反）时，出现错账的差数就表现为错误的2倍，因此将此差数用2去除，得出的商就应该是反向的正确的金额。例如，应计入"固定资产"科目借方的5 000元误计入贷方，则该科目的期末余额将小于总分类科目期末余额10 000元，被2除的商5 000元即为借贷方向反向的金额。同理，如果借方总额大于贷方800元，即应查找有无400元的贷方金额误计入借方。

4. 除9法

除9法是指以差数除以9来查找错数的方法。该方法适用于以下两种情况：

(1)将数字写大。例如将30写成300，错误数字大于正确数字9倍。查找的方法是：以差数除以9得出的商为正确的数字，商乘以10后所得的积为错误数字。上例差数270（即300-30）除以9以后，所得的商30为正确数字，30乘以10（即300）为错误数字。

(2)将数字写小。例如将500写成50，错误数字小于正确数字9倍。查找的方法是：以差数除以9得出的商即为写错的数字，商乘以10即为正确的数字。上例差数450（即500-50）除以9，商50即为错数，扩大10倍后即可得出正确的数字500。

五、错账的更正方法

在记账过程中，如果账簿记录发生错误，产生错账，如重记、漏记、数字颠倒、数字错位、数字记错、科目记错、借贷方向计反等，不得刮擦、挖补、涂改或用褪色药水更改字迹，必须根据错账的具体情况，采用正确的方法予以更正。

（一）划线更正法

在结账以前，如果发现账簿记录中数字或文字错误，过账笔误或数字计算错误，可用划线更正法进行更正。更正时，先在错误的数字或文字上划一条红线加以注销，但必须保证划去的字迹仍可清晰辨认，以备查考；然后在红线上面空白处写上正确的文字或数字，并由记账人员、会计机构负责人在更正处盖章，以明确责任。需要注意的是，对于错误的数字要整笔划掉，不能只划去其中一个或几个记错的数字。

【例6-1】在记账凭证登记账簿时，将数字18175误记为18715，不能只划去其中"71"改为"17"，而是要把"18715"全部用红线划去，并在其上方写上"18175"，即

  18175（印章）

  ~~18715~~（红线）

（二）红字更正法

（1）在记账以后，发现记账凭证中应借应贷符号、科目或金额有错误时，可采用红字更正法进行更正。更正时先用红字金额编制一笔内容与错误的记账凭证相同的分录，注明更正某年某月某日的错账，据以用红字金额登记有关账簿，冲销原来的错误记录；然后再用正常的蓝字编制正确的记账凭证，据以用正常的蓝字登记入账。

【例6-2】某企业以银行存款2 500元支付销售产品广告费。编制记账凭证时误用下列账户，并已记账。

  借：管理费用   2 500

    贷：银行存款   2 500

更正时，首先填制一张与原错误分录内容完全一样的红字金额记账凭证，并据以登记入账，冲销原错误的账簿记录。

  借：管理费用 |2 500|

    贷：银行存款 |2 500|

再用正常的蓝字编制一笔正确的记账凭证：

  借：销售费用   2 500

    贷：银行存款   2 500

（2）在记账以后，发现记账凭证中应借应贷会计科目正确，但所记金额大于应记金额的，可将多记的金额（正确数与错误数之间的差额）用红字填写一张记账凭证，据以登记入账，用以注销多记的金额。

【例6-3】某企业用银行存款归还前面业务所欠货款8 000元，但错误地编制了如下所示的会计分录并已经登记入账。

  借：应付账款   80 000

    贷：银行存款   80 000

发现错误以后，应将多记的金额用红字进行注销，其分录如下。

  借：应付账款 |72 000|

    贷：银行存款 |72 000|

(三) 补充登记

在记账以后，如果发现原编制的记账凭证中应借应贷科目虽然没有错误，但所记金额少于正确金额，可用补充登记法进行更正。

更正时，把少记的金额编制一笔与原记账凭证相同的蓝字记账凭证并注明补记某月某日的金额，将其补记入账。

【例6-4】收到某单位还欠款3 500元存入银行。原编记账凭证把金额误写为350元，并已记账。原错误分录如下。

借：银行存款　　　　　　　　　　　　　　　　　350
　　贷：应收账款　　　　　　　　　　　　　　　　　　350

发现上述错误时，可将少记的3 150元（3 500 - 350）再编一笔蓝字会计分录。

借：银行存款　　　　　　　　　　　　　　　　　3 150
　　贷：应收账款　　　　　　　　　　　　　　　　　　3 150

任务三　账务处理程序

一、账务处理程序概述

(一) 账务处理程序的含义

账务处理程序又称会计核算形式，是指在会计核算中，以账簿体系为核心，把会计凭证、账簿、记账程序和记账方法有机结合起来的技术组织方式。账簿体系是指账簿的种类、格式和各种账簿之间的相互关系。记账程序和记账方法是指从凭证的填制、账簿的登记到编制会计报表的步骤和方法。

在会计核算中，作为会计核算要素的记账方法、凭证、账簿以及会计报表等，只有有机地结合起来，才能形成完整地会计信息处理系统，为各种会计信息使用者服务。所以设计合理的账务处理程序，对于科学地组织会计核算工作，充分发挥会计的职能，更好地完成会计的任务有着十分重要的意义。

(1) 合理的账务处理程序可以保证各种会计凭证按照规定的环节和时间有条不紊地进行传递，及时登记账簿、编制会计报表，提高会计核算工作的效率。

(2) 合理的账务处理程序可以提供全面、正确、及时的会计资料，满足企业本身经营管理和外部单位对会计资料的需要。

(3) 合理的账务处理程序可以简化会计核算环节和手段，避免重复、无效的会计核算工作，从而节约人力、物力和财力。

(4) 合理的账务处理程序可以正确地组织会计核算的分工、协作，加强岗位责任制，明确经济责任，充分发挥会计的核算和监督职能。

(二) 账务处理程序的种类

由于各单位的业务性质、规模大小各不相同，设置的账簿种类、格式和各种账簿之间的相互关系以及与之相适应的记账程序和记账方法也就不完全相同。不同的账簿体系、记账程

序和记账方法相互结合在一起,就形成了不同的账务处理程序。在会计实务中,我国采用的主要账务处理程序有:

(1) 记账凭证账务处理程序;
(2) 科目汇总表账务处理程序;
(3) 汇总记账凭证账务处理程序;
(4) 日记总账账务处理程序;
(5) 多栏式日记账账务处理程序。

上述五种账务处理程序中,当前企事业单位一般采用前三种程序。本章着重介绍记账凭证账务处理程序和科目汇总表账务处理程序。

各种账务处理程序的共同特点是:第一,根据原始凭证填制记账凭证;第二,根据原始凭证和记账凭证登记日记账和明细分类账;第三,根据账簿资料编制财务报表。各种账务处理程序的根本区别在于登记总分类账的依据和方法不同。

二、记账凭证账务处理程序

(一) 记账凭证账务处理程序的概念

记账凭证账务处理程序是指对发生的经济业务事项,都是根据原始凭证或汇总原始凭证编制记账凭证,直接根据各种记账凭证逐笔登记总账的账务处理程序。它是一种最基本的账务处理程序,其他各种账务处理程序都是以这种账务处理程序为基础而发展形成的。

(二) 记账凭证账务处理程序下凭证与账簿的设置

采用记账凭证账务处理程序,凭证可以设置收款凭证、付款凭证和转账凭证用来反映日常业务发生的各种收款、付款和转账经济业务,也可以设置通用的记账凭证。设置现金日记账、银行存款日记账、总分类账和明细分类账。现金日记账、银行存款日记账、总分类账都采用三栏式,明细分类账的格式可以根据实际需要采用三栏式、数量金额式和多栏式。

(三) 记账凭证账务处理程序的工作步骤及优缺点

1. 记账凭证账务处理程序的工作步骤

(1) 根据原始凭证或汇总原始凭证填制记账凭证。
(2) 根据收、付款凭证,每日逐笔登记现金日记账、银行存款日记账。
(3) 根据原始凭证、汇总原始凭证或记账凭证,逐笔登记各种明细分类账。
(4) 根据记账凭证逐笔登记总分类账。
(5) 期末,将现金日记账、银行存款日记账和各明细分类账的余额与总分类账有关账户的余额核对。
(6) 期末,根据总分类账和有关明细分类账的数额编制会计报表。

记账凭证账务处理流程如图 6-1 所示。

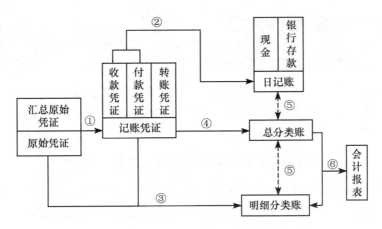

图 6-1 记账凭证账务处理流程图

2. 记账凭证账务处理程序的优缺点

记账凭证账务处理程序的优点是：第一，简单明了，易于理解；第二，手续简单，由于根据记账凭证直接登记总分类账，不进行中间汇总，会计处理十分简便；第三，总分类账可以较详细地反映经济业务的发生情况。其缺点是：直接根据记账凭证登记总分类账，登记总分类账的工作量较大。因此，记账凭证账务处理程序适用于规模较小、经济业务较少、记账凭证不多的单位。

（四）记账凭证账务处理程序的应用

【例 6-5】盛昌公司有关账户期初如表 6-1～表 6-3 所示。

（1）公司的经济业务见第五章主要经济业务核算及记账凭证填制。

（2）依据经济业务，按时间顺序编制记账凭证。

（3）根据记账凭证登记总账（本例只列示"库存现金"总账，其他总账从略），"库存现金"总账如表 6-11 所示。

表 6-11 "库存现金"总账

总 分 类 账

会计科目：库存现金

20×9年		凭证号数	摘要	借方							贷方							借或贷	余额						
月	日			十万	千	百	十	元	角	分	十万	千	百	十	元	角	分		十万	千	百	十	元	角	分
12	1		期初余额															借		5	0	0	0	0	0
12	6	现付1										3	0	0	0	0	0	借		2	0	0	0	0	0
12	10	银付8		9	9	0	0	0	0	0							借	1	0	1	0	0	0	0	0
12	10	现付2										9	9	0	0	0	0	借		2	0	0	0	0	0
12	16	现付3											2	0	0	0	0	借		1	8	0	0	0	0
12	17	现收1			5	0	0	0	0								借		2	3	0	0	0	0
12	31		期末余额	9	9	5	0	0	0	0	1	0	2	2	0	0	0	借		2	3	0	0	0	0

三、科目汇总表账务处理程序

（一）科目汇总表账务处理程序的特点

科目汇总表账务处理程序是根据记账凭证当期编制科目汇总表，然后再根据科目汇总表登记总分类账。它是在记账凭证处理程序基础上，将登记总分类账工作进行简化的一种账务处理程序。

财务处理程序

（二）科目汇总表账务处理程序下凭证与账簿的设置

在采用科目汇总账务处理程序时，根据通用记账凭证或收款凭证、付款凭证、转账凭证定期编制科目汇总表。经济业务较多的企业需要每日汇总，或三五天汇总一次，经济业务较少的企业也可十天或按月汇总。汇总时，应将该期间内的全部记账凭证，按照相同科目归类，汇总每一会计科目的借方本期发生额和贷方本期发生额，填写在科目汇总表的相关栏内，用以反映全部会计科目的本期发生额。

（三）科目汇总表账务处理程序的工作步骤及优缺点

1. 科目汇总表账务处理程序的工作步骤

（1）根据原始凭证或汇总原始凭证编制记账凭证。
（2）根据收、付款凭证逐笔登记现金日记账和银行存款日记账。
（3）根据原始凭证、汇总原始凭证和记账凭证逐笔登记各明细分类账。
（4）根据记账凭证定期地编制科目汇总表。
（5）根据科目汇总表登记总分类账。
（6）期末，将现金日记账和银行存款日记账的余额与现金总账和银行存款总账的余额进行核对，将各明细分类账的余额与有关总分类账的余额进行核对。
（7）期末，根据总分类账和明细分类账编制会计报表。

科目汇总表账务处理流程如图6-2所示。

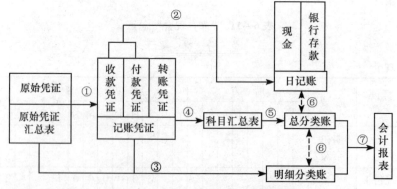

图6-2 科目汇总表账务处理流程图

2. 科目汇总表账务处理程序的优缺点

科目汇总表账务处理程序的优点是：第一，由于采取了汇总登记总分类账的方式，因而简化了总分类账的登记工作，并且科目汇总表的编制方法比较容易、简便；第二，通过编制科目汇总表，可以进行总分类账户本期借、贷方发生额的试算平衡，保证记账工作的质量。其缺点是：在科目汇总表和总分类账上，不能明确反映有关账户之间的对应关系，所以不便于分析经济活动情况,不便于查对账目。科目汇总表核算组织程序一般为经济业务量大的大中型企业所采用。

(四) 科目汇总表账务处理程序的应用

【例6-6】 盛昌公司有关账户余额如表6-1~表6-3所示。

(1) 公司的经济业务见第五章主要经济业务核算及记账凭证填制。

(2) 依据经济业务,按时间顺序编制记账凭证。

(3) 根据上述记账凭证编制科目汇总表如表6-12所示(每10天编制一次,本例只列示前10天的科目汇总表,其他从略)。

表6-12 科目汇总表

科目汇总表

20×9年12月1日至10日　　　　　　　　　　　　　　　　科汇第1号

会计科目	总账页数	本期发生额		记账凭证起止号数
		借方	贷方	
库存现金		99 000.00	102 000.00	
银行存款		1 806 800.00	414 124.00	
预付账款		15 000.00		
其他应收款		3 000.00		
在途物资		183 600.00		
原材料		62 400.00		
固定资产	(略)	220 000.00		(略)
短期借款			100 000.00	
应付账款		70 200.00	70 200.00	
应付职工薪酬		99 000.00		
应交税费		60 124.00	46 800.00	
长期借款			800 000.00	
实收资本			726 000.00	
主营业务收入			360 000.00	
合计		2 619 124.00	2 619 124.00	

(4) 根据科目汇总表登记总账(本例只列示"原材料"总账,其他总账从略),"原材料"总账如表6-13所示。

表6-13 "原材料"总账

总 分 类 账

会计科目:原材料

20×9年		凭证号数	摘要	借方									贷方									借或贷	余额								
月	日			十	万	千	百	十	元	角	分		十	万	千	百	十	元	角	分			十	万	千	百	十	元	角	分	
12	1		期初余额																			借			8	7	6	0	0	0
12	11	科汇1				6	2	4	0	0	0											借			7	1	1	6	0	0
12	21	科汇2			1	9	9	6	0	0	0											借		2	7	0	7	6	0	0
12	31	科汇3												2	2	7	0	0	0	0	0	借			4	3	7	6	0	0
12	31		期末余额		2	6	2	0	0	0	0			2	2	7	0	0	0	0	0	借			4	3	7	6	0	0

情 境 小 结

本情境主要阐述了会计账簿的设置和登记方法、错账更正法和账务处理程序。

会计账簿是由具有一定格式、互有联系的若干账页所组成，以会计凭证为依据，用以全面、系统、序时、分类、连续地记录各项经济业务的簿记。账簿可以按不同标准进行分类，按用途不同可以分为序时账簿、分类账簿和备查账簿；按外表形式不同可以分为订本式账簿、活页式账簿和卡片式账簿；按账页格式不同分类，可分为三栏式账簿、多栏式账簿和数量金额式账簿。

总分类账是按照总分类账户分类登记全部经济业务的账簿。每个单位均需设置总分类账，总分类账一般采用借方、贷方、余额三栏式的订本账。明细分类账是按明细分类账户详细记录某一经济业务的账簿。各个单位在设置总分类账的基础上，还应根据管理的需要，按照总账科目设置若干必要的明细分类账，作为总分类账的必要补充。根据管理的要求和明细分类账记录的经济内容，明细分类账主要有三栏式明细分类账、多栏式明细分类账和数量金额式明细分类账三种格式。

在建账的基础上，会计人员应根据审核无误的记账凭证，按照账簿登记规则登记各种账簿。如在登账过程中发生错误应根据情况采用相应的更正方法予以更正。

账务处理程序又称会计核算形式，是指在会计核算中，以账簿体系为核心，把会计凭证、账簿、记账程序和记账方法有机结合起来的技术组织方式。账簿体系是指账簿的种类、格式和各种账簿之间的相互关系。本章中主要讲述了记账凭证账务处理程序和科目汇总表账务处理程序。

同步强化练习

一、名词解释

1. 账簿　　　2. 日记账　　　3. 分类账　　　4. 总分类账
5. 明细分类账　6. 备查簿　　7. 划线更正法　8. 账务处理程序

二、单项选择题

1. 按照经济业务发生或完成时间的先后顺序逐日逐笔连续登记的账簿是（　　）。
   A. 明细分类账　　B. 总分类账　　C. 日记账　　D. 备查账
2. 用于分类记录单位的全部交易或中项，提供总括核算资料的账簿是（　　）。
   A. 总分类账　　B. 明细分类账　　C. 日记账　　D. 备查账
3. 债权债务明细分类账一般采用（　　）。
   A. 多栏式明细分类账　　　　　　B. 数量金额式明细分类账
   C. 横线登记式账簿　　　　　　　D. 三栏式账簿
4. 下列明细分类账中，应采用数量金额式账簿的是（　　）。
   A. 应收账款明细账　　　　　　　B. 应付账款明细账
   C. 库存商品明细账　　　　　　　D. 管理费用明细账
5. 下列明细账中，不宜采用三栏式账页格式的是（　　）。

A. 应收账款明细账 　　　　　　　B. 制造费用明细账
C. 管理费用明细账 　　　　　　　D. 生产成本明细账

6. 下列账簿中，一般情况下不需根据记账凭证登记的账簿是（　　）。
   A. 总分类账　　B. 明细分类账　　C. 备查账　　D. 日记账

7. 记账人员根据记账凭证登记完账簿后，要在记账凭证上注明已记账的符号，主要是为了（　　）。
   A. 便于明确记账责任 　　　　　B. 避免重记或漏记
   C. 避免错行或隔页 　　　　　　D. 防止凭证丢失

8. 现金日记账和银行存款日记账应当（　　）。
   A. 定期登记　　B. 序时登记　　C. 汇总登记　　D. 合并登记

9. 下列账簿中，要求必须逐日结出余额的是（　　）。
   A. 债权债务明细账 　　　　　　B. 现金日记账和银行存款日记账
   C. 总账 　　　　　　　　　　　D. 财产物资明细账

10. 下列账簿中，可以采用卡片式账簿的是（　　）。
    A. 固定资产总账 　　　　　　　B. 固定资产明细账
    C. 日记总账 　　　　　　　　　D. 日记账

11. 总账、现金日记账和银行存款日记账应采用（　　）。
    A. 活页账　　B. 订本账　　C. 卡片账　　D. 以上均可

12. 记账人员在登记账簿后，发现所依据的记账凭证中使用的会计科目有误，则更正时应采用的更正方法是（　　）。
    A. 涂改更正法　　B. 划线更正法　　C. 红字更正法　　D. 补充登记法

13. 记账凭证填制正确，记账时文字或数字发生笔误引起的错账，应采用（　　）进行更正。
    A. 划线更正法　　B. 重新登记法　　C. 红字更正法　　D. 补充登记法

14. 根据记账凭证逐笔登记总分类账的是（　　）财务处理程序的主要特点。
    A. 汇总记账凭证　　B. 科目汇总表　　C. 多栏式日记账　　D. 记账凭证

15. 科目汇总表账务处理程序和汇总记账凭证账务处理程序的主要相同点是（　　）。
    A. 登记总账的依据方法相同 　　B. 汇总凭证的格式相同
    C. 记账凭证的汇总方法相同 　　D. 凭证的汇总及记账步骤相同

16. 记账凭证账务处理程序的特点是（　　）。
    A. 根据记账凭证逐笔登记总账 　　B. 根据汇总记账凭证登记总账
    C. 根据记账凭证汇总表登记总账 　　D. 根据多栏式日记账登记总账

17. 下列凭证中，不能用来登记总分类账的是（　　）。
    A. 原始凭证　　B. 记账凭证　　C. 科目汇总表　　D. 汇总记账凭证

18. 科目汇总表的缺点主要是不能反映（　　）。
    A. 账户借方、贷方发生额 　　　B. 账户借方、贷方余额
    C. 账户对应关系 　　　　　　　D. 账户借方、贷方发生额合计

19. 记账人员根据正确的记账凭证登记账簿时，误将某账户的2 000元现金金额记为200元，则该项错账应采用（　　）进行更正。
    A. 红字冲账法　　B. 红字更正法　　C. 补充登记法　　D. 划线更正法

三、多项选择题

1. 会计账簿按用途分为（   ）。
   A. 日记账　　　　B. 分类账　　　　C. 总账　　　　D. 备查账
2. 会计账簿按外形特征可分为（   ）。
   A. 多栏式账簿　　B. 订本式账簿　　C. 活页式账簿　　D. 卡片式账簿
3. 下列账簿的账页，可以采用三栏式的有（   ）。
   A. 应收账簿明细账　　　　　　　B. 应付账款明细账
   C. 管理费用明细账　　　　　　　D. 原材料明细账
4. 下列账簿中应采用数量金额式账簿的有（   ）。
   A. 应收账簿明细账　　　　　　　B. 应付账款明细账
   C. 库存商品明细账　　　　　　　D. 原材料明细账
5. 活页账的主要优点有（   ）。
   A. 可以根据实际需要随时插入空白账页　　B. 可以防止账页散失
   C. 可以防止记账错误　　　　　　D. 便于分工记账
6. 会计账簿的基本构成包括（   ）。
   A. 封面　　　　　B. 扉页　　　　　C. 使用说明　　　D. 账页
7. 可以用红色墨水记账的情形有（   ）。
   A. 按照红字冲账的记账凭证，冲销错误记录
   B. 在不设借贷等栏的多栏式账页中，登记减少数
   C. 在三栏式账户的余额栏前，如未印明余额方向的，在余额栏内登记负数余额
   D. 在三栏式账户的余额栏前，印明余额方向的，也可以在余额栏内登记负数余额
8. 下列可以作为登记总分类账依据的有（   ）。
   A. 转账凭证　　　　　　　　　　B. 现金、银行存款收付款凭证
   C. 原始凭证　　　　　　　　　　D. 科目汇总表
9. 科目汇总表（   ）。
   A. 起到试算平衡作用　　　　　　B. 反映各科目借、贷方本期发生额
   C. 不反映各科目之间的对应关系　D. 反映各科目之间的对应关系
10. 记账错误主要表现为漏记、重记和错记三种。错记又表现为（   ）等。
    A. 会计科目错记　B. 记账方向错记　C. 金额错记　　　D. 记账墨水错用
11. 下列错账更正方法中，可用于更正因记账凭证错误而导致账簿记录错误的方法有（   ）。
    A. 划线更正法　　B. 差数核对法　　C. 红字更正法　　D. 补充登记法
12. 在各种会计账务处理程序下，明细分类账可以根据（   ）登记。
    A. 原始凭证　　　B. 原始凭证汇总表　C. 记账凭证　　D. 汇总记账凭证
13. 在科目汇总表账务处理程序下，记账凭证是用来（   ）的依据。
    A. 登记现金日记账　　　　　　　B. 编制科目汇总表
    C. 登记明细分类账　　　　　　　D. 登记总分类账
14. 各种账务处理程序所具有的共同点是（   ）。
    A. 根据记账凭证登记总分类账

B. 根据收款凭证、付款凭证登记现金日记账、银行存款日记账
C. 根据原始凭证编制汇总原始凭证
D. 根据总账和明细账编制会计报表

15. 错账的更正方法，主要有（　　）。
   A. 划线更正法　　B. 刮擦更正法　　C. 补充登记法　　D. 红字更正法

16. 在下列错误中，应采用红字更正法进行更正的是（　　）。
   A. 记账凭证无误，但记账记录有数字错误
   B. 因记账凭证中的会计科目错误而引起的账簿记录错误
   C. 记账凭证中的会计科目正确但所记金额大于应记金额而引起的账簿记录错误
   D. 记账凭证中的会计科目正确但所记金额小于应记金额而引起的账簿记录错误

四、判断题

1. 现金日记账的借方是根据收款凭证登记的，贷方是根据付款凭证登记的。（　　）
2. 各单位不得违反会计法和国家统一的会计制度的规定私设会计账簿。（　　）
3. 日记账应逐日逐笔顺序登记，总账可以逐笔登记，也可以汇总登记。（　　）
4. 活页式账簿便于账页的重新排列和记账人员的分工，但账页容易散失和被随意抽换。（　　）
5. 总账不论采用何种形式，都必须采用订本式账簿，以保证总账记录的安全和完整。（　　）
6. 会计账簿登记中，如果不慎发生隔页，应立即将空页撕掉，并更改页码。（　　）
7. 原材料明细账的每一账页登记完毕结转下页时，可以只将每页末的余额结转次页，不必将本页的发生额结转次页。（　　）
8. 如果发现以前年度记账凭证中会计科目和金额有错误并已导致账簿出现差错，也可以采用红字更正法予以更正。（　　）
9. 根据具体情况，会计人员可以使用铅笔、圆珠笔、钢笔、蓝黑墨水或红色墨水填制会计凭证，登记账簿。（　　）
10. 若发现记账凭证上应记科目和金额错误，并已登记入账，则可将填错的记账凭证销毁，并另填一张正确的记账凭证，据以入账。（　　）
11. 科目汇总表账务处理程序中，每月可以编制多张科目汇总表。（　　）
12. 科目汇总表账务处理程序和汇总记账凭证账务处理程序的主要相同点是汇总的方法一致。（　　）
13. 在不同的账务处理程序下，报表的编制方法也不尽相同。（　　）
14. 无论采用何种账务处理程序，明细账既可以根据记账凭证登记也可以根据部分原始凭证或是原始凭证汇总表登记。（　　）
15. 编制会计报表前，应该进行试算平衡。（　　）

五、简答题

1. 什么是账簿？有了会计凭证，为什么还要设置账簿？
2. 账簿有哪些种类？它们分别用于登记哪些方面的业务？
3. 试述现金日记账和银行存款日记账的内容和登记方法。

4. 试述总分类账的格式。
5. 明细分类账有哪几种格式？各应如何登记？
6. 试述账簿的启用规则和登记规则。
7. 试述总分类账与明细分类账的平行登记。
8. 更正错账的方法有哪几种？各种更正方法的特点和适用条件是什么？
9. 什么是账务处理程序？合理组织账务处理程序有什么意义？
10. 简述记账凭证账务处理程序的特点。
11. 简述科目汇总表账务处理程序的特点。

六、业务处理题

兴海公司 20×9 年 12 月 1 日各账户余额如表 6-14～表 6-16 所示。

表 6-14 总账和明细账期初余额表

总账账户	明细账户	借方余额	贷方余额
库存现金		20 000	
银行存款		2 800 000	
应收账款		10 000	
	——万方公司		
	——兴华公司	10 000	
预付账款			
	——海天公司		
其他应收款			
	——王红		
坏账准备			500
在途物资			
	——A 材料		
	——B 材料		
原材料		125 000	
	——A 材料	63 000	
	——B 材料	62 000	
库存商品		409 500	
	——甲产品	203 600	
	——乙产品	205 900	
固定资产		1 100 000	
累计折旧			42 485
短期借款			150 000
应付账款			50 000
	——欣欣公司		
	——利丰公司		50 000
预收账款			
	——大发公司		

续表

总账账户	明细账户	借方余额	贷方余额
应付职工薪酬			30 000
	——工资		30 000
应交税费			
	——应交增值税		
	——应交城建税		
	——应交教育费附加		
	——应交所得税		
应付利息			
应付股利			
长期借款			350 000
实收资本			2 550 000
资本公积			500 000
盈余公积			255 900
本年利润			
利润分配			532 015
	——未分配利润		532 015
	——提取盈余公积		
	——应付股利		
生产成本			
	——甲产品		
	——乙产品		
制造费用			
主营业务收入			
主营业务成本			
税金及附加			
销售费用			
管理费用			
财务费用			
营业外支出			
所得税费用			

表 6-15 原材料明细分类账户期初余额表

名 称	数量/千克	单位成本/(元·千克$^{-1}$)	金额/元
A 材料	3 000	21	63 000
B 材料	2 000	31	62 000
合计	5000		125 000

表 6-16 库存商品明细分类账户期初余额表

名 称	数量/件	单位成本/(元·件$^{-1}$)	金额/元
甲产品	2 000	101.8	203 600
乙产品	1 000	205.9	205 900
合计	3 000		409 500

要求：根据以上资料完成兴海公司的建账工作，并根据子情境五实训所编凭证登记相应账簿。

子情境七
对账和结账

【学习目标】
1. 了解对账的内容。
2. 掌握存货的盘存制度、财产清查的方法、财产清查的账务处理和结账的内容。
3. 能够运用所学知识进行货币资金和实物资产的清查，能够编制银行存款余额调节表，并能够对账实不符的情况进行账务处理。

任务一　对　　账

一、对账的意义

对账就是定期将各种账簿记录与有关资料进行核对的工作。在会计工作中，由于客观或人为的原因，难免会发生各种各样的差错，造成有关资料中有钩稽关系的数据不相符的情况。为了保证会计资料的真实性、准确性，为编制财务报表提供准确可靠的数据资料，各单位必须建立对账制度，经常或定期对账，尤其在结账以前必须对账。

二、对账的内容

（一）账证核对

账证核对是指将各种账簿记录与有关原始凭证、记账凭证的时间、凭证字号、内容、金额进行核对，检查是否一致，记账方向是否相符。

账簿是根据经过审核的会计凭证登记的，但实际工作中仍然可能发生账证不符的情况。因此，登记账簿后，要将账簿记录与会计凭证进行核对，做到账证相符。

（二）账账核对

账账核对是指核对不同的会计账簿之间的账簿记录是否相等。各个会计账簿是一个有机的整体，既有分工，又有衔接，总的目的就是全面、系统、综合地反映企事业单位的经济活动与财务收支情况。各种账簿之间的这种衔接关系就是常说的钩稽关系。账簿之间的核对包括以下内容。

1. 总分类账的核对

期末通过编制总分类账户本期发生额及余额表，核对当期全部总分类账户的本期借方发生额合计数与本期贷方发生额合计数是否相符，全部总分类账户期末借方余额合计数与期末贷方余额合计数是否相符。如果核对不符，则应查明原因，直到相符为止。

2. 总账与明细账的核对

期末通过编制明细分类账户本期发生额及余额表，核对各明细分类账户之和与所属的总分类账户的发生额是否相符，方向是否一致；核对各明细分类账户的余额之和与其所属的总分类账户的余额是否相符，方向是否一致。

3. 总账与日记账的核对

核对"库存现金""银行存款"总账的借贷方发生额合计及余额与同期现金日记账、银行存款日记账的借贷方发生额合计及余额是否相符。

4. 明细账的核对

核对会计部门的各种财产物资明细账的期末余额与财产物资保管部门和使用部门的有关财产物资的明细账期末余额是否相符。

（三）账实核对

账实核对是指各项财产物资、债权债务等账面余额与实有数额之间的核对。具体内容包括：

（1）核对现金日记账的账面余额与库存现金实存数是否相符。核对时，不准以白条抵存库存现金；

（2）核对银行存款日记账账面余额与银行对账单的余额是否相符；

（3）核对各项财产物资明细账账面余额与财产物资的实有数额是否相符；

（4）核对有关债权债务明细账账面余额与对方单位的账面记录是否相符等。

有关账实核对的具体内容详见任务二财产清查。

任务二　财　产　清　查

一、财产清查的概述

（一）财产清查的意义

财产清查是指通过对货币资金、实物和往来款项的盘点和核对，确定其实存数，查明其账实是否相符的一种专门的核算方法。

根据企业会计核算的要求，应做到账实相符。但由于主观和客观原因，可能会造成账实之间发生差异。造成账实不符的原因归纳起来主要有以下三个方面。

首先，账面记录原因：由于原始凭证或记账凭证的差错而导致账簿记录错误；由于经济业务发生后没有填制或取得凭证而造成账簿无记录；由于会计人员疏忽而造成的重登、漏登、错登等。

其次，管理方面原因：在财产物资收发过程中，由于检验不准确而造成的品种、数量上的差错；由于保管不善或工作人员失职造成的财产物资损坏、霉烂等；由于贪污、盗窃、舞弊等违纪行为造成的财产物资损失。

最后，客观原因：财产物资保管过程中发生自然升溢或自然损耗；发生自然灾害形成的损失；由于凭证传递时间不一致造成的未达账项。

正是由于以上原因，影响了账实的一致性，为了保证会计资料真实可靠，保证账实相符，就必须对各种财产物资进行定期或不定期的清查。

财产清查是发挥会计监督职能的一种必要手段，它对于正确组织会计核算、改善经营管理、维护财经纪律、保护企业财产等方面，都具有重要意义。

1. 账实相符能保证会计资料的真实可靠

通过财产清查，可以查明各项财产物资的实际结存数，将其与账存数核对，以查明账实是否相符，以及账实不符的原因，并按照规定的程序调整账存数，做到账实相符，从而保证会计资料的真实性。

2. 加强经济责任制，保护财产物资的安全与完整

通过财产清查，可以查明各项财产物资的实际保管情况，有无因管理不善而造成的毁损、霉烂变质、短缺、盗窃等情况，以便及时采取相应的措施，改善管理，加强经济责任制，保护财产物资的安全完整。

3. 充分发挥财产物资潜力，加速资金周转

通过财产清查，可以查明财产物资的储备和利用情况，有无超储积压或储备不足，促使企业充分挖掘财产物资的潜力，加速资金周转，提高资金使用效率。

4. 加强法制观念，维护财经纪律

通过财产清查，可以查明企业在财经纪律和有关制度方面的遵守情况，有无贪污、挪用、损失、浪费等情况，有无故意拖欠税款、偷税、漏税等情况，有无不合理的债权债务，是否遵守结算制度。如果发现问题，可及时采取措施予以纠正，或进行相应的处理，从而加强人们的法制观念，以维护财经纪律。

（二）财产清查的种类

1. 按照清查的范围，分为全面清查和局部清查

（1）全面清查是指对企业所有的财产物资进行全面的盘点和核对。全面清查一般在以下情况下进行：在年度决算之前，为确保年度会计报表的真实可靠，组织一次全面清查；企业破产、撤销、合并或改变隶属关系时，为了明确经济责任和确定资产、负债的实际数，要进行一次全面清查；在核定资本金或资产评估时，也要进行全面清查。

（2）局部清查是指根据需要，对一部分财产物资所进行的盘点与核对。它一般在以下情况下进行：对流动性较大的物资，如原材料、在产品、产成品等，除在年度决算前进行全面盘点外，每月、每季还要进行轮流盘点或抽查；对各种贵重物资，每月应对其盘点清查一次；对于债权、债务，每季度进行核对一次；对于库存现金，每日业务终了时，应由出纳员自行清点实存数与日记账结存额保持相符；对于银行存款和短期借款应每月与银行核对一次；遭受自然灾害或发生盗窃事件，以及更换实物保管人时，也要进行局部清查。

2. 按照清查的时间，分为定期清查和不定期清查

（1）定期清查是指按照预先安排的时间，对财产物资、货币资金和债权债务等进行的清查。这种清查通常是在年终、季末、月末结账时进行。其清查对象和范围，根据实际需要而决定，可以进行全面清查，也可以进行局部清查。

（2）不定期清查是指事先并无规定清查的时间，而是根据实际需要所进行的清查。它属于临时性的清查，其范围是根据需要而决定的。一般在以下情况下进行：更换财产物资或库存现金保管人员时，要对其保管财产物资或库存现金进行清查，以分清保管人员的经济责任；上级主管部门和财政、银行以及审计部门对企业进行检查时，应根据检查的要求和范围

进行清查；发生非常灾害或意外时，对受灾损失有关的财产物资进行清查，以查明遭受损失情况；企业实行股份制、吸收外商投资、对外联营投资或合并、改组时，要对财产物资进行清查。

二、财产物资的盘存制度

企业确定各项存货期末账面结存数量方法有两种制度：永续盘存制和实地盘存制。

（一）永续盘存制

永续盘存制，亦称账面盘存制，是根据账簿记录计算账面结存数量的方法。采用这种制度，平时对各项存货的增加数和减少数，都要根据会计凭证连续记入有关账簿，可以随时根据账簿记录结出账面结存数。账面结存数量的计算公式为

$$期末存货账面结存金额 = 期初存货账面结存金额 + 本期存货增加金额 - 本期存货减少金额$$

【例 7-1】某企业 A 材料的期初结存及购进和发出的有关资料如下：

12 月 1 日，结存 300 千克，单价 110 元，金额 33 000 元；12 月 6 日，发出 200 千克；12 月 11 日，购进 400 千克，单价 110 元，金额 44 000 元；12 月 18 日，购进 100 千克，单价 110 元，金额 11 000 元；12 月 25 日，发出 500 千克。

根据上述资料，采用永续盘存制，在 A 材料明细账上的记录如表 7-1 所示。

表 7-1 原材料明细账

原材料明细账

品名：A 材料　　　　　　　　　　　　　　　　　　　　　　　　　单位：千克，元

20×9年		凭证	摘要	收入			发出			结存		
月	日			数量	单价	金额	数量	单价	金额	数量	单价	金额
12	1	略	期初							300	110	33 000
12	6		发出				200	110	22 000	100	110	11 000
12	11		购进	400	110	44 000				500	110	55 000
12	18		购进	100	110	11 000				600	110	66 000
12	25		发出				500	110	55 000	100	110	11 000
12	30		合计	500	110	55 000	700	110	77 000	100	110	11 000

通过例 7-1 可以看出，采用永续盘存制的存货盘存制度，可以在 A 材料明细账中对 A 材料的收入、发出情况进行连续登记，且随时结出账面结存数，便于随时掌握存货的占用情况及其动态，有利于加强对存货的管理。其不足之处在于账簿中记录的存货的增、减变动及结存情况都是根据有关会计凭证登记的，可能发生账实不符的情况。因此，采用永续盘存制，需要对各项存货定期进行清查，以查明账实是否相符，以及账实不符的原因。

（二）实地盘存制

实地盘存制，亦称定期盘存制，不同于永续盘存制。采用这种制度，平时只根据会计凭

证在账簿中登记各项存货的增加数,不登记减少数,到月末,对各项存货进行盘点,根据实地盘点或技术推算盘点确定的实存数作为账面结存数量,再倒挤计算出本期各项存货的减少数。计算公式为

期末存货结存金额 = 期末存货盘点数量 × 存货单价

本期存货减少金额 = 期初存货账面结存金额 + 本期存货增加金额 − 期末存货结存额

【例7−2】如前例,期末盘点,A 材料的结存数量为95千克,采用实地盘存制登记 A 材料明细账如表7−2所示。

表7−2 原材料明细账

原材料明细账

品名:A 材料　　　　　　　　　　　　　　　　　　　　　　　　　　　　单位:千克,元

20×9年		凭证		摘要	收入			发出			结存		
月	日	字	号		数量	单价	金额	数量	单价	金额	数量	单价	金额
12	1			期初							300	110	33 000
12	11			购进	400	110	44 000				700	110	77 000
12	18			购进	100	110	11 000				800	110	88 000
12	30			盘点							95	110	10 450
12	30			发出				705	110	77 550			
12	31			合计	500	110	55 000	705	110	77 550	95	110	10 450

通过例7−2可以看出,采用实地盘存制的存货盘存制度,平时在明细账中记录购进成本,不记录发出的数量和金额,虽可以简化存货的核算工作,但各项存货的减少数计算缺少严密的手续,不便于实行会计监督和实物管理。倒挤出的各项存货的减少数中成分复杂,用途不明,无法进行分析和考核。如上例中的结转减少的705千克 A 材料,除了正常耗用之外,可能还有非正常减少的因素存在:或为毁损,或为丢失,或被盗窃,对此是无法进行判断的。

两种盘存制度都有利弊,但二者相比较,永续盘存制能够加强对存货的管理,能够及时提供有用的资料。因而在实际工作中,绝大部分存货都采用永续盘存制。只有一些价值低、品种多、收发频繁的存货采用实地盘存制。

三、财产清查的方法

(一)财产清查前的准备工作

1. 组织准备

进行财务清查要成立财产清查领导小组,有计划、有组织地进行。特别是全面清查更应在单位负责人的领导下,由领导干部、专业人员和职工代表参加的清查领导小组负责清查工作,制订清查工作计划,明确清查范围、进程,确定具体工作人员的分工和职责,检查清查工作质量,总结清查工作经验教训,提出清查结果的处理意见。

2. 账簿记录的准备

财产清查是为了检查账实相符情况,所以清查前要把有关账目的收发登记齐全,结出余

额,并对总账和明细账核对清楚,保证账证相符,账账相符。只有账证相符,账账相符,才能进行账面结存与实物结存的核对工作。

3. 实物整理的准备

财产物资保管部门和保管人员应在进行财产清查之前,将准备清查的财产物资整理清楚,按类别、组别存放整齐。

4. 度量衡器的准备

财产清查前要准备各种必要的度量衡器,并校正准确。

此外,还要准备有关清查的登记表册。在进行银行存款、银行借款和有关结算款项的清查时,还应取得对账所需的有关资料。

(二) 货币资金的清查

1. 库存现金的清查

对库存现金的清查主要采用实地盘点法。通过实地盘点来确定库存现金的实存数,然后再与现金日记账的账面余额核对,以查明账实是否相符及盘盈盘亏情况。

库存现金的清查包括出纳人员每日终了前进行的现金账款核对和清查小组进行的定期和不定期的现金盘点、核对。清查小组在盘点现金时,出纳人员必须在场。清查的内容主要是检查是否存在违反现金管理规定、挪用现金、白条顶库、超过限额留存现金等现象,以及账实是否相符等。

库存现金盘点结束后,应根据盘点的结果以及与现金日记账核对的情况,填入"现金盘点报告表",如表7-3所示,由盘点人员、出纳人员及有关负责人签字盖章,并据以调整账簿记录。

表7-3 现金盘点报告表

现金盘点报告表

单位名称:　　　　　　　　　　年　月　日　　　　　　　　　单位:元

实存金额	账存金额	实存与账存对比		备注
		盘盈	盘亏	

盘点人签章:　　　　　　　　　　　　　　　　　　　　出纳员签章:

2. 银行存款的清查

银行存款的清查是采用与开户银行核对账目的方法进行的。就是将本单位的银行存款日记账与开户银行转来的对账单逐笔进行核对,以确定双方银行存款收入、付出及其余额的账簿记录是否正确的一种方法。为加强银行存款的管理和监督,企业应按规定时间(至少每月一次)与开户银行核对银行存款日记账。

企业的银行存款与银行对账单的余额不一致,除记账错误外,还可能存在未达账项。所谓未达账项,是指开户银行和本单位之间,对于同一款项的收付业务,由于凭证传递时间不同,导致记账时间的不一致,发生的一方已取得结算凭证登记入账,而另一方由于尚未取得结算凭证尚未入账的会计事项。开户银行和本单位之间的未达账项有以下四种情况。

(1) 企业已收,银行未收款。即企业已经入账而银行尚未入账的收入事项。如企业销售产品收到支票,送存银行后即可根据银行盖章的"进账单"回单联,登记银行存款的增加,而银行则不能马上登记增加,要等款项收妥后再记增加。如果此时对账,就会形成企业已收,银行未收款的现象。

(2) 企业已付,银行未付款。即企业已经入账而银行尚未入账的付出事项。如企业开出一张支票支付购料款,企业可根据支票存根联、发货票等凭证,登记银行存款的减少。而持票人尚未将支票送往银行,银行由于尚未接到支付款项的凭证尚未记减少,如果此时对账,则形成企业已付,银行未付款的现象。

(3) 银行已收,企业未收款。即开户银行已经入账而企业尚未入账的收入事项。如外地某单位给企业汇来款项,银行收到汇单后,登记存款增加,企业由于尚未收到汇款凭证尚未登记银行存款增加。如果此时对账就形成了银行已收,企业未收款的现象。

(4) 银行已付,企业未付款。即银行已经入账而企业尚未入账的付出事项。如银行代企业支付款(如水电费等),银行取得支付款项的凭证已记银行存款减少,企业由于尚未接到凭证尚未登记银行存款减少。如果此时对账,则形成银行已付,企业未付款的现象。

上述任何一种未达账项存在,都会使企业银行存款日记账余额与开户银行转来的对账单的余额不符。因此,在与银行对账时,应首先查明有无未达账项,如果有未达账项可编制"银行存款余额调节表",对未达账项调整后,再确定企业与开户银行之间双方记账是否一致,双方的账面余额是否相符。

【例7-3】某企业12月银行存款日记账的余额为280 000元,银行对账单余额为370 000元,经过逐笔核对,查无错账,但有以下四笔未达账项:

(1) 企业收到一张10 000元的销货款支票,已记银行存款增加,银行尚未记增加;

(2) 企业开出一张90 000元支付购料款支票,已记银行存款减少,而持票人尚未将支票送达银行,银行尚未入账记减少;

(3) 银行收到外地某单位汇来的本企业销货款50 000元,银行已登记增加,企业尚未接到收款通知,未入账;

(4) 银行代企业支付电费40 000元,银行已登记减少,而企业尚未收到付款通知,未入账。根据以上资料编制"银行存款余额调节表",调整双方余额,"银行存款余额调节表"的格式如表7-4所示。

表7-4 银行存款余额调节表

银行存款余额调节表
20×9年12月31日
单位:元

项目	金额	项目	金额
企业银行存款日记账余额	280 000	银行对账单余额	370 000
加:银行已收,企业未收款	50 000	加:企业已收,银行未收款	10 000
减:银行已付,企业未付款	40 000	减:企业已付,银行未付款	90 000
调节后的存款余额	290 000	调节后的存款余额	290 000

采用这种方法进行调节,双方调节后的余额相等,就说明企业当时实际可以动用的款项为 290 000 元。

需要注意的是"银行存款余额调节表"只能起到对账作用。编制"银行存款余额调节表"的目的,也只是为了检查账簿记录的正确性,并不是要更改账簿记录。对于银行已经入账而单位尚未入账的业务和本单位已经入账而银行尚未入账的业务,均不能作账务处理。待以后有关业务的凭证实际到达后,再进行账务处理。

(三) 实物资产的清查

1. 确定财产物资账面结存数的方法

正确地确定财产物资的数量是进行财产物资计价与核算的基础,而财产物资期末数量的确定方法又取决于存货的盘存制度。依据实物资产所适用的盘存制度来确定财产物资的账面结存价值。

2. 清查实物资产

不同种类的财产物资,由于其实物形态、体积、重量、堆放方式不同,采用的清查方法,一般采用的有实地盘点和技术推算盘点两种。

(1) 实地盘点。实地盘点是指在财产物资堆放现场进行逐一清点数量或计量仪器确定实存数的一种方法。这种方法适用范围广,要求严格,数字准确可靠,清查质量高,但工作量大。如果事先按财产物资的实物形态进行科学的码放,如五五排列、三三制码放等,都有助于提高清查的速度。

(2) 技术推算盘点。技术推算盘点是利用技术方法,例如量方计尺等对财产物资的实存数进行推算的一种方法。这种方法适用于大量成堆,难以逐一清点的财产物资。

为了明确经济责任,进行财产物资盘点时,有关财产物资的保管人员必须在场,并参加盘点工作。对各项财产物资的盘点结果,应逐一如实地登记在"盘存单"上,并由参加盘点的人员和实物保管人员同时签章生效。"盘存单"是记录各项财产物资实存数量盘点的书面证明,也是财产清查工作的原始凭证之一。"盘存单"一般格式如表 7 - 5 所示。

表 7 - 5 盘存单

盘 存 单

单位名称:　　　　　　　　　　　　　　　　　　　编号:
盘点时间:　　　　　　　财产类别:　　　　　　　存放地点:

编 号	名 称	计量单位	数 量	单 价	金 额	备 注

盘点人签字或盖章:　　　　　　　　　实物保管人签字或盖章:

盘点完毕,将"盘存单"中所记录的实存数额与账面结存余额相对,发现财产物资账实不符时,填制"实存账存对比表",确定财产物资盘盈或盘亏的数额。"实存账存对比表"是财产清查的重要报表,是调整账面记录的原始凭证,也是分析盈亏原因,明确经济责任的重要依据,应严肃认真填报。"实存账存对比表"一般格式如表 7 - 6 所示。

表7-6 实存账存对比表

实存账存对比表

单位名称： 　　　　　　　　　　　年　月　日

编号	类别及名称	计量单位	单价	实存		账存		差异				备注
								盘盈		盘亏		
				数量	金额	数量	金额	数量	金额	数量	金额	

主管人员： 　　　　　　　会计： 　　　　　　　制表：

（四）债权债务的清查

债权债务的清查主要是指对各种应收款、应付款、预收款、预付款的清查。企业应将欲清查的有关结算款项全部登记入账，并保证账簿记录完整、正确。债权债务的清查一般采用发函证的方法进行核对，包括信函、电函、传真、E-mail 等查询方式与对方单位核对账目。

对于企业内部各部门的应收、应付款项，可以确定一个时间，由各部门财产清查人员、会计人员直接根据账簿记录进行核对；对于本单位职工的各种代垫、代付款项、预借款等，通常采用抄列清单与本人核对或定期公布的方法加以核查。

对于外部各单位的往来款项，一般根据有关明细账资料按往来单位编制"往来款项对账清单"（如表7-7所示），寄交对方单位进行核对。"往来款项对账清单"一般一式两联，一联作为回单，对方单位核对无误后应在回单上盖章后退回本单位；如果发现数额不符，应在回单上注明不符情况（盖章）或者另抄账单退回，以便进一步核对。

表7-7 往来款项对账清单

往来款项对账清单

_____单位：

你单位于2019年11月5日到我厂购买A产品500件，已付货款30 000元，尚有50 000元款未付，请核对后将回联单寄回。

清查单位：（盖章）

　　　　　　　　　　　　　　　　　　　　　　　2019年12月20日

沿此虚线裁开，将以下回联单寄回！

往来款项对账清单（回联）

_____清查单位：

你单位寄来的"往来款项对账清单"已收到，经核对相符无误。

　　　　　　　　　　　　　　　　　　　　　　　单位（公章）

　　　　　　　　　　　　　　　　　　　　　　　2019年12月28日

四、财产清查结果的处理

(一) 财产清查结果处理的要求和程序

1. 财产清查结果处理的要求

财产清查结果必须按照国家有关财务制度的规定进行处理,应达到以下基本要求。

(1) 分析产生差异的原因和性质,提出处理建议。财产清查所发现的实存数与账存数的差异,先应进行对比,核定其相差数额,然后调查并分析产生差异的原因,明确经济责任,提出处理意见,处理方案应按规定的程序报请审批。

(2) 积极处理多余积压的财产,清理往来款项。财产清查的任务不仅是核对账实,而且要通过清查,发现经营管理中存在的问题。如果发现企业多余积压的呆滞物资及长期不清或有争执的债权、债务,应当按规定程序报请批准后及时处理。积压物资除在企业内部尽量利用外,应积极组织调拨或销售;债权、债务方面存在的问题应指定专人负责,查明原因,限期整理。

(3) 总结经验教训,建立健全各项管理制度。企业针对财产清查中暴露出来的问题,通过分析,若是由于规章不严、制度未落实所造成的,说明管理中存在薄弱环节,必须针对管理中存在的不足,提出改进工作的措施,建立健全切实可行的财产管理制度。

(4) 及时调整账簿记录,保证账实相符。对于清查的结果,必须以国家有关法律、法规、规章制度的有关规定为依据处理。对于财产清查中所发现的盘亏、盘盈和毁损,应按规定程序核准后及时入账,以便调整账簿记录,做到账实相符。

2. 财产清查结果处理的程序

财产清查的结果大致有三种情况:第一种情况是实存数等于账存数,即账实相符;第二种情况是实存数大于账存数,即盘盈;第三种情况实存数小于账存数,即盘亏。对于第一种情况,因为账实相符,在会计上不必进行账务处理。但对第二和第三种情况,也就是说无论是盘盈还是盘亏,会计上都要进行必要的账务处理,处理的程序分为两个方面。

(1) 审批之前的处理。按照规定,在财产清查中发现的盘盈、盘亏、毁损和变质等问题,应认真核准数字,按规定的程序处理。先根据清查中所取得的原始凭证,如"盘存单""实存账存对比表",核准财产物资、货币资金及债权债务的盈亏数字,对各项差异产生的原因进行分析,明确经济责任,据实提出处理意见,呈报有关领导和部门批准。在此基础上,应根据"实存账存对比表"(亦称财产盈亏报告单)编制有关记账凭证,并据以登记账簿,调整账簿记录,切实做到账存数与实存数相一致,保证账实相符。

(2) 审批之后的处理。对于有关领导部门对所呈报的财产清查结果提出处理意见后,应严格按批复意见进行账务处理,编制记账凭证,登记有关账簿,并追回由于责任者个人原因造成的损失。

(二) 财产清查的账务处理

1. 有关账户的设置及其应用

为了核算和监督各单位在财产清查过程中查明的各种财产物资的盘盈、盈亏和毁损及其处理情况,应设置"待处理财产损溢"账户。该账户是一个具有双重性质的账户。各项待处理财产物资的盘盈净值,在批准前记入该账户的贷方,批准后结转已批准处理财产物资的盘盈数登记在该账户的借方,该账户如出现贷方余额,表示尚待批准处理的财产物资的盘盈数;各项待处理财产物资的盘亏及毁损净值,在批准前记入该账户的借方,批准后结转已批准处理财产物资的盘亏毁损净值,登记在该账户的贷方,该账户如出现借方余额,表示尚待批准处理的财产物资盘亏及毁损数。为了分别核算和监督企业固定资产和流动资产的盈亏情况,分别开设"待处理财产损溢——待处理固定资产损溢"和"待处理财产损溢——待处理流动资产损溢"两个二级明细账户,如图 7-1 所示。

借方	待处理财产损溢	贷方
财产盘亏和毁损的发生额		财产盘盈的发生额
财产盘盈的转销额		财产盘亏和毁损的转销额
尚待批准处理的财产物资的盘亏及毁损数		尚待批准处理的财产物资盘盈数

图 7-1 "待处理财产损溢"账户结构

2. 库存现金清查结果的账务处理

【例 7-4】某公司在清查中发现现金短缺 100 元。编制的记账凭证如下。

借:待处理财产损溢　　　　　　　　　　　　100
　　贷:库存现金　　　　　　　　　　　　　　　　100

经查上述短款为出纳人员的工作疏忽造成的,应由其负责赔偿,在赔偿款尚未收到之间,编制的记账凭证如下。

借:其他应收款——应收现金短款(××个人)　100
　　贷:待处理财产损溢　　　　　　　　　　　　　100

如属于应由保险公司赔偿的现金短款,则对应的借方科目为"其他应收款——应收保险赔偿";如属于无法查明的原因造成的现金短款,则对应的借方科目为"管理费用——现金短款"。

例:某公司在清查中发现现金溢余 200 元,编制的记账凭证如下。

借:库存现金　　　　　　　　　　　　　　　200
　　贷:待处理财产损溢　　　　　　　　　　　　　200

经核查,未查明上述现金溢余的原因,经批准做营业外收入处理,对应的记账凭证如下。

借:待处理财产损溢　　　　　　　　　　　　200
　　贷:营业外收入——现金溢余　　　　　　　　　200

如现金的溢余属于应支付给其他单位或个人的,则对应的贷方科目为"其他应付款——应付现金溢余"(某个人或某单位)。

3. 实物清查结果的账务处理

(1)存货清查结果的账务处理。

【例 7-5】某公司在财产清查中甲材料盘盈 60 千克,价值 3 000 元,应编制记账凭证如下。

借:原材料　　　　　　　　　　　　　　　3 000
　　贷:待处理财产损益　　　　　　　　　　　　　3 000

经查，上述盘盈的原因为计量器具不准造成的，经批准冲减本月的管理费用，编制的记账凭证如下：

借：待处理财产损溢　　　　　　　　　　　　　　　　　　　　3 000
　　贷：管理费用　　　　　　　　　　　　　　　　　　　　　　　　3 000

【例7-6】某公司因管理不善造成原材料毁损共计10 000元，该批原材料购进时增值税为1 300元。

购进的原材料发生非正常损失时，其进项税额应予以转出，对应的记账凭证如下。

借：待处理财产损溢　　　　　　　　　　　　　　　　　　　　11 300
　　贷：原材料　　　　　　　　　　　　　　　　　　　　　　　　10 000
　　　　应交税费——应交增值税（进项税额转出）　　　　　　　　　1 300

上述自然灾害损失应由企业投保的保险公司赔付8 000元，余额经批准列作企业的营业外支出，编制的记账凭证如下。

借：其他应收款——应收保险款　　　　　　　　　　　　　　　8 000
　　营业外支出　　　　　　　　　　　　　　　　　　　　　　　3 300
　　贷：待处理财产损溢　　　　　　　　　　　　　　　　　　　　11 300

（2）固定资产清查结果的账务处理。

【例7-7】某公司在财产清查中发现短少设备一台，该设备的账面原值为50 000元。已计提折旧20 000元，编制的记账凭证如下。

借：待处理财产损溢　　　　　　　　　　　　　　　　　　　　30 000
　　累计折旧　　　　　　　　　　　　　　　　　　　　　　　20 000
　　贷：固定资产　　　　　　　　　　　　　　　　　　　　　　　50 000

经批准，上述固定资产盘亏的原因转作为企业的营业外支出，编制的记账凭证如下。

借：营业外支出　　　　　　　　　　　　　　　　　　　　　　30 000
　　贷：待处理财产损溢　　　　　　　　　　　　　　　　　　　　30 000

任务三　结　账

一、结账的意义

为了总结某一会计期间（月份、季度、半年度、年度）的经营情况，了解财务状况，考核经营成果，以便编制财务报告，在账务处理上，必须定期在每一个会计期间终了时进行结账。结账就是在一定时期（月份、季度、半年度、年度）内发生的经济业务全部登记入账的基础上，将各种账簿的记录结算出本期发生额和期末余额，并将期末余额转入下期的一项会计工作。另外，企业由于撤销、合并而办理账务交接时也要办理结账。

二、结账的一般程序

（一）将本期发生的经济业务全部登记入账，并保证其正确性

在会计核算工作中，为了归类记录和反映资产、负债、所有者权益、收入、费用和利润六大会计要素的增减变化情况，并为编制财务会计报告提供所需的各种数据

资料,有必要将记账凭证所提供的分散资料分别登记到相应的会计账户中去。结账前,必须查明本期内发生的经济业务是否已全部入账,若发现漏记、错记,应及时补记、更正。不得为赶编财务会计报告而提前结账,也不能把本期发生的经济业务延至下期入账,更不得先编制财务会计报告后结账。

(二) 期末账项调整

根据权责发生制的要求,调整有关账项,合理确定本期应计的收入和应计的费用。期末账项调整内容主要包括以下五项。

(1) 应计收入的调整。应计收入的调整是指本期已发生而且符合收入的确认条件,应归属本期的收入,但尚未收款的款项且未入账的产品销售收入或劳务收入,应计入本期收入。

(2) 应计费用的调整。应计费用的调整是指本期已发生应归属本期费用,但尚未实际支付款项而未入账的成本、费用,应计入本期费用,如应计银行短期借款利息等。

(3) 收入分摊的调整。收入分摊的调整是指前期已经收到款项,但由于尚未提供产品或劳务,因而在当时没有确认为收入入账的预收款项,本期按照提供产品或劳务的情况进行分摊确认为本期收入。

(4) 费用分摊的调整。费用分摊的调整是指原来预付的各项费用应确认为本期费用的调整,如各种待摊性质的费用。

(5) 其他期末账项调整事项,如固定资产的折旧、结转完工产品成本和已售产品成本等。

(三) 损益类账户的结转

将损益类账户转入"本年利润"账户,结平所有损益类账户,如"主营业务收入"账户、"其他业务收入"账户、"营业外收入"账户、"投资收益"账户、"主营业务成本"账户、"其他业务成本"账户、"营业外支出"账户、"财务费用"账户、"管理费用"账户、"销售费用"账户、"所得税费用"账户等。

(四) 结出资产、负债和所有者权益账户的本期发生额和余额,并结转下期

应将本期实现的各项收入与发生的各项费用,编制记账凭证,分别从各收入账户与费用账户转入"本年利润"账户的贷方和借方,以便计算确定本期的财务成果;在本期全部经济业务登记入账的基础上,结算出所有资产,包括负债、所有者权益账户的本期发生额和期末余额。

三、结账的方法

(1) 对不需要按月结记本期发生额的账户,如各项债权、债务明细账和各项财产物资明细账等,每次记账以后,都要随时结出余额,每月最后一笔余额即为月末余额。月末结账时,只需要在最后一笔经济业务记录之下通栏划单红线,不需要再结记一次余额。

(2) 库存现金日记账、银行存款日记账和需要按月结记发生额的收入、费用等明细账,每月结账时,要在最后一笔经济业务记录下面通栏划单红线,结出本月发生额和余额,在摘要栏内注明"本月合计"字样,在下面再通栏划单红线。

(3) 需要结记本年累计发生额的某些明细账户,如收入、费用等明细账,每月结账时,应在"本月合计"行下结出自年初起至本月月末止的累计发生额,登记在月份发生额下面,在摘要栏内注明"本年累计"字样,并在下面再通栏划单红线。每年12月月末的"本年累

计"就是全年累计发生额,全年累计发生额下通栏划双红线。

(4) 总账账户平时只需结出月末余额。年终结账时,为了总括反映本年全年各项资金运动情况的全貌,核对账目,要将所有总账账户结出全年发生额和年末余额,在摘要栏内注明"本年合计"字样,并在合计数下通栏划双红线。

(5) 年度终了结账时,有余额的账户,要将其余额结转下年,并在摘要栏内注明"结转下年"字样。结转的方法是:将有余额的账户的余额直接计入新账余额内,不需要编制记账凭证,也不必将余额再计入本年账户的借方或贷方,使全部有余额的账户的余额为零。在下一年会计年度新建有关的会计账簿的第一行余额栏内填写上年结转的余额,并在摘要栏内注明"上年结转"字样。

任务四 会计账簿的更换与保管

一、会计账簿的更换

会计账簿的更换通常在新会计年度建账时进行。一般来说,总账、日记账和多数明细账应每年更换一次。但有些财产物资明细账和债权债务明细账因材料品种、规格和往来较多,更换新账,重抄一遍工作量较大,因此,可以跨年使用,不必每年更换一次。各种备查账如"固定资产明细账"也可以连续使用。

新旧账簿之间的余额转记,不必填制记账凭证。

在建立新账前,要对原有各种账簿的账户进行"年结",注明"结转下年";建立新账时,在新账簿扉页要填写单位名称、开始启用日期、页数、账簿目录等,并由记账人员签章。建立新账时上年余额结转有以下两种方法。

(一) 账簿余额直接结转

根据上年度账簿"结转下年"资料,登记在相应的新账簿账户首页的第一行,在摘要栏注明"上年结转"字样,作为新年度开始的年初余额。这种方法简便,得到普遍采用。

(二) 余额表结转

根据上年度账簿"结转下年"资料,编制"年终账户余额表"作为记账凭证,据以按账户余额登记在相应的新账簿各账户首页的第一行,在摘要栏注明"上年结转"字样,作为新年度开始的年初余额。年终账户余额如表 7-8 所示。

表 7-8 年终账户余额表

年终账户余额表

年 月 日　　　　　　　　　　　　　　　　　　　　　第　页

总分类账户名称	明细分类账户名称	金　额
合计		

制表:　　　　　　　　　　　　　　　复核:

"上年结转"有多项来源的,还需要在摘要栏内写明其组成内容或附明细表,以备查对。新账簿登记完毕,要账账核对,并要与上年度会计决算报表的有关资料一致。

二、会计账簿的保管

会计账簿是会计档案的重要组成部分,每个单位必须按照国家统一的会计规定制定,建立管理制度,妥善保管,保管期满,按规销毁。账簿管理分为日常管理和归档保管两部分。

(一)日常账簿管理的要求

(1)各种账簿的管理要分工明确,指定专人管理,账簿经管人员既要负责本账簿的记账、对账和结账工作,又要负责保证账簿安全、完整。

(2)会计账簿未经会计负责人或有关人员批准,非经管人员不得随意翻阅、查看、摘抄和复制等。

(3)会计账簿除需要与外单位核对外,通常不能携带外出。对携带外出的账簿,一般应由经管人员或会计主管指定专人负责。

(4)会计账簿不能随意交与其他人员管理,以保证账簿安全和防止任意涂改账簿等问题发生。

(二)旧账归档保管

年度终了更换并启用新账后,对更换下来的旧账要整理装订,造册归档。归档前,旧账的整理工作包括:检查和补齐应办的手续,如改错盖章、注销空行及空页、结转余额等;活页账应撤出未使用的空白账页,再装订成册,并注明各账页号数。旧账装订时应注意:活页账一般按账户分类装订成册,一个账户装订成一册或数册;某些账户账页较少,也可以合并装订成一册,装订时应检查账簿扉页的内容是否填写齐全。装订后应由经办人员及装订人员、会计主管人员在封口处签名或盖章。旧账装订完毕应编制目录,因为本年度发生的业务可能与上年度发生联系,故上年度的会计资料可以存放保管在财务部门的档案柜内,以便查询;以前年度的会计资料装订完毕应编制目录和移交清单,按期移交单位档案部门保管。

各种账簿同会计凭证和会计报表一样,都是重要的经济档案,必须按照制度统一规定的保存年限妥善保管,不得丢失和任意销毁。根据 2016 年 1 月 1 日新施行的《会计档案管理办法》的规定,总分类账、明细分类账、辅助账、日记账均应保存 30 年。保管期满后,一定要按照规定的审批程序报经批准后才能销毁。

情 境 小 结

登记账簿后,需要结账才能进入下一个环节——编制财务会计报告,为了保证对外提供的会计信息的真实可靠,在结账前必须要进行对账工作。对账是为了保证账簿记录的真实可靠,对账簿及其记录的有关数据进行检查和核对的工作。通过对账,应当做到账证相符、账账相符和账实相符。对账工作结束后,才能按照规定的要求进行结账。

本章以会计工作流程中的对账和结账的工作内容为立足点,结合具体的工作要求和工作步骤展开知识的讲解。首先,讲授对账的含义、意义和内容;其次,围绕着"账实不符"的情况引出财产清查,结合财产清查的工作内容和工作步骤,通过清查所使用的单证等实物,由感性到理性,引出对货币资金和实物资产清查方法的应用,并重点对清查结果的会计处理进行描述,从而顺利完成企业的对账工作;在对账工作完成后,按照规定的要求进行结账;最后,介绍了账簿的更换和保管。

同步强化练习

一、名词解释

1. 对账   2. 财产清查   3. 未达账项
4. 永续盘存制   5. 实地盘存制

二、单项选择题

1. 在下列有关账项核对中,不属于账账核对的内容是(   )。
   A. 银行存款日记账余额与银行对账单余额的核对
   B. 银行存款日记账余额与其总账余额的核对
   C. 总账账户借方发生额合计与其明细账借方发生额合计的核对
   D. 总账账户贷方余额合计与其明细账贷方余额合计的核对
2. 为了保证账簿记录的正确性和完整性,必须进行的工作是(   )。
   A. 过账   B. 结账   C. 对账   D. 查账
3. 财产物资的盘查制度是(   )。
   A. 权责发生制   B. 收付实现制
   C. 永续盘存制和实地盘存制   D. 应计制和现金制
4. 财产物质的盘盈是指(   )。
   A. 账存数大于实存数   B. 实存数大于账存数
   C. 由于记账差错多记的金额   D. 由于记账差错少记的金额
5. 在记账无误的情况下,银行对账单余额与企业银行存款日记账账面余额不一致是(   )。
   A. 由应付账款造成的   B. 由未达账款造成的
   C. 由坏账损失造成的   D. 由应收账款造成的
6. 采用实地盘存制,平时对财产物资(   )。
   A. 只登记收入数,不登记发出数   B. 只登记发出数,不登记收入数
   C. 先登记收入数,后登记发出数   D. 先登记发出数,后登记收入数
7. 财产清查按清查的范围划分,可分为(   )。
   A. 全面清查和定期清查   B. 全面清查和局部清查
   C. 定期清查和局部清查   D. 定期清查和不定期清查
8. 下列情况中,哪些需要进行全面清查(   )。
   A. 年终决算之前   B. 重点抽查   C. 更换财产保管员   D. 发生意外损失后
9. 盘盈的存货属计量不准,按规定可冲减(   )账户。
   A. 财务费用   B. 待处理财产损溢
   C. 管理费用   D. 营业外支出
10. 财产清查按清查的时间不同分为(   )。
    A. 定期清查和抽样清查   B. 定期清查和不定期清查

C. 验资清查和决算清查　　　　　　D. 全面清查和局部清查

11. "银行存款余额调节表"调整后的存款余额表明（　　）。
    A. 企业可以支用的实存数额　　　　B. 银行存款期末数额
    C. 平衡数额　　　　　　　　　　　D. 未达数额

12. 清查往来款项时，如果有未达账项，应待收到正式凭证后（　　）。
    A. 编制对账单　　B. 作为坏账损失　　C. 平衡余额　　D. 进行账务处理

13. 对财产物资的收发都有严格手续，且在账簿中有连续记载，便于确定结存数量的制度是（　　）。
    A. 永续盘存制　　B. 收付实现制　　C. 实地盘存制　　D. 权责发生制

14. 对库存现金的清查，一般采用（　　）。
    A. 实地盘点法　　B. 技术推算法　　C. 发函询证法　　D. 核对账目法

15. 对于笨重、成堆难以逐一清点的实物资产的清点，一般采用（　　）。
    A. 实地盘点法　　B. 技术推算法　　C. 核对账目法　　D. 评估推算法

16. 企业的结账时间应为（　　）。
    A. 每项业务登记以后　　　　　　　B. 每日终了时
    C. 一定时间终了时　　　　　　　　D. 会计报表遍查之后

三、多项选择题

1. 为保证账簿记录的正确性，需对账项进行核对，对账的内容主要包括（　　）。
   A. 账账核对　　B. 账表核对　　C. 账实核对　　D. 账证核对

2. 下列各项，属于账实核对内容的是（　　）。
   A. 将现金日记账账面余额与库存现金余额核对
   B. 将银行存款日记账账面余额与银行对账单余额核对
   C. 将有关债权明细账余额与对方单位的账面记录核对
   D. 将各项财产物资明细账余额与对应财产物资的实有数额核对

3. 全面清查，一般是在（　　）时进行。
   A. 年终　　　　　　　　　　　　　B. 中外合资
   C. 月终　　　　　　　　　　　　　D. 单位撤销、合并或改变隶属关系

4. 月末企业银行存款日记账与银行对账单不一致，造成企业账面存款余额大于银行对账单存款余额的原因可能有（　　）。
   A. 企业已收款入账，而银行尚未入账　　B. 企业已付款入账，而银行尚未入账
   C. 银行已收款入账，而企业尚未入账　　D. 银行已付款入账，而企业尚未入账

5. "待处理财产损溢"账户属于资产账户，该账户用于核算各项财产物资的（　　）。
   A. 盘盈　　B. 盘亏　　C. 报废　　D. 出售

6. 往来款项的清查主要包括各种（　　）款项的清查。
   A. 应收账款　　B. 预收账款　　C. 银行存款　　D. 应付账款

7. 财产清查中遇有账实不符时，不能作为调整账簿记录的原始凭证有（　　）。
   A. 银行存款余额调节表　　　　　　B. 实存账存对比表
   C. 现金盘点报告表　　　　　　　　D. 银行对账单

8. 结账通常包括（　　）。

A. 旬结　　　　　B. 月结　　　　　C. 季结　　　　　D. 年结

四、判断题

1. 银行存款的清查，主要是将银行存款日记账与总账核对。（　　）
2. 未达账项是造成企业银行存款日记账与银行对账单余额不等的唯一原因。（　　）
3. 月末企业银行存款的实有余额为银行对账单余额加上企业已收、银行未收款项，减去企业已付、银行未付的款项。（　　）
4. 产生未达账项的原因是记账错误，应采用适当的方法予以更正。（　　）
5. 月末应根据"银行存款余额调节表"中调整后的余额进行账务处理，使企业银行存款账的余额与调整后的余额一致。（　　）
6. 采用永续盘存制的企业，能及时反映各项财产物资的结存额，所以不需要对财产物资进行清查盘点。（　　）
7. 实地盘存制是指月末对财产物资进行实地盘点，确定实际结存数，因此它是一种比较科学的财产物资管理办法。（　　）
8. 进行现金清查时，一定要有出纳人员在场。（　　）
9. 企业在财产清查中查明应付外单位的货款，已无法归还，经上报审批后，可以将其转作"营业外收入"。（　　）
10. 财产清查结果审批后，应根据审批处理意见，编制相应的记账凭证，并据此登入有关账簿，结清待处理财产物资的数额。（　　）
11. 盘亏固定资产，应由过失人或保险公司赔偿的金额，需增记"应收账款"，收到赔偿后，冲减"应收账款"。（　　）
12. 企业在现金清查中，对确实无法查明原因的长款（溢余），应计入营业外收入。（　　）
13. 一般情况下，总账、日记账和大部分明细分类账应当每年更换一次。（　　）
14. 在每一个会计期间可多次登记账簿，但结账只有一次。（　　）
15. 更换新账簿时如有余额，则在新账簿中的第一行摘要栏内注明"上年结转"。（　　）
16. 结账的标志为划红线，月结划单红线，季结、年结划双红线。（　　）

五、简答题

1. 什么是对账？对账的内容包括哪些？
2. 什么是结账？如何进行结账？

六、业务题

1. 红星工厂20×9年6月30日"银行存款日记账"账面余额为41 353元，开户银行送达的"对账单"其银行存款余额为43 835元。经核查，发现有以下四笔未达账项。

（1）企业已送达银行票号为34 835转账支票一张，面额1 765元，企业已增加银行存款，开户银行尚未入账。

（2）银行代企业支付水费183元，银行已入账，减少企业银行存款，企业尚未接到通知，没有入账。

(3) 银行代企业收销货款 3 950 元,银行已入账,增加企业银行存款,企业尚未接到通知,没有入账。

(4) 企业开出票号为 49201 转账支票一张,购买办公物品计金额 480 元,企业已记银行存款减少,银行尚未入账。

要求:

根据上述资料,编制"银行存款余额调节表",并指出企业月末可动用的银行存款实有数额。

2. 华茂工厂 2015 年年终进行财产清查,在账实清查中发现以下问题。

(1) 盘亏甲产品 6 件,每件 35 元。

(2) 盘盈乙种材料 260 千克,每千克 15 元。

(3) 盘亏 A 型设备 1 台,账面原值 1 700 元,已提折旧 920 元。

(4) 盘亏甲种材料 350 千克,每千克 18 元,该批材料购进时增值税进项税额为 1 071 元。

(5) 盘亏乙种材料 400 千克,每千克 20 元,该批材料购进时增值税进项税额为 1 360 元。

上述业务清查结果经逐项核实如下。

(1) 甲产品损失,属于人为失职造成的,应由其负责赔偿。

(2) 盘盈乙种材料为计量不准造成的,按规定转销管理费用。

(3) 盘亏 A 型设备 1 台,已报废,按规定转作营业外支出。

(4) 盘亏甲种材料,按管理不善造成,已无法收回,可转做管理费用。

(5) 由于自然灾害,造成乙种材料损失,向保险公司索赔 5 000 元,其余转作营业外支出。

要求:根据上述财产清查中的问题和批准结果,编制相应的会计分录。

学习情境四　财务会计报告

子情境八
财务会计报告

【学习目标】
1. 了解财务会计报告的作用和分类。
2. 掌握资产负债表和利润表的内容、结构和编制方法。
3. 能够运用所学知识填列资产负债表和利润表的部分项目。

任务一　财务会计报告概述

一、财务会计报告及其作用

财务会计报告是指反映特定主体在某一特定日期和某一会计期间的经营活动情况、财务状况和财务成果的书面文件。

企业发生的任何一项经济业务，都可以通过编制凭证、登记账簿加以记录和反映。但从凭证和账簿记录中无法全面、系统、总括地分析企业的经济活动全貌：企业资产拥有量、负债多少、收益情况等。而根据账簿编制的财务会计报告则可以简单明了、通俗易懂地表达这些内容。财务会计报告是会计核算的一项专门方法，是会计核算过程的最后一个环节。

财务会计报告的使用者包括企业所有者（股东）、债权人、企业管理者、企业职工、政府有关部门等。这些使用者因各自的目的不同，对财务会计报告的需要和关心程度也不一样。财务会计报告的作用主要表现在以下五个方面。

（一）对现有投资者或潜在投资者的作用

财务会计报告为企业的投资者进行投资决策提供所必需的信息资料。作为投资者，最关心的是投资风险和投资报酬，财务会计报告能够帮助他们决定是否对企业进行投资，是否买进、持有或出售企业的股票。因此，财务会计报告对投资者起到了投资导向的作用。

（二）对债权人的作用

财务会计报告为企业的债权人提供企业的资金运转情况、短期偿债能力和支付能力的信息资料。金融机构债权人利用财务会计报告可以判断企业是否能够按期还本付息，贷款能否按协议规定使用，是否继续向企业贷款，以减少企业的借贷风险；供应商和其他商业债权人，可利用财务会计报告得到企业所欠款项能否按期支付的信息等。因此，财务会计报告对债权人的借贷行为具有导向作用。

（三）对企业管理者的作用

财务会计报告为企业的管理者进行日常的管理活动提供必要的信息资料。企业管理者可利用财务会计报告及时了解企业一定日期的财务状况和一定时期的经营成果，分析企业成本费用开支情况，以便发现问题，纠正缺点，巩固成绩，从而达到加强经济核算、提高经济效益的目的。因此，财务会计报告对企业管理者能起到完善管理、提高效益的作用。

（四）对企业职工的作用

财务会计报告为企业职工参与企业的经营管理活动提供所需要的信息资料。企业职工可以通过财务会计报告了解对企业所作的贡献和不足之处，了解各自报酬水平、企业福利、就业机会等情况，还可以监督企业各级管理人员的工作，提出改进企业管理的合理化建议，帮助企业管理人员提高企业管理水平。

（五）对政府部门的作用

财务会计报告为财政、税务、工商、审计等政府部门提供对企业实施管理和监督的信息资料。财税部门利用财务会计报告可以检查监督企业各种税金的提取上交、利润的分配情况，督促企业依法纳税，履行企业对国家应承担的义务；审计部门的审计工作是从财务会计报告审计开始的，财务会计报告为审计工作提供详尽、全面的数据资料，并为凭证、账簿的进一步审计指明方向。

二、财务会计报告的构成内容

（一）会计报表

会计报表是财务会计报告的主体和核心，也是企业对外披露会计信息的主要手段。包括：资产负债表、利润表、现金流量表、所有者权益变动表（股东权益变动表）。

资产负债表是反映企业在某一特定日期的财务状况的会计报表。

利润表是反映企业在一定会计期间的经营成果的会计报表。

现金流量表是反映企业在一定的会计期间的现金和现金等价物流入和流出的会计报表。

所有者权益变动表是反映所有者权益的各组成部分当期的增减变动情况的会计报表。

（二）会计报表附注

会计报告附注是反映企业财务状况、经营成果和现金流量的补充报表，是为了便于财务会计报告的使用者理解会计报表内容而对会计报表中列示项目所作的进一步说明，以及未能在这些报表中列示项目的说明。主要包括企业的基本情况、财务会计报告的编制基础、遵循企业会计准则的声明、重要会计政策和会计估计、会计政策和会计估计变更以及差错更正的说明，报表重要项目的说明、分布报告和关联方披露等。

三、财务会计报告的种类

（一）按所反映的经济内容分类

（1）反映财务状况的报告，是用来总括反映企业财务状况及其变动情况的会计报告，如：资产负债表。

（2）反映财务成果的报告，是用来总括反映企业在一定时期内的经营收入和财务成果的会计报告。如：利润表。

（3）反映现金流量的报告，是用来反映企业在一定时期内现金及现金等价物的流入和流出情况的会计报告，如：现金流量表。

（4）反映成本费用的报告，是用来反映企业生产经营过程中各项成本费用支出和成本形成的会计报告，如：期间费用表、制造费用表和产品成本表。

（二）按编制的时间分类

按编报的时间划分为月份会计报告、季度会计报告、半年度会计报告和年度会计报告。月份会计报告、季度会计报告和半年度会计报告统称为中期会计报告。

（1）月份会计报告，是反映企业月份内经营情况、财务状况及其财务成果的会计报告，在每月的月终进行编制。由于每月都需要编制，因此往往只编制主要的会计报告，如：资产负债表、利润表、产品成本表等。月报要求简明扼要、反映及时。

（2）季度会计报告，是反映企业某个季度的经营状况、财务状况和财务成果的会计报告，在每季度终了时进行编制。一般也仅编制主要的会计报告，如资产负债表、利润表、产品成本表、管理费用明细表等。季报在提供信息的详细程度上介于月报和年报之间。

（3）半年度会计报告，是在每个会计年度的前6个月结束后对外提供的财务会计报告。股份有限公司编制的半年度会计报告，其内容与年度报告相同，但资料略为简化。

（4）年度会计报告，是全面反映企业在某一年度的经营活动情况、财务状况及其财务成果的总结性会计报告，在年度终了时进行编制。它包括企业对外对内编制的所有会计报告。年报要求披露完整、反映全面。

（三）按服务的对象分类

财务会计报告的目的是向有关方面提供有用的会计信息。会计报告的使用者（对象）包括企业内部的使用者和企业外部的使用者。因此，财务会计报告可以划分为内部财务会计报告和外部财务会计报告。

（1）内部财务会计报告，是指需要向企业内部提供的各种用于企业内部经营管理决策的财务预算、产品成本表、期间费用表等。会计人员作为企业内部经营管理决策信息资料的提供者，就必须向企业管理当局提供尽可能多的、更加详细的会计信息资料，以便于企业经营管理地决策考核和分析成本计划或预算地完成，总结经营管理的经验和存在的问题，评价其经营业绩。

（2）外部财务会计报告，是指企业对外提供的，供国家政府部门、投资者、债权人等使用财务会计报告，如资产负债表、利润表、现金流量表等。外部财务会计报告是向企业外部提供的会计信息的载体，是针对所有使用者的共同需要而编制的。外部财务会计报告的种类和格式，目前由财政部制定的会计准则统一规定。

（四）按编制基础分类

会计报告所反映的是特定主体某一时期的会计信息，因此，按其编制基础，可以分为个别会计报告、汇总会计报告和合并会计报告三类。

（1）个别会计报告，是指仅反映某个单一企业本身的财务状况及其经营成果等方面信息资料的会计报告，反映个别企业的财务状况和经营成果。

（2）汇总会计报告，是由企业主管部门或上级机关根据所属基层单位报送的个别会计报告连同本单位的会计报告简单汇总编制的会计报告。它用来反映某一汇总部门的经济活动及其结果的综合性报告。它通常按照隶属关系，采取逐级汇总的办法进行编制。

（3）合并会计报告，是指由控股公司（母公司）编制的，在母公司和子公司个别会计报告的基础上，对企业集团内部交易进行相应的抵消后编制的会计报告，以反映企业集团综合的财务状况和经营成果。按照规定当企业对外投资超过被投资企业资本总额半数以上或者实质上拥有被投资企业控制权时，应当编制合并会计报告。

四、财务会计报告的编制要求

为了发挥财务会计报告的作用，保证财务会计报告信息的质量，企业编制财务会计报告必须做到数字真实、计算准确、内容完整、编报及时和便于理解。

（一）数字真实

企业编制财务会计报告应以实际发生的交易和事项为依据，如实反映财务状况、经营成果和现金流量，严禁弄虚作假、估计数字，这是财务会计报告编制的基本要求之一，也是充分发挥财务会计报告作用的前提条件。只有保证财务会计报告的真实可靠，才能为报告使用者提供正确的信息，从而做出正确的决策。

（二）计算准确

企业在编制财务会计报告之前，要依据《中华人民共和国会计法》《企业会计准则》等规定的口径计算、填列。财务会计报告编制前，必须按期结账，认真对账和进行财产清查，做到账证相符、账账相符和账实相符。在编报以后，必须做到账表相符，并使各种报表之间的数字相互衔接一致。

（三）内容完整

财务会计报告应当全面披露企业的财务状况、经营成果和现金流量，完整地反映企业财务活动的过程和结果，以满足有关方面对会计信息的需要。因此，企业在编制财务会计报告时，应当按照《中华人民共和国会计法》《企业会计准则》等规定的格式和内容填写，并且保证报表种类齐全，报表项目完整。对于企业某些重要的事项，会计报表中未能全面反映的，还应当按照要求在会计报表附注中用文字加以说明，不得漏编漏报。

（四）编报及时

为了使会计信息使用者及时了解企业的财务信息，企业应按照规定的时间和程序，及时编制和报送，以保证财务会计报告的时效性。否则，即使财务会计报告的编制真实可靠、内容完整,但由于编报不及时,也可能失去价值。因此,企业必须加强日常核算,做好记账、算账和结账工作。当然,企业不能为了赶编财务会计报告而提前结账,更不能为了提前报送而影响财务会计报告的质量。

(五) 便于理解

企业财务会计报告提供的信息应当清晰明了,易于理解和运用。如果财务会计报告晦涩难懂,不可理解,财务会计报告使用者就不能据以作出准确的判断,所提供的信息也会毫无用处。因此,编制财务会计报告的这一要求是建立在财务会计报告使用者具有一定阅读财务会计报告能力的基础之上的。

任务二 资产负债表

一、资产负债表的概念和作用

资产负债表是总括地反映企业在某一特定日期(一般为月末、季末、年末)全部资产、负债和所有者权益及其构成情况的报表,又称为"财务状况表"。这是一张静态的会计报表。该表是根据"资产=负债+所有者权益"这一基本会计等式,依照一定的分类标准和一定的顺序,把企业一定日期的资产、负债和所有者权益予以适当的排列,按一定的编制要求编制而成。

资产负债表能为会计信息使用者提供以下的财务信息:第一,企业拥有或控制的经济资源及其分布情况;第二,企业承担的债务责任及其偿还期分布;第三,企业的净资产及其构成状况;第四,企业资产、负债及所有者权益之间的关系,企业的偿债能力和现金支付能力等;第五,企业未来财务状况的变动趋势。

二、资产负债表的结构和内容

(一) 资产负债表的结构

资产负债表的格式通常有报告式和账户式两种。报告式资产负债表是将资产、负债、所有者权益项目采用上下结构排列,报表上部分列示资产,下部分列示企业的负债和所有者权益。其格式如表8-1所示。

表8-1 报告式资产负债表

资产负债表

编制单位:××公司 20×9年12月31日 单位:元

资产	
各项目	×××
资产合计	××××
负债	
各项目	×××
负债合计	××××
所有者权益	
各项目	×××
所有者权益合计	××××

账户式资产负债表是按照"T"形账户的形式设计资产负债表,将报表分为左右结构,左边列示企业的资产,右边列示企业的负债和所有者权益,根据"资产=负债+所有者权益"的会计等式,左右两方总额相等。其格式如表8-2所示。我国资产负债表的格式一般采用账户式。

表8-2 账户式资产负债表

资产负债表

编制单位:××公司　　　　　　　　20×9年12月31日　　　　　　　　单位:元

资产		负债及所有者权益	
各项目	×××	负债	
		各项目	×××
		负债合计	××××
		所有者权益	
		各项目	×××
		所有者权益合计	××××
资产总计	××××	负债及所有者权益合计	××××

资产负债表的两方分别排列"报表项目名称""期末余额""年初余额"三列。左方资产项目按照其流动性由强到弱分类分项由上到下依次列示,负债项目按照其偿还期限由短到长分类分项由上到下依次列示,所有者权益项目按照其构成的稳定性由强至弱分类分项由上到下依次列示。

(二)资产负债表的内容

1. 资产项目

(1)流动资产。流动资产包括货币资金、交易性金融资产、应收票据、应收账款、预付款项、应收利息、应收股利、其他应收款、存货、一年内到期的非流动资产等。

(2)非流动资产。非流动资产包括可供出售金融资产、持有至到期投资、长期应收款、长期股权投资、投资性房地产、固定资产、在建工程、无形资产、开发支出、商誉、长期待摊费用等。

2. 负债项目

(1)流动负债。流动负债包括短期借款、交易性金融负债、应付票据、应付账款、预收款项、应付职工薪酬、应交税费、应付利息、应付股利、其他应付款、一年内到期的非流动负债等。

(2)非流动负债。非流动负债包括长期借款、应付债券、长期应付款、专项应付款、预计负债等。

3. 所有者权益项目

所有者权益项目包括实收资本(或股本)、资本公积、盈余公积和未分配利润。

三、资产负债表的编制方法

资产负债表的各项目均需填列"期末余额"和"年初余额"两栏,其数据主要是来自会计账簿记录。

（一）资产负债表"年初数"的填列

资产负债表"年初数"栏内各项数字，应根据上年年末资产负债表的"期末数"栏内所列数字填列。

（二）资产负债表"期末数"的填列

资产负债表"期末数"，是指月末、季末、半年末或年末的数字，它们是根据企业本期总分类账户和明细分类账户的期末余额直接填列或计算分析填列。其具体方法可以归纳如下。

1. 根据总账科目的余额填列

资产负债表中大多数项目是根据有关总账科目的余额填列的。例如，交易性金融资产、固定资产清理、长期待摊费用、递延所得税资产、短期借款、交易性金融负债、应付票据、应付职工薪酬、应交税费、应付利息、应付股利、其他应付款、递延所得税负债、实收资本、资本公积、库存股、盈余公积等项目。

2. 根据几个总账科目的余额计算填列

例如，"货币资金"项目，应根据"库存现金""银行存款""其他货币资金"等总账科目的期末借方余额汇总后填列。

3. 根据有关明细科目的余额计算填列

例如，"预付账款"项目，应根据"预付账款"和"应付账款"两个总账科目所属各明细科目的借方余额合计后填列；"应付账款"项目，应根据"应付账款"和"预付账款"总账科目所属明细科目的贷方余额合计后填列；"预收账款"项目，应根据"预收账款"和"应收账款"两个总账科目所属各明细科目的贷方余额合计后填列；"应收账款"项目，应根据"预收账款"和"应收账款"两个总账科目所属各明细科目的借方余额合计后填列。

【例8-1】某企业20×9年年末"应收账款""预付账款""应付账款""预收账款"期末的明细账余额如表8-3所示。

表8-3 往来款项账户明细表

总账科目	明细账科目	余额方向	余额/元
应收账款	A公司	借方	4 000
	B公司	借方	3 000
预付账款	C公司	借方	2 800
	D公司	贷方	2 000
应付账款	E公司	贷方	6 000
	F公司	贷方	4 000
预收账款	G公司	贷方	2 800
	H公司	借方	2 200

该企业 20×9 年 12 月 31 日资产负债表中"应收账款"项目的金额为

$$4\ 000 + 3\ 000 + 2\ 200 = 9\ 200(元)$$

"预付账款"项目金额为：2 800（元）

"应付账款"项目金额为：6 000 + 4 000 + 2 000 = 12 000（元）

"预收账款"项目金额为：2 800（元）

4. 根据有关总账科目和明细科目的余额分析计算填列

例如，"长期应收款"项目，应当根据"长期应收款"总账科目余额，减去"未实现融资收益"总账科目余额，再减去所属相关明细科目中将于一年内到期的部分填列；"长期借款"项目，应当根据"长期借款"总账科目余额，减去"长期借款"科目所属明细科目中将于一年内到期的部分填列；"应付债券"项目，应当根据"应付债券"总账科目余额，减去"应付债券"科目所属明细科目中将于一年内到期的部分填列；"长期应付款"项目，应当根据"长期应付款"总账科目余额，减去"未确认融资费用"总账科目余额，再减去所属相关明细科目中将于一年内到期的部分填列。

【例 8-2】某企业长期借款 4 800 000 元，具体情况如表 8-4 所示。

表 8-4　长期借款的有关详细资料

借款起始日期	借款期限/年	金额/元
2019 年 1 月 1 日	3	1 800 000
2017 年 1 月 1 日	5	1 000 000
2016 年 9 月 1 日	4	2 000 000

该企业 2019 年 12 月 31 日资产负债表中"长期借款"项目的金额为

$$4\ 800\ 000 - 2\ 000\ 000 = 2\ 800\ 000(元)$$

将在一年内到期的长期借款 2 000 000 元，应当填列在资产负债表中流动负债下"一年内到期的非流动负债"项目中。

5. 根据总账科目与其备抵科目抵消后的净额填列

例如，"存货"项目，应根据"材料采购""原材料""产成品""生产成本"等总账科目的借方余额计算后，减去"存货跌价准备"总账科目的贷方余额后填列；"持有至到期投资"项目，应当根据"持有至到期投资"科目期末余额，减去"持有至到期投资减值准备"科目期末余额后的金额填列；"固定资产"项目，应当根据"固定资产"科目期末余额，减去"累计折旧""固定资产减值准备"等科目期末余额后的金额填列。

6. 根据资产负债表内有关项目金额计算填列

例如，"流动资产合计""非流动资产合计""资产合计""负债合计""所有者权益合计""负债和所有者权益合计"等项目。

四、资产负债表编制举例

继续前例，仍以盛昌公司 20×9 年 12 月的经济业务（详见第五章）为例来说明资产负债表的编制方法。盛昌公司的资产负债表，如表 8-5 所示。盛昌公司 20×9 年 12 月各账户情况详见子情境六、子情境七。

表 8-5 资产负债表

资产负债表

会企01表

编制单位：盛昌公司　　　　　20×9年12月31日　　　　　　　　　　单位：元

资　产	期末余额	年初余额	负债和所有者权益（或股东权益）	期末余额	年初余额
流动资产：			流动负债：		
货币资金	3 301 230.00	2 995 000.00	短期借款	200 000.00	100 000.00
交易性金融资产			交易性金融负债		
应收票据			应付票据		
应收账款	374 030.00	109 150.00	应付账款		22 600.00
预付款项			预收款项		
应收利息			应付职工薪酬	99 000.00	99 000.00
应收股利			应交税费	80 350.00	
其他应收款		3 000.00	应付利息	1 000.00	500.00
存货	132 580.00	179 160.00	应付股利		
一年内到期的非流动资产			其他应付款		
其他流动资产			一年内到期的非流动负债		
流动资产合计	3 807 840.00	3 286 310.00	其他流动负债		
非流动资产：			流动负债合计	380 350.00	222 100.00
可供出售金融资产			非流动负债：		
持有至到期投资			长期借款	800 000.00	200 000.00
长期应收款			应付债券		
长期股权投资			长期应付款		
投资性房地产			专项应付款		
固定资产	1 206 510.00	1 002 740.00	预计负债		
在建工程			递延所得税负债		
工程物资			其他非流动负债		
固定资产清理			非流动负债合计	800 000.00	200 000.00
生产性生物资产			负债合计	1 180 350.00	422 100.00
油气资产			所有者权益（或股东权益）：		
无形资产			实收资本（或股本）	1 226 000.00	500 000.00
开发支出			资本公积	100 000.00	100 000.00
商誉			减：库存股		
长期待摊费用			盈余公积	388 000.00	108 000.00
递延所得税资产			未分配利润	3 834 000.00	3 866 950.00
其他非流动资产			所有者权益（或股东权益）合计		
非流动资产合计	1 206 510.00	1 002 740.00		3 834 000.00	3 866 950.00
资产总计	5 014 350.00	4 289 050.00	负债和所有者权益（或股东权益）总计	5 014 350.00	4 289 050.00

任务三 利润表

一、利润表的概念和作用

(一) 利润表的概念

利润表是反映企业在一定会计期间的经营成果的会计报表。它是根据"收入 – 费用 = 利润"这一会计等式,依照费用在企业所发挥的功能进行适当分类、汇总、排列后与收入相匹配编制而成的。

与资产负债表相比较,利润表的性质具有两个显著特征:一是利润表反映的是报告期间而不是报告时点的动态财务数据;二是利润表所列数据是报告期间相关业务项目的累计发生数而不是结余数。

(二) 利润表的作用

(1) 通过利润表可以反映企业一定会计期间的收入、费用以及利润情况,并据以分析判断企业经营成果。

(2) 通过利润表可以评价企业的获利能力,预测企业未来的盈利趋势,并为企业管理当局决定未来经营决策提供依据。

(3) 通过利润表可以分析企业利润增减变动的主要原因,研究如何改进企业经营管理,采取有效措施,提高盈利水平。

二、利润表的结构

利润表的结构一般有单步式和多步式两种。

(1) 单步式是将所有收入和所有费用分别加以汇总,用收入合计减去费用合计,从而得出本期利润。由于它只有一个相减的步骤,因而称为单步式利润表。其格式如表 8 – 6 所示。

表 8 – 6 单步式利润表

利 润 表

编制单位:　　　　　　　　　　　　20×9 年 12 月　　　　　　　　　　　　单位:元

项　目	行　次	本月数	本年累计数
一、收入			
主营业务收入			
其他业务收入			
投资收益			
营业外收入			
收入合计			
二、费用			
主营业务成本			
其他业务成本			

续表

项 目	行 次	本月数	本年累计数
销售费用			
税金及附加			
管理费用			
财务费用			
营业外支出			
所得税费用			
费用合计			
三、净利润			

单步式利润表编制方法简单，收入、支出归类清楚，但缺点是反映不出企业利润的构成内容，收入和费用不分层次和步骤，因而不利于对利润表的分析。

（2）多步式利润表是按照利润的构成内容分层次、分步骤逐项、逐步计算编制而成的报表。其反映的重点不仅在于企业最终的利润，还在于企业利润的形成过程。这种报表便于使用者对其进行分析。我国企业的利润表，一般采用多步式。利润表中，费用应当按照功能分类，分为从事经营业务发生的成本、管理费用、销售费用和财务费用等。

多步式利润表主要包括以下五个方面的内容。

① 营业收入：营业收入由主营业务收入和其他业务收入组成。

② 营业利润：营业收入减去营业成本（主营业务成本、其他业务成本）、营业税金及附加、销售费用、管理费用、财务费用、资产减值损失，加上公允价值变动收益、投资收益，即为营业利润。

③ 利润总额：营业利润加上营业外收入，减去营业外支出，即为利润总额。

④ 净利润：利润总额减去所得税费用，即为净利润。

⑤ 每股收益：每股收益包括基本每股收益和稀释每股收益两项指标。利润表的基本格式如表8-7所示。

表8-7 多步式利润表

利 润 表

会企02表

编制单位：盛昌公司　　　　　　　20×9年12月　　　　　　　单位：元

项 目	本期金额	上期金额（略）
一、营业收入	828 000	
减：营业成本	401 780	
税金及附加	5 200	
销售费用	50 000	
管理费用	44 120	
研发费用		
财务费用	500	
资产减值损失		

续表

项　目	本期金额	上期金额（略）
信用减值损失		
其他收益		
投资收益（损失以"－"号填列）		
资产处置收益		
二、营业利润（亏损以"－"号填列）	326 400	
加：营业外收入	5 000	
减：营业外支出	10 000	
其中：非流动资产处置损失		
三、利润总额（亏损总额以"－"号填列）	321 400	
减：所得税费用	80 350	
四、净利润（净亏损以"－"号填列）	241 050	
五、其他综合收益的税后净额		
六、综合收益总额		
七、每股收益	（略）	
（一）基本每股收益		
（二）稀释每股收益		

三、利润表的编制方法

利润表中一般设有"本期金额"和"上期金额"两栏，其填列方法如下。

表中的"上期金额"栏内各项数字，应根据上年该期利润表"本期金额"栏内所列数字填列。

表中的"本期金额"栏内各数字一般根据损益类科目的发生额分析填列，主要项目列报说明。

（1）"营业收入"项目，反映企业经营主要业务和其他业务所确认的收入总额。本项目应根据"主营业务收入"和"其他业务收入"账户的发生额分析填列。

（2）"营业成本"项目，反映企业经营主要业务和其他业务发生的实际成本总额。本项目应根据"主营业务成本"和"其他业务成本"账户的发生额分析填列。

（3）"税金及附加"项目，反映企业经营业务应负担的消费税、城市维护建设税、资源税、土地增值税和教育费附加等。本项目应根据"税金及附加"账户的发生额分析填列。

（4）"销售费用"项目，反映企业在销售商品过程中发生的包装费、广告费等费用和为销售本企业商品而专设的销售机构的职工薪酬、业务费等经营费用。本项目应根据"销售费用"账户的发生额分析填列。

（5）"管理费用"项目，反映企业为组织和管理生产经营发生的管理费用。本项目应根据"管理费用"账户发生额分析填列。

（6）"财务费用"项目，反映企业为筹集生产经营所需资金等而发生的筹资费用。本项目应根据"财务费用"账户发生额分析填列。

（7）"资产减值损失"项目，反映企业各项资产发生的减值损益。本项目应根据"资产减值损失"账户的发生额分析填列。

（8）"公允价值变动净收益"项目，反映企业各项按照相关准则规定应计入当期损益的资产或负债公允价值变动净收益，如交易性金融资产当期公允价值的变动额。如为净损失，以"－"填列。

（9）"投资收益"项目，反映企业以各种方式对外投资所取得的收益。本项目应根据"投资收益"账户的发生额分析填列。如为净损失，以"－"填列。

（10）"营业外收入""营业外支出"项目，反映企业发生的与其经营活动无直接关系的各项收入和支出。本项目应根据"营业外收入"和"营业外支出"账户的发生额分析填列。

（11）"利润总额"项目，反映企业实现的利润总额。如为亏损总额，以"－"填列。

（12）"所得税费用"账户，反映企业根据所得税准则确认的应从当期利润总额中扣除的所得税费用。本项目应根据"所得税费用"账户的发生额分析填列。

四、利润表编制举例

继续前例，仍以盛昌公司20×9年12月份的经济业务（详见子情境五）为例来说明资产负债表的编制方法。盛昌公司的利润表，如表8－7所示。盛昌公司20×9年12月份各账户情况详见子情境六、子情境七。

情 境 小 结

财务会计报告是总结反映会计主体在某一特定日期财务状况和某一会计期间经营成果和现金流量的书面文件。它是依据账簿记录、遵循一定的编制要求，采用专门的方法编制而成的。编制财务会计报告，提供会计信息的主要形式和载体，是会计核算工作程序的最后一个环节。编制财务会计报告时，要求数字真实、计算准确、内容完整、编报及时和便于理解。

财务会计报告由会计报表和会计报表附注组成。会计报表主要包括资产负债表、利润表、现金流量表和所有者权益（股东权益）变动表。资产负债表是反映企业在某一特定日期财务状况的报表。资产负债表中的资产和负债项目均按照流动性由强到弱进行排序，而所有者权益项目按照稳定程度进行排序。表内各项目的期末余额按照科目的余额直接填列、计算填列或分析填列。利润表是反映企业在一定的会计期间经营成果的报表，是动态报表。该表各项目根据损益类账户的本期发生额计算填写。现金流量表是反映企业一定会计期间现金和现金等价物流入和流出的报表。会计报表附注是为了便于财务会计报告的使用者理解会计报表内容而对会计报表中列示项目所作的进一步说明，以及对未能在这些报表中列示项目的说明。

同步强化练习

一、名词解释

1. 财务会计报告　　　　2. 资产负债表　　　　3. 利润表

二、单项选择题

1. 财务会计报告按照编报时间的不同，可分为（　　）。
   A. 月度财务报告和年度财务报告　　　B. 季度财务报告和年度财务报告
   C. 半年度财务报告和年度财务报告　　D. 中期财务报告和年度财务报告
2. 月度财务报告应当于月度终了后（　　）内对外提供。
   A. 6 天　　　　B. 10 天　　　　C. 15 天　　　　D. 30 天
3. 季度财务会计报告应当于季度终了后（　　）内对外提供。
   A. 6 天　　　　B. 10 天　　　　C. 15 天　　　　D. 30 天
4. 半年度财务会计报告应当于年度中期结束后（　　）内对外提供。
   A. 15 天　　　B. 30 天　　　　C. 45 天　　　　D. 60 天
5. 年度财务会计报告应当于年度终了后（　　）内对外提供。
   A. 2 个月　　　B. 3 个月　　　C. 4 个月　　　D. 120 天
6. 资产负债表是反映企业在（　　）财务状况的会计报表。
   A. 某一特定时期　　　　　　　　　B. 某一特定会计期间
   C. 一定时间　　　　　　　　　　　D. 某一特定日期
7. 根据"资产＝负债＋所有者权益"这一平衡公式填列的会计报表是（　　）。
   A. 主营业务收入表　　　　　　　　B. 利润表
   C. 资产负债表　　　　　　　　　　D. 现金流量表
8. 根据"收入－费用＝利润"填列的会计报表是（　　）。
   A. 利润分配表　　B. 资产负债表　　C. 现金流量表　　D. 利润表
9. 我国企业的资产负债表采用的是（　　）。
   A. 账户式　　　B. 多步骤报告式　　C. 单步骤报告式　　D. 平衡式
10. 账户式资产负债表的资产项目在左方，通常是按照（　　）进行排列。
    A. 重要性　　　B. 流动性　　　C. 相关性　　　D. 偿付期限长短
11. 我国企业的利润表采用的是（　　）结构的报表。
    A. 账户式　　　B. 多步式　　　C. 单步式　　　D. 平衡式
12. 资产负债表中的"应收账款"项目是根据（　　）减"坏账准备"账户的期末余额后的净额填列。
    A. "应收账款"和"预收账款"总账科目的借方余额合计数
    B. "应收账款"和"预收账款"总账科目的贷方余额合计数
    C. "应收账款"和"预收账款"总账科目所属明细科目的借方余额合计数
    D. "应收账款"和"预收账款"总账科目所属明细科目的贷方余额合计数
13. 资产负债表中的"预收账款"项目是根据（　　）填列。
    A. "应收账款"和"预收账款"总账科目的借方余额合计数
    B. "应收账款"和"预收账款"总账科目的贷方余额合计数
    C. "应收账款"和"预收账款"总账科目所属明细科目的借方余额合计数
    D. "应收账款"和"预收账款"总账科目所属明细科目的贷方余额合计数
14. 资产负债表中的"应付账款"项目是根据（　　）填列。
    A. "应付账款"和"预付账款"总账科目的借方余额合计数

B. "应付账款"和"预付账款"总账科目的贷方余额合计数

C. "应付账款"和"预付账款"总账科目所属明细科目的借方余额合计数

D. "应付账款"和"预付账款"总账科目所属明细科目的贷方余额合计数

15. 资产负债表中的"预付账款"项目是根据（　　）填列。

A. "应付账款"和"预付账款"总账科目的借方余额合计数

B. "应付账款"和"预付账款"总账科目的贷方余额合计数

C. "应付账款"和"预付账款"总账科目所属明细科目的借方余额合计数

D. "应付账款"和"预付账款"总账科目所属明细科目的贷方余额合计数

16. 某企业11月份"原材料"账户的月末借方余额为60 000元，"库存商品"账户的月末借方余额为80 000元，"存货跌价准备"账户的月末贷方余额为20 000元，"生产成本"账户的月末借方余额为80 000元，无其他存货项目，则11月份资产负债表中的"存货"项目的"期末数"栏应填列（　　）元。

A. 220 000   B. 200 000   C. 180 000   D. 160 000

三、多项选择题

1. 会计报表的主表包括（　　）。

A. 资产负债表　　B. 利润表　　C. 现金流量表　　D. 所有者权益改动表

2. 会计报表按照编制基础，可以分为（　　）。

A. 基层会计报表　　B. 个别会计报表　　C. 合并会计报表　　D. 汇总会计报表

3. 会计报表的编制要求包括（　　）。

A. 数字真实　　B. 内容完整　　C. 报送及时　　D. 书写规范

4. 资产负债表中"货币资金"根据（　　）总分类账户期末余额合计数填列。

A. 库存现金　　B. 银行存款　　C. 其他货币资金　　D. 长期债权投资

5. 下列各项中，属于不能用总账余额直接填列的项目有（　　）。

A. 应收账款　　B. 固定资产　　C. 预收账款　　D. 应付账款

6. 资产负债表的基本要素有（　　）。

A. 资产　　B. 负债　　C. 收入　　D. 费用

7. 利润表的基本要素有（　　）。

A. 资产　　B. 负债　　C. 收入　　D. 费用

四、判断题

1. 编制财务会计报告的主要目的就是为会计报表使用者提供信息。（　　）
2. 财务会计报告就是财务会计报表。（　　）
3. 资产负债表为动态报表，利润表为静态报表。（　　）
4. 利润表是反映企业在某一期间财务状况的会计报表。（　　）
5. 企业的资产负债表是按年编制的会计报表。（　　）
6. 资产负债表是反映企业某一特定日期财务状况的会计报表。（　　）
7. 利润表是以"收入－费用＝利润"为基础编制的。（　　）

五、简答题

1. 简述财务会计报告的编制要求。
2. 简述资产负债表的作用。
3. 简述利润表的作用。

六、业务处理题

1. 江淮公司20×9年12月31日各账户的余额如表8-8所示。其中有关债权债务明细账的期末余额的资料如下。

(1) 应收账款：南方公司　900 000（借方）
　　　　　　　北方公司　100 000（贷方）
(2) 应付账款：亨达公司　1 200 000（贷方）
　　　　　　　祥宇公司　240 000（借方）
(3) 预收账款：西北公司　400 000（贷方）
　　　　　　　悦杰公司　240 000（借方）
(4) 预付账款：东方公司　200 000（借方）
　　　　　　　湘财公司　100 000（贷方）

表8-8　总分类账户期末余额表

总分类账户期末余额表

20×9年12月31日　　　　　　　　　　　　　单位：元

账户名称	借方金额	账户名称	贷方金额
库存现金	200	累计折旧	2 700 000
银行存款	1 700 000	短期借款	500 500
交易性金融资产	200 000	应付票据	54 000
应收票据	46 000	应付账款	960 000
应收账款	800 000	预收账款	160 000
预付账款	100 000	应付职工薪酬	78 000
其他应收款	500	应交税费	134 000
原材料	1 750 000	长期借款	1 000 250
库存商品	640 000	未分配利润	6 627.66
生产成本	98 750	实收资本	8 840 000
固定资产	9 000 000	盈余公积	25 072.34
无形资产	100 000	应付股利	6 000
长期待摊费用	29 000		
合计	14 464 450		14 464 450

注：本例中长期待摊费用中有4 000元将于一年内摊销完毕；长期借款中有1 000 000元将于一年内到期；同时，暂不考虑"坏账准备""存货跌价准备""材料成本差异""固定资产减值准备""无形资产减值准备"等情况。

根据上述资料编制江淮公司 20×9 年 12 月 31 日的资产负债表。

2. 江淮公司 20×9 年 12 月 31 日各损益类账户的有关资料如表 8-9 所示。

表 8-9 损益类账户发生额

损益类账户发生额

20×9 年 12 月   单位：元

账户名称	本月发生额	
	借方	贷方
主营业务收入		117 000
主营业务成本	88 400	
税金及附加	11 700	
其他业务收入		4 800
其他业务成本	4 000	
投资收益		12 000
管理费用	4 925	
财务费用	600	
销售费用	1 000	
营业外收入		1 000
营业外支出	2 000	
所得税费用	7 317.75	

根据上述资料编制该公司 20×9 年 12 月份的利润表。

3. 延续兴海公司的经济事项，20×9 年 12 月 31 日，兴海公司对公司所属货币资金和实物资产等进行财务清查，清查结果账实相符。依据兴海公司 12 月份的各项经济业务（详见子情境五习题）及 20×9 年 12 月 1 日的各账户的期初余额（详见子情境六习题），编制兴海公司 20×9 年 12 月 31 日资产负债表和 20×9 年 12 月份的利润表。

参 考 文 献

［1］金跃武，王炜. 基础会计［M］. 2版. 北京：高等教育出版社，2007.
［2］吴肖蓉. 会计基础实务［M］. 北京：清华大学出版社，2009.
［3］李立新. 会计基础［M］. 北京：化学工业出版社，2009.
［4］戚素文. 基础会计实务［M］. 北京：清华大学出版社，2009.
［5］孔德兰. 会计基础［M］. 北京：高等教育出版社，2015.

会计学基础实训

（第 3 版）

主　编　周君霞　杜献敏　降艳琴
副主编　张　勇　任伟峰　刘洪锋　杜春丽

北京理工大学出版社
BEIJING INSTITUTE OF TECHNOLOGY PRESS

目　录

第1章　会计学基础实训的内容和要求 ………………………………… 001
　一、会计学基础实训目的 …………………………………………………… 001
　二、会计学基础实训程序 …………………………………………………… 001
　三、会计学基础实训要求 …………………………………………………… 002
　四、会计学基础实训用具 …………………………………………………… 007

第2章　模拟企业概况 ……………………………………………………… 008
　一、模拟企业基本情况 ……………………………………………………… 008
　二、模拟企业会计核算的有关规定 ………………………………………… 008
　三、模拟企业主要供应商及客户相关资料 ………………………………… 010

第3章　账簿体系设置 ……………………………………………………… 011
　一、总分类账设置 …………………………………………………………… 011
　二、明细分类账设置 ………………………………………………………… 012
　三、日记账设置 ……………………………………………………………… 014

第4章　实训业务资料 ……………………………………………………… 015
　一、日常业务资料 …………………………………………………………… 015
　二、单据资料 ………………………………………………………………… 019
　三、科目汇总表 ……………………………………………………………… 099
　四、财务报表 ………………………………………………………………… 103

附录一　中华人民共和国会计法(修订) ………………………………… 107
附录二　会计基础工作规范 ……………………………………………… 112
附录三　企业常用会计科目表 …………………………………………… 122

第1章
会计学基础实训的内容和要求

一、会计学基础实训目的

会计学基础模拟实训是对学生进行全面的实务演练，以培养学生动手能力，提高专业核心技能为根本宗旨的必修课程。通过本模拟实训的操作，能够使学生熟悉会计的工作岗位、工作过程和工作方法，增强对所学会计基本理论的理解，全面、系统地掌握企业实际会计核算的基本程序和具体方法，增强学生对会计基本理论的理解，提高学生对会计基本方法的运用能力，训练学生的会计操作技能。

二、会计学基础实训程序

会计学基础模拟实训分四个阶段进行：资料准备阶段、模拟实习阶段、整理阶段、编写报告阶段。

1. 资料准备阶段

（1）了解模拟实训的目的和意义，对模拟实训有一个正确的认识和积极的态度。

（2）熟悉模拟企业的概况、内部会计制度及实施细则。

（3）学习《中华人民共和国会计法》和《会计基础工作规范》中的相应内容；明确会计数码字书写要求，原始凭证的填制和审核要求，记账凭证的填制和审核要求，账簿设置与登记的要求，会计报表编制的要求。

（4）规定模拟实训的时间安排、学习步骤及成绩考核办法，准备实训所用工具及资料。

2. 模拟实习阶段

（1）建账。

①根据总分类账期初余额，开设总分类账户，并将余额登入所开账户的余额栏内，摘要写"期初余额"。

②根据明细分类账户的期初余额，开设明细分类账户。其中："原材料"和"库存商品"明细账使用数量金额式账页；"制造费用""管理费用"和"生产成本"明细账使用多栏式明细账账页；其余账户的明细账使用三栏式明细账账页。

③根据"库存现金"和"银行存款"账户余额开设现金日记账和银行存款日记账。

（2）填制与审核模拟企业12月1日至12月15日的记账凭证；根据记账凭证登记相应的现金日记账、银行存款日记账和明细账。

（3）根据12月1日至12月15日的记账凭证编制第1张科目汇总表，并据此登记总账（若采用记账凭证账务处理程序，直接根据12月1日至12月15日的记账凭证，逐笔登记总分类账）。

（4）填制与审核模拟企业12月16日至12月31日的记账凭证；根据记账凭证登记相应

的现金日记账、银行存款日记账和明细账。

（5）根据12月16日至12月31日的记账凭证编制第2张科目汇总表，并据此登记总账（若采用记账凭证账务处理程序，直接根据12月16日至12月31日的记账凭证，逐笔登记总分类账）。

（6）结账。

（7）编制试算平衡表。

（8）编制资产负债表和利润表。

3. 整理阶段

对所填制的记账凭证、登记的账簿、编制的科目汇总表和会计报表进行整理，加具封面，装订成册。

4. 编写报告阶段

全部实训结束后，每位学生写出一份总结本次模拟实训的实训报告，对实训情况进行小结和评价，总结经验，找出不足，提出建议。

三、会计学基础实训要求

（一）会计数码字书写要求

1. 阿拉伯数字书写要求

数码字（阿拉伯数字，俗称小写数字）是世界各国通用的数字，数量有10个，即0、1、2、3、4、5、6、7、8、9，笔画简单、书写方便、应用广泛，必须规范书写行为，符合手写体的要求，具体包括以下四点要求：

（1）字迹清晰，不得涂改、刮补。

（2）顺序书写，应该从高位到低位、从左到右，按照顺序书写。

（3）倾斜书写，数字的书写要有一定的斜角度，向右倾斜60°为宜。

（4）位置适当，数码字高度一般要求占全格的1/2为宜，为改错留有余地。

2. 大写字体书写要求

（1）大写字体标准。不得用零、一、二、三、四、五、六、七、八、九、十、百、千等相应代替零、壹、贰、叁、肆、伍、陆、柒、捌、玖、拾、佰、仟等。

（2）大写要求。正确运用"整"或"正"，凡是大写金额没有角、分的，一律在金额后面加上"整"或"正"字。如￥110，大写应为壹佰壹拾元整；正确写"零"，凡金额中间带有"0"的，一律写"零"，不允许用"0"代替。如￥402.00，应写为肆佰零贰元整。

3. 数码金额的书写要求

（1）一般要求。

①选择人民币作为记账本位币。

②数码金额书写到分位为止，元位以下保留角、分两位小数，对分以下的厘、毫、丝、息采用四舍五入的方法。

③少数情况下，如计算百分率、折旧率、加权平均单价、单位成本及分配率等，也可以采用多位小数，以达到计算比较准确的目的。

（2）印有数位线（金额线）的数码字书写。

①凭证和账簿已印好数位线，必须逐格顺序书写，"角""分"栏金额齐全。

②如果"角""分"栏无金额，应该以"0"补位，也可在格子的中间画一短横线代替。

③如果金额有角无分，则应在分位上补写"0"，不能用"—"代替。

（3）没有数位线（金额线）的数码字书写。

①元位以上每三位一节，元和角之间要用小数点"."，有时也可以在角分数字之下画一短横线，例如，¥16 367.45 或¥16 367. 45。

②如果没有角、分，仍应在元位后的小数点"."后补写"00"或画一短斜横线，例如¥16 367.00 或¥16 367.—；如果金额有角无分，则应在分位上补写"0"，例如¥16 367.30，不能写成¥16 367.3。

（4）合理运用货币币种符号。凡阿拉伯数字前写有币种符号的，数字后面不再写货币单位，如"¥250.00元"和"人民币¥250.00元"表达是错误的。印有"人民币"三个字不可再写"¥"符号，但在金额末尾应加写"元"字，如"人民币250.00元"。

4. 数码字书写错误的订正方法

会计资料审核后，发现数码字书写错误时，切忌刮擦（也不可用胶带粘掉）、挖、补、涂改，或使用褪色药剂和涂改液，而应该按照规定的方法进行订正。

5. 文字书写的基本要求

（1）克服常见书写不良习惯。

①字迹潦草。

②字体过大：字体大小要适当，书写时不宜用浓墨粗笔，不宜"顶天立地"。

③字形欠佳。

④文字不规范：书写文字时，不能用谐音字、错别字、简化字。

（2）正确掌握文字书写技术。

①端正书写态度。

②字迹工整清晰。

③位置适当，汉字占格距的1/2较为适宜，落笔在底线上。

④摘要简明：要用简短的文字把经济业务发生的内容记述清楚，尤其要以写满不超出该栏格为限。

⑤会计科目准确，要写全称，不能简化。

6. 中文大写数字的写法

（1）中文大写数字是用于填写防止涂改的销货发票、银行结算凭证、不能写错。一旦写错，则该凭证作废，需要重新填写凭证。

（2）中文大写金额数字的书写要求。

①标明货币名称：中文大写金额数字前应标明"人民币"字样，且其与首个金额数字之间不留空白。

②规范书写：中文大写数字金额一律用正楷或行书书写。不得用"廿"代替贰拾，用"卅"代替叁拾，用"毛"代替角，用"另（或0）"代替"零"；也不得任意自造简化字。

③表示数位的文字（拾、佰、仟、万、亿）前必须有数字，如"拾元整"应该写成"壹拾元整"，因为这里的"拾"应看做数位文字。

④中文大写票据日期的书写要求：票据的出票日期必须使用中文大写。为防止变造票据的出票日期，在填写月、日时，月为壹、贰和壹拾的，日为壹至玖和壹拾、贰拾、叁拾的，

应在其前面加"零";日为拾壹至拾玖的,应在其前加"壹"。如 1 月 15 日,应写成"零壹月壹拾伍日"。

(二)原始凭证填制和审核的要求

1. 原始凭证填制的具体要求

(1) 凡填有大写和小写金额的原始凭证,大写与小写金额必须相符。

(2) 购买实物的原始凭证,必须有验收证明。

(3) 支付款项的原始凭证,必须有收款单位和收款人的收款证明,不能仅以支付款项的有关凭证(银行汇款凭证等)代替,以防止舞弊行为的发生。

(4) 一式几联的原始凭证,应当注明各联的用途,只能以一联作为报销凭证。一式几联的发票和收据,必须用双面复写纸套写,并连续编号,作废时应当加盖"作废"戳记,连同存根一起保存,不得撕毁。

(5) 发生销货退回的,除填制退货发票外,还必须有退货验收证明;退款时,必须取得对方的收款收据或者汇款银行的凭证,不得以退货发票代替收据。

(6) 职工公出借款凭据,必须附在记账凭证之后。收回借款时,应当另开收据或者退还借据副本,不得退还原借据收据。

(7) 阿拉伯数字前面应写人民币符号"¥",并且一个一个地写,不得连笔写。

(8) 所有以元为单位的阿拉伯数字,除表示单价等情况下,一律填写到角分,无角分的,角位和分位可写"00",或符号"—";有角无分的,分位应写"0",不得用符号"—"代替。

(9) 原始凭证(除套写的可用圆珠笔)必须用蓝色或黑色墨水书写。

(10) 经过上级有关部门批准的经济业务,应当将批准文件作为原始凭证附件。如果批准文件需要单独归档的,应当在凭证上注明批准机关名称、日期和文件号。

2. 原始凭证审核的要求

(1) 真实性审核。包括审核原始凭证本身是否真实以及原始凭证反映的经济业务事项是否真实两方面。即确定原始凭证是否虚假、是否存在伪造或者涂改等情况;核实原始凭证所反映的经济业务是否发生过,是否反映了经济业务事项的本来面目等。

(2) 合法性审核。即审核原始凭证所反映的经济业务事项是否符合国家有关法律、法规、政策和国家统一会计制度的规定,是否符合有关审批权限和手续的规定,以及是否符合单位的有关规章制度,有无违法乱纪、弄虚作假等现象。

(3) 完整性审核。即根据原始凭证所反映基本内容的要求,审核原始凭证的内容是否完整,手续是否齐备,应填项目是否齐全,填写方法、填写形式是否正确,有关签章是否具备等。

(4) 正确性审核。即审核原始凭证的摘要和数字是否填写清楚、正确,数量、单价、金额的计算有无错误,大写与小写金额是否相符。

(三)记账凭证填制和审核的要求

1. 记账凭证填制的要求

(1) 填写内容完整。填制记账凭证的依据,必须是经审核无误的原始凭证或汇总原始凭证。

(2) 记账凭证日期的填写。记账凭证的日期一般为编制记账凭证当天的日期，但不同的会计事项，其编制日期也有区别，收付款业务的日期应填写货币资金收付的实际日期，它与原始凭证所记的日期不一定一致；转账凭证的填制日期为收到原始凭证的日期，但在"摘要"栏注明经济业务发生的实际日期。

(3) 摘要填写要确切、简明。摘要应与原始凭证内容一致，能正确反映经济业务和主要内容，表达简短精练。对于收付款业务要写明收付款对象的名称、款项内容，使用银行支票的还应填写支票号码；对于购买材料、商品业务，要写明供应单位名称和主要数量；对于经济往来业务，应写明对方单位、业务经手人、发生时间等内容。

(4) 记账凭证的编号。记账凭证的编号，采取按月份编顺序号的方法。采用通用记账凭证的，一个月编制一个顺序号，即"顺序编号法"。采用专用记账凭证的，可采用"字号编号法"，它可以按现金收付、银行存款收付、转账业务三类分别编制顺序号，具体地编为"收字第××号""付字第××号""转字第××号"。也可以按现金收入、现金支出、银行存款收入、银行存款支出和转账五类进行编号，具体为"现收字第××号""现付字第××号""银收字第××号""银付字第××号""转字第××号"。如果一笔经济业务需要填制两张或两张以上的记账凭证时，记账凭证的编号可采用"分数编号法"。例如，转字第 50 号凭证需要填制 3 张记账凭证，就可以编成转字 $50\frac{1}{3}$、$50\frac{2}{3}$、$50\frac{3}{3}$ 号。

(5) 记账凭证可汇总填写。记账凭证可以根据每一张原始凭证填制或者根据若干张同类原始凭证汇总填制，或根据原始凭证汇总表填制，但不得将不同内容和类别的原始凭证汇总填制在一张记账凭证上。

(6) 记账凭证必须附有原始凭证。除结账和更正错误的记账凭证可以不附原始凭证外，其他记账凭证必须附有原始凭证。记账凭证上应注明所附原始凭证的张数，以便核查。所附原始凭证张数的计算，一般以原始凭证的自然张数为准。如果记账凭证中附有原始凭证汇总表，则应该把所附原始凭证和原始凭证汇总表的张数一起计入附件的张数之内。但报销差旅费的零散票券，可以粘贴在一张纸上，作为一张原始凭证。

如果一张原始凭证涉及多张记账凭证的，可将该原始凭证附在一张主要的记账凭证后面，在其他记账凭证上注明附在××字××号记账凭证上。如果原始凭证需另行保管，则应在记账凭证上注明"附件另订"和原始凭证的名称、编号，这些凭证要相互关联。

(7) 填制记账凭证时若发生错误，应当按要求更正或重新填制。已经登记入账的记账凭证，在发现填写错误时，可用红字填写一张与原内容相同的记账凭证，同时再用蓝字重新填制一张正确的记账凭证。如果会计科目正确，只是金额错误，也可以将正确数额与错误数额间的差额，另编一张调整的记账凭证，调增数额用蓝字，调减用红字。

(8) 对空行的处理。记账凭证填制后，如果有空行，应当自金额栏最后一笔金额数字下的空行处至合计数上的空行处画斜线或"S"线注销，合计金额第一位前要填写货币符号。

另外需注意的是，如果在同一项经济业务中，既有现金或银行存款的收付业务，又有转账业务时，应相应地填制收、付款凭证和转账凭证。如职工李明出差回来，报销差旅费 500 元，之前已预借 700 元，剩余款项交回现金。对于这项经济业务应根据收款收据的记账联填制现金收款凭证，同时根据差旅费报销凭单填制转账凭证。

2. 记账凭证审核的要求

(1) 记账凭证是否附有原始凭证，所附原始凭证的内容和张数是否与记账凭证相符。

(2) 记账凭证所确定的应借、应贷会计科目（包括二级或明细科目）是否正确，对应关系是否清楚，金额是否正确。

(3) 记账凭证中的有关项目是否填列齐全，有无错误，有关人员是否签名或者盖章。在审核记账凭证的过程中，发现已经入账的记账凭证填写错误时，应区别不同情况，采用规定的方法进行更正。

（四）会计账簿设置和登记要求

1. 账簿设置的要求

(1) 总账的设置。总账的设置方法一般是按照总账会计科目的编码顺序分别开设账户。总账采用订本式账簿，因此，应事先为每一个账户预留若干账页。总账使用的格式为三栏式账页。

(2) 三栏式明细账的设置。在途物资、应收账款、其他应收款、短期借款、应付账款和实收资本等总账科目下应采用三栏式账页建立明细账户。

(3) 数量金额式明细账的设置。原材料、库存商品等总账科目应设置数量金额式明细账建立明细账户，分别登记明细的数量、单价和金额三个小栏。

(4) 多栏式明细账。管理费用、生产成本、制造费用等总账科目应设置多栏式明细账建立明细账户。这种账簿的账页正反面内容是不一样的，若是活页式账页，务必将顺序排好。

2. 账簿的登记要求

启用订本式账簿，应当从第一页到最后一页顺序编定页数，不得跳页、缺号。使用活页式账页，应当按账户顺序编号，并需定期装订成册。装订后再按实际使用的账页顺序编定总页码，另加目录，记录每个账户的名称和页次。

具体记账要求如下：

(1) 准确完整。登记会计账簿时，应当将会计凭证日期、编号、业务和内容摘要、金额和其他有关资料逐项记入账内，做到数字准确、摘要清楚、登记及时、字迹工整。登记完毕后，要在记账凭证上签名或者盖章，并在记账凭证的"过账"栏内注明账簿页数或画"√"，以明确责任，并避免重记或漏记。

(2) 书写规范。账簿中书写的文字和数字上面要留有适当空距，不要写满格，一般应占格距的1/2。

(3) 用笔规范。登记账簿要用蓝黑墨水或者碳素墨水书写，不得使用圆珠笔或者铅笔书写。下列情况可以用红色墨水记账：

①按照红字冲账的记账凭证，冲销错误记录。

②在不设借贷等栏的多栏式账页中，登记减少数。

③三栏式账户的余额栏前，如未印明余额方向的，在余额栏内登记负数余额。

④根据有关规定可以用红字登记的其他会计记录。

(4) 连续登记。各种账簿按页次顺序连续登记，不得跳行、隔页。如果发生跳行、隔页，应当将空行、空页画线注销。或者注明"此行空白""此页空白"字样，并由记账人员签名或者盖章。

(5) 结计余额。凡需要结出余额的账户，结出余额后，应当在"借或贷"栏内写明"借"或"贷"字样。没有余额的账户，应当在"借或贷"栏内写"平"字，并在余额栏内用"0"表示,应当放在"元"位。

(6) 过次承前。每一账页登记完毕结转下页时,应当结出本页合计数及余额,写在本页最后一行和下页第一行有关栏内,并在摘要栏内分别注明"过次页"和"承前页"字样;也可以将本页合计数及金额只写在下页第一行有关栏内,并在摘要栏内注明"承前页"字样,以保持账簿记录的连续性,便于对账和结账。

对需要结计本月发生额的账户,结计"过次页"的本页合计数应当为自本月初起到本页末止的发生额合计数;对需要结计本年累计发生额的账户,结计"过次页"的本页合计数应当为自年初起至本页末止的累计数;对既不需要结计本月发生额也不需要结计本年累计发生额的账户,可以只将每页末的余额结转次页。

(7) 正确更正。账簿记录发生错误,不准涂改、挖补、刮擦或者用药水水除字迹,不准重新抄写,必须用规定的方法进行更正。

(五) 财务报表编制要求

由于会计学基础教材所学只是入门的会计知识,因此,本实训教材只编制资产负债表和利润表。

1. 数字真实

企业编制财务会计报告应以实际发生的交易和事项为依据,如实反映财务状况、经营成果。

2. 计算准确

财务会计报告编制前,必须先结账,再编制试算平衡表,保证所记账簿没有差错;在编报以后,必须做到账表相符,并使各种报表之间的数字相互衔接一致。

3. 内容完整

在编制财务会计报告时,应当按照《中华人民共和国会计法》《企业会计准则》等规定的格式和内容填写,并且保证报表种类齐全,报表项目完整。

4. 编报及时

必须加强日常核算,做好记账、算账和结账工作。不能为了赶编财务会计报告而提前结账,更不能为了提前报送而影响财务会计报告的质量。

5. 便于理解

企业财务会计报告提供的信息应当清晰明了,易于理解和运用。

四、会计学基础实训用具

(1) 原始凭证(见第四章)。

(2) 收款凭证 10 张;付款凭证 30 张;转账凭证 30 张;科目汇总表 2 张。

(3) 三栏式账页 57 张(包括总分类账和明细分类账)。

(4) 多栏式账页 8 张。

(5) 数量金额式账页 5 张。

(6) 现金日记账 1 张,银行存款日记账 2 张。

(7) 资产负债表、利润表各 1 张。

(8) 会计凭证的封底、封面各 2 张。

(9) 装订工具:装订机、针、线、胶水等。

(10) 其他。

第 2 章
模拟企业概况

一、模拟企业基本情况

企业名称：河北丰泽有限责任公司
企业地址：长江路 352 号
统一社会信用代码：92000105MA3D5Q8C9E
开户银行：中国工商银行长江路支行，账号 66886688
产品生产情况：大量大批生产甲产品和乙产品

二、模拟企业会计核算的有关规定

（一）企业会计工作组织及账务处理

（1）企业会计工作组织形式采用集中核算形式，记账方法采用借贷记账法。

（2）记账凭证可采用收款凭证、付款凭证、转账凭证，也可采用通用记账凭证。记账凭证按月编号，每月每种凭证分别从 1 号开始。

（3）本资料的账务处理程序可以采用以下两种方式中的任意一种：

①记账凭证账务处理程序（图 2-1）。总分类账根据每张记账凭证登记，明细分类账根据记账凭证和原始凭证逐笔登记。

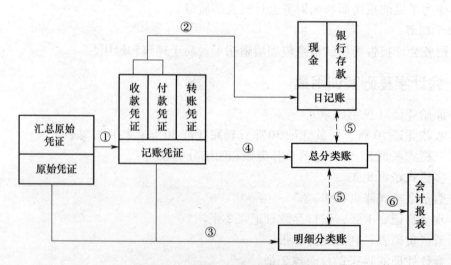

图 2-1 记账凭证账务处理流程图

②科目汇总表账务处理程序（图2-2）。科目汇总表每半月汇总一次，总分类账根据科目汇总表登记，每半月登记一次。明细分类账根据记账凭证和原始凭证逐笔登记。

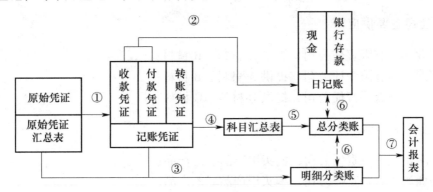

图2-2 科目汇总表账务处理流程图

（4）企业根据《中华人民共和国会计法》《企业会计准则》《会计基础工作规范》等法律制度的有关规定，开设总分类账、明细分类账及现金日记账、银行存款日记账。总分类账采用"借方""贷方"和"余额"三栏式账簿；明细分类账簿根据需要分别选用三栏式、数量金额式、多栏式等格式账页。

（5）企业按会计准则的有关规定编制资产负债表、利润表。为了简化，暂不编制现金流量表和所有者权益变动表。

（二）会计核算的有关规定

（1）库存现金限额为5 000元。

（2）"原材料"和"库存商品"明细账采用数量金额式账页，日常会计核算采用实际成本计价。

（3）"生产成本"明细分类账户设"直接材料""直接人工"和"制造费用"三个成本专栏。"制造费用"明细账户设"材料费""人工费""折旧费""水电费""办公费"等费用要素。

（4）该企业为增值税一般纳税人，使用增值税专用发票，税率为13%。增值税核算设置"应交税费——应交增值税"和"应交税费——未交增值税"明细账。企业所得税税率25%。

（5）成本计算方法采用品种法，月初无在产品，本月投产的产品月末全部完工。

（6）在计算分配率、单价等指标时，结果要求精确到小数点后4位，尾差按业务需要进行调整。

（7）损益类账户采用"账结法"。每月末都将各损益类账户转入"本年利润"账户，"本年利润"账户各月末余额，即为截止到本月月末全年累计实现的利润总额，截止到11月月末实现利润总额2 238 750元。当年实现的净利润在年终进行分配。

（8）会计期间：2019年1月1日至12月31日。模拟实训业务期间：2019年12月1日至12月31日。

三、模拟企业主要供应商及客户相关资料

（一）公司主要供应商

（1）湖北盛安有限责任公司，提供 A 材料、B 材料；
（2）河北华丰有限责任公司，提供 A 材料、B 材料；
（3）河北永昌有限责任公司，提供 B 材料、C 材料。

（二）公司主要客户

（1）广东恒安有限责任公司，购买甲产品、乙产品；
（2）山西兴华有限责任公司，购买甲产品、乙产品；
（3）河北华美有限责任公司，购买甲产品、乙产品。

（三）公司主要供应商及客户资料

单位名称	地址	电话	开户银行	账号	税务登记号
湖北盛安有限责任公司	安丰街 112 号	65789112	工行安丰街支行	36857668	154011226536682
河北华丰有限责任公司	新华路 358 号	57658643	工行新华路支行	46552566	201146522364663
河北永昌有限责任公司	开发区 353 号	65883255	工行开发区支行	35667288	310546753245231
广东恒安有限责任公司	永新路 128 号	65425877	工行永新路支行	65387622	215835646876223
山西兴华有限责任公司	新建路 235 号	35765342	工行新建路支行	35626678	351246597836856
河北华美有限责任公司	高新区 85 号	87664653	工行高新区支行	46856756	311565847267985

第3章
账簿体系设置

一、总分类账设置

总分类账（简称总账），它是根据一级会计科目设置的，是总括反映全部经济业务和资金状况的账簿。通过总分类账提供的资料，可以概括地了解企业的经济活动和财务状况，据以检查分析计划执行情况和编制会计报表。各单位都必须设置总分类账簿。

账簿体系的设置，要根据各个企业规模的大小、经济业务的繁简和加强管理的实际需要而定。一切独立核算的企业必须设置总账，而且应以财政部颁布的企业会计科目为依据，通常为订本式的三栏式账页。

下面是河北丰泽有限责任公司2019年12月份月初总账账户的期初余额，学生应根据总账账户期初余额表（如表3-1所示），开设总分类账。

（一）总账账户期初余额

表3-1 总账账户期初余额表　　　　　　　　　　　　单位：元

序号	科目代码	账户名称	借方余额	贷方余额
1	1001	库存现金	4 500	
2	1002	银行存款	859 000	
3	1122	应收账款	1 050 000	
4	1123	预付账款		
5	1221	其他应收款		
6	1402	在途物资		
7	1403	原材料	596 000	
8	1405	库存商品	461 340	
9	1601	固定资产	5 413 000	
10	1602	累计折旧		900 290
11	2001	短期借款		1 200 000
12	2202	应付账款		358 000
13	2203	预收账款		
14	2211	应付职工薪酬		302 000
15	2221	应交税费		112 800
16	2231	应付利息		6 000
17	2232	应付股利		
18	4001	实收资本		2 800 000
19	4002	资本公积		200 000
20	4101	盈余公积		110 000

续表

序号	科目代码	账户名称	借方余额	贷方余额
21	4103	本年利润		2 238 750
22	4104	利润分配		156 000
23	5001	生产成本		
24	5101	制造费用		
25	6001	主营业务收入		
26	6301	营业外收入		
27	6401	主营业务成本		
28	6403	税金及附加		
29	6601	销售费用		
30	6602	管理费用		
31	6603	财务费用		
32	6711	营业外支出		
33	6801	所得税费用		
		合　计	8 383 840	8 383 840

（二）1—11月份损益类账户累计发生额

按照账结法，损益类账户没有期初余额。但企业在编制利润表和所得税汇算清缴时，必须利用本年损益类账户的累计发生额。

表3-2是河北丰泽有限责任公司2019年1—11月份的损益类账户累计发生额的资料。

表3-2　1—11月份损益类账户累计发生额表　　　　　单位：元

项　目	1—11月份累计发生额
主营业务收入	7 000 000
营业外收入	29 000
主营业务成本	3 150 000
税金及附加	140 000
销售费用	175 000
管理费用	455 000
财务费用	64 000
营业外支出	60 000
所得税费用	746 250

二、明细分类账设置

明细分类账（简称明细账），它是根据二级或明细科目设置的，是连续地记录和反映企业某项资产或负债、所有者权益及收支情况的账簿。通过明细分类账提供的资料，可以具体了解各种财产物资的详细内容。有利于加强资金的管理和使用，增收节支，并为编制会计报表提供必需的明细资料。各单位都要根据实际需要和有关规定，设置明细分类账簿。

（一）三栏式明细分类账设置

三栏式明细分类账格式与总账格式相同。它主要适用于只要求反映金额的经济业务，如应收账款、应付账款、其他应收款等结算业务的明细分类核算。

河北丰泽有限责任公司三栏式明细分类账 2019 年 12 月份月初余额见表 3-3。

表 3-3　12 月份月初明细分类账余额表　　　　　　　　单位：元

总账账户	明细账户	借方余额	贷方余额
应收账款	恒安公司	550 000	
	华美公司	500 000	
其他应收款	李方均		
	王菊		
预付账款	永昌公司		
在途物资	A 材料		
	B 材料		
应付账款	盛安公司		258 000
	华丰公司		100 000
预收账款	兴华公司		
应付职工薪酬	工资		302 000
应交税费	未交增值税		48 000
	应交城建税		3 360
	应交教育费附加		1 440
	应交所得税		60 000
利润分配	提取法定盈余公积		
	应付现金股利		
	未分配利润		156 000
主营业务收入	甲产品		
	乙产品		
主营业务成本	甲产品		
	乙产品		

（二）数量金额式明细分类账设置

数量金额式明细账格式适用于既需要反映金额，又需要反映数量的经济业务。如原材料、库存商品等财产物资的明细分类核算。

河北丰泽有限责任公司 2019 年 12 月份月初原材料、库存商品结存情况见表 3-4。

表 3-4　12 月份月初原材料、库存商品结存情况表

总账账户	明细账户	计量单位	数量	单价/（元·千克$^{-1}$）	金额/元
原材料	A 材料	千克	8 000	25	200 000
	B 材料	千克	12 000	32	384 000
	C 材料	千克	1 200	10	12 000
库存商品	甲产品	件	1 600	158.4	253 440
	乙产品	件	700	297	207 900

（三）多栏式明细分类账设置

多栏式明细分类账适用于生产成本、制造费用、管理费用等明细账分类核算。河北丰泽

有限责任公司多栏式明细账设置见表3-5。

表3-5 丰泽有限责任公司多栏式明细账设置表

账户名称	成本项目	账户名称	成本项目
生产成本——甲产品	直接材料	管理费用	办公费
	直接人工		材料费
	制造费用		修理费
生产成本——乙产品	直接材料		租赁费
	直接人工		人工费
	制造费用		差旅费
制造费用	材料费	管理费用	折旧费
	人工费		水电费
	折旧费		业务招待费
	水电费		其他
	办公费		
	其他		
应交税费-应交增值税	进项税额		
	销项税额		
	进项税额转出		
	转出未交增值税		

三、日记账设置

日记账（又叫序时账）是按照经济业务发生的时间顺序，逐日逐笔地登记经济业务的账簿。在实际工作中使用的日记账，主要是出纳账，包括现金日记账和银行存款日记账两种。这两种日记账由会计部门的出纳人员经管，并根据现金和银行存款的收款凭证和付款凭证逐日逐笔登记。日记账可以用来记录全部经济业务的完成情况，也可以用来记录某一类经济业务的完成情况。河北丰泽有限责任公司日记账设置见表3-6。

表3-6 河北丰泽有限责任公司日记账设置表　　　　　　　　单位：元

账户名称	借方余额
库存现金	4 500
银行存款	859 000

第4章
实训业务资料

一、日常业务资料

河北丰泽有限责任公司2019年12月份发生的经济业务如下：

（1）12月1日，向银行取得为期6个月的借款500 000元，年利率6%，利息每季度支付一次，款项已转存银行。

（2）12月1日，生产车间领用材料，用于产品生产和一般消耗。

（3）12月1日，开出现金支票提取现金3 000元。

（4）12月1日，采购员李方均出差，预借差旅费2 000元，以现金支付。

（5）12月2日，向华美公司销售甲产品1 500件，每件售价220元，价款330 000元；乙产品600件，每件售价400元，价款240 000元；增值税销项税额74 100元，款项已收并存入银行。

（6）12月2日，用现金316.4元购买办公用品，直接交付行政管理部门使用。

（7）12月2日，收到利民公司投入的货币资金200 000元，存入银行。

（8）12月3日，用银行存款支付前欠盛安公司的货款158 000元。

（9）12月3日，签发转账支票，向希望工程捐款10 000元。

（10）12月4日，购入打印机5台，全部款项已全部用银行存款支付，设备已交付相关部门使用。

（11）12月5日，向华丰公司购入A材料8 000千克，单价为24元/千克，价款192 000元；购入B材料10 000千克，单价为31元/千克，价款310 000元；增值税专用发票上注明的税款为65 260元。开出转账支票支付了全部款项，材料尚未运达企业。

（12）12月6日，用银行存款19 620元，支付上述采购A、B两种材料的运杂费。（运杂费按A、B材料重量比例分配）

（13）12月6日，收到恒安公司之前欠的货款35 100元，存入银行。

（14）12月6日，大发公司以一台设备向企业投资，双方协商作价100 000元，设备已交付生产车间使用。

（15）12月6日，行政管理部门一般消耗领用C材料200千克，单价10元/千克，金额2 000元。

（16）12月7日，以银行存款2 120元，支付产品宣传费。

（17）12月7日，以银行存款向永昌公司预付购买B材料和C材料的货款100 000元。

（18）12月8日，从华丰公司购入的A、B材料已到，并如数验收入库，结转材料的实际采购成本。

（19）12月10日，开出现金支票从银行提取现金302 000元，准备发放上月工资。

(20) 12月10日，以库存现金302 000元，支付职工工资。

(21) 12月11日，向恒安公司销售甲产品1 000件，每件售价220元，价款220 000元；乙产品500件，每件售价400元，价款200 000元；增值税销项税额54 600元，以银行存款为对方代垫运费13 080元，已向银行办妥委托收款手续，款项尚未收到。

(22) 12月13日，以银行存款5 537元购买办公用品，直接交付使用。

(23) 12月13日，收到永昌公司发来的、已预付货款的材料，其中：B材料4 000千克，单价32元/千克，价款128 000元，C材料2 000千克，单价10元/千克，价款20 000元；增值税专用发票上注明的税款19 240元。材料已验收入库，预付款不足部分，暂欠。

(24) 12月13日，开出现金支票，提取现金1 000元，备用。

(25) 12月14日，根据合同规定，预收兴华公司购货款500 000元，存入银行。

(26) 12月14日，支付现金904元，用于办公设备修理费。

(27) 12月15日，通过工商银行缴纳上月应交未交增值税48 000元、城市维护建设税3 360元、教育费附加1 440元、所得税60 000元。

(28) 12月15日，采购员李方均出差回来报销差旅费2 380元，补给现金380元。

(29) 12月15日，开出现金支票，提取现金2 000元，备用。

(30) 12月15日，收到永安物业公司因违反服务合同有关条款而支付的罚款金额5 000元，款项已存入银行。

(31) 12月16日，生产车间领用材料，用于产品生产和一般消耗。

(32) 12月16日，办公室王菊出差，预借差旅费1 000元，以现金支付。

(33) 12月17日，收到恒安公司前欠的货款503 400元，存入银行。

(34) 12月18日，用银行存款10 600元，支付产品广告费。

(35) 12月20日，用银行存款1 130元，支付管理部门本月租入的办公设备的租金。

(36) 12月21日，以银行存款67 240元，补付永昌公司的货款。

(37) 12月21日，接到银行通知，本季度的银行借款利息9 000元，已从本企业的银行存款账户划付（企业前两个月已计提利息费用6 000元）。

(38) 12月22日，向盛安公司购入A材料10 000千克，单价24元/千克，价款240 000元；购入B材料10 000千克，单价31元/千克，价款310 000元；增值税专用发票上注明的税款为71 500元。盛安公司代垫两种材料的运杂费21 800元，全部款项尚未支付，材料正在运输途中（运杂费按A、B材料重量比例分配）。

(39) 12月23日，办公室王菊出差回来报销差旅费824元，退回现金176元。

(40) 12月25日，收到自来水公司通知，支付水费，经审核后以银行存款支付。

(41) 12月26日，收到电力公司通知，支付电费，经审核后以银行存款支付。

(42) 12月27日，向盛安公司购入A材料、B材料已运达企业，并如数验收入库，结转其实际采购成本。

(43) 12月28日，按合同规定，预收货款后向兴华公司发出甲产品1 500件，每件售价220元，价款330 000元；乙产品1 000件，每件售价400元，价款400 000元；增值税销项税额94 900元，抵预收货款后，不足款项尚未收到。

(44) 12月28日，用现金600元，支付业务招待费。

(45) 12月30日，以银行存款归还到期短期借款200 000元。

(46) 12月31日，分配本月工资费用。

（47）12月31日，计提本月固定资产折旧22 465元，其中生产车间用固定资产折旧费17 700元，行政管理部门用固定资产折旧费4 765元。

（48）12月31日，按照本月甲、乙产品生产工人工资比例分配结转本月发生的制造费用。

（49）12月31日，本月投产的甲产品4 500件、乙产品2 800件全部完工，并已验收入库，计算并结转其完工产品的生产成本。

（50）12月31日，计算并结转本月产品销售成本。

（51）12月31日，转出未交增值税，并计算本月应负担的城市维护建设税和教育费附加。

（52）12月31日，将本月各项收入账户的发生额结转到"本年利润"账户的贷方。

（53）12月31日，将本月各项费用账户的发生额结转到"本年利润"账户的借方。

（54）12月31日，按规定计算本年应交的所得税（假定无纳税调整项目，所得税税率25%，不考虑递延所得税）。

（55）12月31日，将"所得税费用"账户的本月发生额转入"本年利润"账户的借方。

（56）12月31日，根据企业利润分配方案，按本年实现的净利润的10%提取法定盈余公积金；按本年净利润的40%计算应分配给投资者的利润。

（57）12月31日，将本年实现的净利润转入"利润分配——未分配利润"账户。

（58）12月31日，将"利润分配"账户下其他明细分类账户余额转入，转入"利润分配——未分配利润"账户。

二、单据资料

1-1

中国工商银行　借款凭证

实际发出日期：2019 年 12 月 1 日　　　　凭证号码：1024123

借款人	河北丰泽有限责任公司			账号	66886688								
贷款金额（大写）	伍拾万元整				千	百	十	万	千	百	十	元	角	分
						¥	5	0	0	0	0	0	0	0
用途	流动资金周转	期限	6 个月	约定还款日期	2019 年 5 月 31 日
		付息方式	每季度末支付利息	贷款利率	6%	借款合同号码	2016120135

上列贷款已转入借款人指定的账户。

银行盖章　　复核　　记账

此联代收款人收账通知

2-1

领　料　单

领用部门：生产车间　　　　　　　　　　　　　　　　　编号：201912001
用途：生产甲产品　　　　2019 年 12 月 1 日　　　　发料仓库：1 号库

材料编号	名称	规格	计量单位	请领数量	实发数量	单位成本	金额
001	A 材料		千克	5 080	5 080	25	127 000
002	B 材料		千克	4 000	4 000	32	128 000
备注						合计	255 000

审批：　　　　　发料：　　　　　记账：　　　　　领料：

2-2

领　料　单

领用部门：生产车间　　　　　　　　　　　　　　　　　编号：201912002
用途：生产乙产品　　　　2019 年 12 月 1 日　　　　发料仓库：1 号库

材料编号	名称	规格	计量单位	请领数量	实发数量	单位成本	金额
001	A 材料		千克	2 000	2 000	25	50 000
002	B 材料		千克	7 800	7 800	32	249 600
备注						合计	299 600

审批：　　　　　发料：　　　　　记账：　　　　　领料：

2–3

领 料 单

领用部门：生产车间　　　　　　　　　　　　　　　　　　　编号：201912003
用途：一般耗用　　　　2019 年 12 月 1 日　　　　　　　　发料仓库：1 号库

材料编号	名称	规格	计量单位	请领数量	实发数量	单位成本	金额
003	C材料		千克	1 000	1 000	10	10 000
备注						合计	10 000

审批：　　　　　　发料：　　　　　　记账：　　　　　　领料：

3–1

```
中国工商银行
现金支票存根
  No：899001

科    目
对方科目
出票日期 2019 年 12 月 1 日

收款人：河北丰泽有限责任公司
金　额：￥3 000.00
用　途：备用金
备　注：

单位主管        会计
复   核         记账
```

4–1

借 款 单

2019 年 12 月 1 日　　　　　　　　　　　　　　　　　　　No：201912001

借款单位	采购部	借款理由	出差
借款金额	人民币（大写）：贰仟元整	￥2000.00	
部门负责人（签字） 同意 张强 2019.12.1	财务负责人（签字） 钱敏 2019 年 12 月 1 日	借款人：李方均（现金借讫） 2019 年 12 月 1 日	

5-1

河北增值税专用发票

开票日期：2019 年 12 月 2 日　　　　　　　　　　　　　　　No00002546245

购货单位	名称：河北华美有限责任公司 纳税人登记号：311565847267985 地址、电话：高新区 85 号　87664653 开户银行及账号：工行高新区支行 46856756	密码区	75＋2145787(6)－/456789 加密版本 02 2114＜＞、＊33568899224523545644、 3－1545－1＞＞＞＞＋547887954562153 41245321

货物或应税劳务名称	计量单位	数量	单价	金　额　百 十 万 千 百 十 元 角 分	税率	税　额　百 十 万 千 百 十 元 角 分
甲产品	件	1 500	220	3 3 0 0 0 0 0 0	13%	4 2 9 0 0 0 0
乙产品	件	600	400	2 4 0 0 0 0 0 0	13%	3 1 2 0 0 0 0
合　计				￥ 5 7 0 0 0 0 0 0	13%	￥ 7 4 1 0 0 0 0

价税合计（大写）	⊗陆拾肆万肆仟壹佰零拾零元零角零分	￥644 100.00

销货单位	名称：河北丰泽有限责任公司 纳税人登记号：310045686688333 地址、电话：长江路 352 号 开户银行及账号：工行长江路支行 66886688	备注：

收款人：　　　　　复核：　　　　开票人：××　　　　销售单位：（章）

5-2

中国工商银行　进账单（　）

2019 年 12 月 2 日

出票人	全　称	河北华美有限责任公司	收款人	全　称	河北丰泽有限责任公司	此联是银行交给收款人的回单
	账号	46856756		账号	66886688	
	开户银行	工行高新区支行		开户银行	工行长江路支行	

人民币（大写）陆拾肆万肆仟壹佰元整	千 百 十 万 千 百 十 元 角 分
	￥　6 4 4 1 0 0 0 0

票据种类	转账支票	收款人开户银行盖章
票据张数	1 张	
复核	记账	

5-3

产品出库单　　1

制表日期　2019 年 12 月 2 日

购货单位：河北华美有限责任公司　　　　　　　　　　　　　　　№201912001

产品名称	规格	计量单位	数　量	
			请发	实发
甲产品		件	1 500	1 500
乙产品		件	600	600

仓库主管：　　　　　　记账：　　　　　　发货人：　　　　　　经办人：

第二联　记账联

6-1

报销审批单

部门：厂部　　　　　　　　　　　2019 年 12 月 2 日

事由	付款方式	金额
购办公用品	现金	￥316.40
合计	人民币（大写）：叁佰壹拾陆元肆角整	￥316.40
公司领导审批意见	财务主管　　　　部门领导	经办人

6－2

河北增值税专用发票

开票日期：2019 年 12 月 2 日　　　　　　　　　　No000020096395

购货单位	名称：河北丰泽有限责任公司 纳税人登记号：92000105MA3D5Q8C9E 地址、电话：长江路 352 号 开户银行及账号：工行长江路支行 66886688	密码区	75＋2145787(6)－/456789 加密版本 02 2114＜＞、*33568899224523545644、 3－1545－1＞＞＞＞+547887954562153 41245321

商品或劳务名称	计量单位	数量	单价	金额 百十万千百十元角分	税率	税额 百十万千百十元角分
打印纸	箱	1	280	2 8 0 0 0	13%	3 6 4 0
合计				¥ 2 8 0 0 0	13%	¥ 3 6 4 0

价税合计（大写）	⊗叁佰壹拾陆元肆角零分　　　　　　¥316.40		
销货单位	名称：河北晨光办公用商店 纳税人登记号：101146522364663 地址、电话：新华路 400 号 开户银行及账号：工行新华路支行 12552566	备注：	

收款人：　　　　　复核：　　　　　开票人：×××　　　　　销售单位：（章）

7－1

投资协议书

甲方：河北丰泽有限责任公司

乙方：河北利民有限责任公司

乙方向甲方投资人民币贰拾万元整（¥200 000.00），投资后占甲方实收资本的10%，投资方式为货币资金。投资款自签订合同后10日内以银行汇票方式支付，并同时办理股权认定手续。

本协议一式三份，自签订之日起生效。

河北丰泽有限责任公司（甲方）　　　　　　　河北利民有限责任公司（乙方）

法人代表：李利华　　　　　　　　　　　　　法人代表：张静

2019 年 11 月 24 日　　　　　　　　　　　　2019 年 11 月 24 日

7－2

中国工商银行　进账单（　）

2019 年 12 月 2 日

出票人	全　称	河北利民有限责任公司	收款人	全　称	河北丰泽有限责任公司
	账　号	23569832		账　号	66886688
	开户银行	工行长安区支行		开户银行	工行长江路支行

人民币（大写）贰拾万元整	千 百 十 万 千 百 十 元 角 分
	￥ 2 0 0 0 0 0 0 0

票据种类	银行汇票	
票据张数	1 张	收款人开户银行盖章
复核　　　　记账		

此联是银行交给收款人的回单

8－1

中国工商银行　电汇凭证　（回单）　1

☐普通　☐加急　　委托日期　　2019 年 12 月 3 日

汇款人	全　称	河北丰泽有限责任公司	收款人	全　称	湖北盛安有限责任公司
	账　号	66886688		账　号	36857668
	汇出地点	河北 省石家庄 市/县		汇入地点	湖北 省武汉 市/县
汇出行名称	工行长江路支行		汇入行名称	工行安丰街支行	

金额	人民币（大写）壹拾伍万捌仟元整	亿 千 百 万 十 万 千 百 十 元 角
		￥ 1 5 8 0 0 0 0

	支付密码　　　　　　（略）
	附加信息及用途：
	货款
汇出行签章	复核　　　记账

此联汇出行给汇款人的回单

9-1

报销审批单

部门：厂部　　　　　　　2019 年 12 月 3 日

事由	付款方式	金额
向希望工程捐款	转账支票	￥10 000.00
合　计	人民币（大写）：壹万元整	￥10 000.00
公司领导审批意见	财务主管	部门领导	经办人

9-2

希望工程捐赠专用收据

日期：2019 年 12 月 3 日

捐赠者：河北丰泽有限责任公司　　　捐赠号：希望工程

捐赠货币（实物）种类：人民币

捐赠金额（实物价值）：

小写：￥10 000.00

大写：零佰零拾壹万零仟零佰零拾零元零角零分

记账联

交款单位（章）　　　　　　　　　　　　　　　经办人：李娜

9-3

```
中国工商银行
转账支票存根
No：699001

科　　目
对方科目
出票日期 2019 年 12 月 3 日
　收款人：河北省青少年发展基金会
　金　额：￥10 000.00
　用　途：捐款
　备　注：

单位主管　　　会计
复　核　　　　记账
```

10-1

报销审批单

部门：厂部　　　　　　　　　2019 年 12 月 4 日

事由	付款方式	金额
购买打印机	转账支票	¥ 24 860.00
合计	人民币（大写）：贰万肆仟捌佰陆拾元整	¥ 24 860.00
公司领导审批意见	财务主管	部门领导	经办人

10-2

河北增值税专用发票

开票日期：2019 年 12 月 4 日　　　　　　　　　No 000020093409

购货单位	名称：河北丰泽有限责任公司 纳税人登记号：92000105MA3D5Q8C9E 地址、电话：长江路 352 号 开户银行及账号：工行长江路支行 66886688	密码区	75＋2145787(6)－/456789 加密版本 02 2114＜＞、*33568899224523545644、 3－1545－1＞＞＞＋547887954562153 41245321

商品或劳务名称	计量单位	数量	单价	金　额									税率	税　额								
				百	十	万	千	百	十	元	角	分		百	十	万	千	百	十	元	角	分
打印机	台	5	4 400			2	2	0	0	0	0	0	13%				2	8	6	0	0	0
合计				¥		2	2	0	0	0	0	0	13%	¥			2	8	6	0	0	0

价税合计（大写）	⊗贰万肆仟捌佰陆拾零元零角零分	¥24 860.00

销货单位	名称：河北得利商贸有限公司 纳税人登记号：310045522364663 地址、电话：中山路 102 号 开户银行及账号：工行中山路支行　33222566	备注：

收款人：　　　　复核：　　　　开票人：×××　　　　销售单位：（章）

10-3

```
        中国工商银行
         转账支票存根
              No：699002
    科    目
    对方科目
    出票日期2019 年 12 月 4 日
    收款人：河北得利商贸有限公司
    金    额：￥24 860.00
    用    途：购打印机
    备    注：

    单位主管        会计
    复  核          记账
```

10-4

固定资产交接（验收）单

2019 年 12 月 4 日

编号	名称	品牌	型号	单位	数量	单价	供货单位
1012001	打印机	惠普	LJ7100	台	5	4 400	北国商城
总价款	设备费	安装费	运杂费	包装费	其他	合计	预计使用年限
	22 000					22 000	5 年
验收意见	合格		验收人	康莉	使用人	张强	

11-1

河北增值税专用发票

开票日期：2019 年 12 月 5 日　　　　No 00002556395

购货单位	名称：河北丰泽有限责任公司 纳税人登记号：92000105MA3D5Q8C9E 地址、电话：长江路352号 开户银行及账号：工行长江路支行 66886688	密码区	75＋2145787（6）－/456789 加密版本02 2114＜＞、*33568899224523545644、 3－1545－1＞＞＞＋547887954562153 41245321

商品或劳务名称	计量单位	数量	单价	金额 百十万千百十元角分	税率	税额 百十万千百十元角分
A 材料	千克	8 000	24	1 9 2 0 0 0 0 0	13%	2 4 9 6 0 0 0
B 材料	千克	10 000	31	3 1 0 0 0 0 0 0	13%	4 0 3 0 0 0 0
合计				￥ 5 0 2 0 0 0 0 0	13%	￥ 6 5 2 6 0 0 0
价税合计（大写）	⊗伍拾陆万柒仟贰佰陆拾零元零角零分					￥567 260.00

销货单位	名称：河北华丰有限责任公司 纳税人登记号：201146522364663 地址、电话：新华路358号 开户银行及账号：工行新华路支行 46552566	备注：

收款人：　　　　复核：　　　　开票人：×××　　　　销售单位：（章）

11-2

```
          中国工商银行
          转账支票存根
          No：699003

  科    目
  对方科目
  出票日期 2019 年 12 月 5 日

  收款人：华丰公司

  金    额：¥ 567 260.00

  用    途：购材料

  备    注：

  单位主管        会计
  复  核          记账
```

12-1

河北增值税专用发票

开票日期：2019 年 12 月 6 日   No 000020093410

购货单位	名称：河北丰泽有限责任公司 纳税人登记号：92000105MA3D5Q8C9E 地址、电话：长江路 352 号 开户银行及账号：工行长江路支行 66886688	密码区	75＋2145787（6）-/456789 加密版本 02 2114＜＞、*33568899224523545644、 3-1545-1＞＞＞＞+547887954562153 41245321

商品或劳务名称	计量单位	数量	单价	金额 百十万千百十元角分	税率	税额 百十万千百十元角分
运费				1 8 0 0 0 0 0	9%	1 6 2 0 0 0
合计				¥ 1 8 0 0 0 0 0	9%	¥ 1 6 2 0 0 0

价税合计 （大写）	⊗壹万玖仟陆佰贰拾零元零角零分	¥19 620.00	
销货单位	名称：大华运输公司 纳税人登记号：310012545664663 地址、电话：中山路 102 号 开户银行及账号：工行中山路支行 33222566	备注：	

收款人：　　　　　　复核：　　　　　　开票人：×××　　　　　　销售单位：（章）

12-2

中国工商银行
转账支票存根
No：699004

科　　目
对方科目
出票日期 2019 年 12 月 6 日

| 收款人：运输公司 |
| 金　额：¥ 19 620.00 |
| 用　途：付运费 |
| 备　注： |

单位主管　　　　会计
复　核　　　　　记账

12-3

运杂费分配表

年　月　日　　　　　　　　　　　　　　　　　元

品　种	分配标准	分配率	运杂费分配金额
A 材料	8 000		
B 材料	10 000		
合　计	18 000		

13-1

中国工商银行　进账单（　　）

2019 年 12 月 6 日

出票人	全　称	广东恒安有限责任公司	收款人	全　称	河北丰泽有限责任公司	此联是银行交给收款人的回单
	账　号	65387622		账　号	66886688	
	开户银行	工行永新路支行		开户银行	工行长江路支行	
人民币（大写）叁拾伍万壹仟元整				千百十万千百十元角分 ¥ 3 5 1 0 0 0 0 0		
票据种类		信汇	收款人开户银行盖章			
票据张数		1 张				
复　核　　　　记账						

14-1

投资协议书

甲方：河北丰泽有限责任公司
乙方：河北大发有限责任公司
　　乙方以一台机器设备向甲方投资，双方协商该设备作价为壹拾万元整（¥ 100 000.00），投资后占甲方实收资本的5%。该设备自签订合同后10日内办理交接手续，并同时办理股权认定手续。
　　本协议一式三份，自签订之日起生效。
河北丰泽有限责任公司（甲方）　　河北大发有限责任公司（乙方）
法人代表：李利华　　　　　　　　法人代表：郭自利
2019 年 11 月 28 日　　　　　　　2019 年 11 月 28 日

14-2

固定资产交接（验收）单

2019年12月6日

编号	名称	品牌	型号	单位	数量	单价	供货单位
1012003	机器设备			台	1	100 000	大发公司
总价款	设备费	安装费	运杂费	包装费	其他	合计	预计使用年限
	100 000					100 000	5 年
验收意见		合格	验收人	康莉	使用人		张强

14-3

河北增值税专用发票

开票日期：2019 年 12 月 6 日　　　　　　　　　No 000020087421

购货单位	名称：河北丰泽有限责任公司 纳税人登记号：92000105MA3D5Q8C9E 地址、电话：长江路 352 号 开户银行及账号：工行长江路支行 66886688	密码区	75 + 2145787（6）- /456789 加密版本 02 2114 < >、*33568899224523545644、 3 - 1545 - 1 > > > > +547887954562153 41245321

商品或劳务名称	计量单位	数量	单价	金额（百十万千百十元角分）	税率	税额（百十万千百十元角分）
机器设备	台	1	10 000	1 0 0 0 0 0 0 0	13%	1 3 0 0 0 0 0
合计				¥ 1 0 0 0 0 0 0 0	13%	¥ 1 3 0 0 0 0 0
价税合计（大写）	⊗壹拾壹万叁仟零佰零拾零元零角零分　　　　　¥113 000.00					
销货单位	名称：河北大发有限责任公司 纳税人登记号：310045522363456 地址、电话：中山路 102 号 开户银行及账号：工行中山路支行 33222588	备注：				

收款人：　　　　复核：　　　　开票人：×××　　　　销售单位：（章）

15-1

领料单

领用部门：厂部　　　　　　　　　　　　　　　　　　　　　　　　　编号：201912004
用途：行政管理部门耗用　　　　2019 年 12 月 6 日　　　　发料仓库：1 号库

材料编号	名称	规格	计量单位	请领数量	实发数量	单位成本	金额
003	C 材料		千克	200	200	10	2 000
备注						合计	2 000

审批：　　　　发料：　　　　记账：　　　　领料：

16-1

报销审批单

部门：厂部　　　　　　　　　　2019 年 12 月 7 日

事由	付款方式	金额
付产品宣传费	转账支票	￥2 120.00
合计	人民币（大写）：贰仟壹佰贰拾元整	￥2 120.00
公司领导审批意见	财务主管	部门领导	经办人

16-2

河北增值税专用发票

开票日期：2019 年 12 月 7 日　　　　　　　　　No000020087421

购货单位	名称：河北丰泽有限责任公司 纳税人登记号：92000105MA3D5Q8C9E 地址、电话：长江路 352 号 开户银行及账号：工行长江路支行 66886688	密码区	75+2145787(6)-/456789 加密版本 02 2114<>、*33568899224523545644、 3-1545-1>>>>+547887954562153 41245321

商品或劳务名称	计量单位	数量	单价	金额 百十万千百十元角分	税率	税额 百十万千百十元角分
宣传费				2 0 0 0 0 0	6%	1 2 0 0 0
合计				￥　　　2 0 0 0 0 0	6%	1 2 0 0 0
价税合计（大写）	⊗贰仟壹佰贰拾零元零角零分		￥2 120.00

销货单位	名称：河北天龙广告公司 纳税人登记号：340045522363489 地址、电话：中山路 105 号 开户银行及账号：工行中山路支行　33222599	备注：

收款人：　　　　　复核：　　　　　开票人：×××　　　　　销售单位：（章）

16 – 3

中国工商银行
转账支票存根
No：699005

科　　目
对方科目
出票日期 2019 年 12 月 5 日

| 收款人：天龙广告有限公司 |
| 金　　额：￥2 120.00 |
| 用　　途：付产品宣传费 |
| 备　　注： |

单位主管　　　会计
复　核　　　　记账

17 – 1

中国工商银行
转账支票存根
No：699006

科　　目
对方科目
出票日期 2019 年 12 月 7 日

| 收款人：永昌公司 |
| 金　　额：￥100 000.00 |
| 用　　途：预付购材料款 |
| 备　　注： |

单位主管　　　会计
复　核　　　　记账

18 – 1

材料采购成本计算表

年　月　日　　　　　　　　　　　　　　　　　　　　　　元

品　种	分配标准	分配率	采购费用分配额	买　价	总成本	单位成本
A 材料	8 000					
B 材料	10 000					
合　计	18 000					

18 – 2

收　料　单

供货单位：华丰公司　　　　　　　　　　　　　　　　　　　　　　编号：201912001
发票号码：2556395　　　　　2019 年 12 月 8 日　　　　　　　　发料仓库：1 号库

材料编号	名称	规格	计量单位	应收数量	实收数量	单位成本	金额
备注						合计	

收料：　　　　记账：　　　　　　保管：　　　　　仓库负责人：

19-1

```
中国工商银行
现金支票存根
No：899002

科    目
对方科目
出票日期 2019 年 12 月 10 日
收款人：河北丰泽有限责任公司
金   额：￥302 000.00
用   途：发放工资
备   注：

单位主管          会计
复  核            记账
```

20-1

工资结算汇总表
2019 年 12 月 10 日   元

部门名称	基本工资	津、补贴	合计
甲产品生产工人	90 000	30 000	120 000
乙产品生产工人	100 000	40 000	140 000
车间管理人员	6 000	4 000	10 000
行政管理人员	20 000	12 000	32 000
合计	216 000	86 000	302 000

21-1

河北增值税专用发票

开票日期：2019 年 12 月 11 日   No 00002556396

购货单位	名称：广东恒安有限责任公司 纳税人登记号：215835646876223 地址、电话：永新路 128 号 开户银行及账号：工行永新路支行 65387622	密码区	75＋2145787(6)－/456789 加密版本 02 2114＜＞、＊33568899224523545644、 3－1545－1＞＞＞＋547887954562153 41245321

商品或劳务名称	计量单位	数量	单价	金额 百十万千百十元角分	税率	税额 百十万千百十元角分
甲产品	件	1 000	220	2 2 0 0 0 0 0 0	13%	2 8 6 0 0 0 0
乙产品	件	500	400	2 0 0 0 0 0 0 0	13%	2 6 0 0 0 0 0
合计				￥4 2 0 0 0 0 0 0	13%	￥5 4 6 0 0 0 0
价税合计（大写）	⊗肆拾柒万肆仟陆佰零拾零元零角零分					￥474 600.00
销货单位	名称：河北丰泽有限责任公司 纳税人登记号：92000105MA3D5Q8C9E 地址、电话：长江路 352 号 开户银行及账号：工行长江路支行 66886688	备注：	

收款人：   复核：   开票人：×××   销售单位：（章）

21-2

中国工商银行
转账支票存根
No: 699007

科　目
对方科目
出票日期 2019 年 12 月 11 日

| 收款人：运输公司 |
| 金　额：￥13 080.00 |
| 用　途：代垫运费 |
| 备　注： |

单位主管　　　会计
复　核　　　记账

21-3

产品出库单

2019 年 12 月 11 日

购货单位：广东恒安有限责任公司　　　　　　　　　　　　　　No 201912002

产品名称	规格	计量单位	数量	
			请发	实发
甲产品		件	1 000	1 000
乙产品		件	500	500

第二联　记账联

仓库主管：　　　记账：　　　发货人：　　　经办人：

22-1

中国工商银行
转账支票存根
No: 699008

科　目
对方科目
出票日期 2019 年 12 月 13 日

| 收款人：北方文化用品公司 |
| 金　额：￥5 537.00 |
| 用　途：购办公用品 |
| 备　注： |

单位主管　　　会计
复　核　　　记账

22-2

河北增值税专用发票

开票日期：2019 年 12 月 13 日　　　　　　　　　　　No000020093609

购货单位	名称：河北丰泽有限责任公司 纳税人登记号：92000105MA3D5Q8C9E 地址、电话：长江路 352 号 开户银行及账号：工行长江路支行 66886688	密码区	75＋2145787（6）－/456789 加密版本 02 2114＜＞、＊33568899224523545644、 3－1545－1＞＞＞＋547887954562153 41245321

商品或劳务名称	计量单位	数量	单价	金　　额								税率	税　　额							
				百	十	万	千	百	十	元	角	分		百	十	万	千	百	十	元	角	分
硒鼓	个	5	500				2	5	0	0	0	0	13%					3	2	5	0	0
文件夹	箱	5	480				2	4	0	0	0	0	13%					3	1	2	0	0
合计						¥	4	9	0	0	0	0	13%				¥	6	3	7	0	0

价税合计 （大写）	⊗伍仟伍佰叁拾柒元零角零分　　　　　¥5 537.00		
销货单位	名称：河北得利商贸有限公司 纳税人登记号：310045522364663 地址、电话：中山路 102 号 开户银行及账号：工行中山路支行　33222566	备注：	

收款人：　　　　　　复核：　　　　　开票人：×××　　　　　销售单位：（章）

22-3

办公用品请领单

领用部门：厂部

用途：办公　　　　　　2019 年 12 月 13 日　　　　　　　　　编号：201912001

名称	规格	计量单位	请领数量	实发数量	单位成本	金额
文件夹		箱	5	5	480	2 400
备注					合计	2 400

审批：　　　　　　　　　记账：　　　　　　　　领用人：

22-4

办公用品请领单

领用部门：生产车间

用途：办公　　　　　　　　2019 年 12 月 13 日　　　　　　　　编号：201912002

名称	规格	计量单位	请领数量	实发数量	单位成本	金额
硒鼓		个	5	5	500	2 500
备注					合计	2 500

审批：　　　　　　　　　　　记账：　　　　　　　领用人：

23-1

河北增值税专用发票

开票日期：2019 年 12 月 13 日　　　　　　　　　　No00003245698

购货单位	名称：河北丰泽有限责任公司 纳税人登记号：92000105MA3D5Q8C9E 地址、电话：长江路 352 号 开户银行及账号：工行长江路支行 66886688	密码区	75+2145787（6）-/456789 加密版本 02 2114＜＞、*33568899224523545644、 3-1545-1＞＞＞＞+547887954562153 41245321

商品或劳务名称	计量单位	数量	单价	金　　额									税率	税　　额								
				百	十	万	千	百	十	元	角	分		百	十	万	千	百	十	元	角	分
B 材料	千克	4 000	32		1	2	8	0	0	0	0	0	13%			1	6	6	4	0	0	0
C 材料	千克	2 000	10			2	0	0	0	0	0	0	13%				2	6	0	0	0	0
合计				￥	1	4	8	0	0	0	0	0	13%	￥		1	9	2	4	0	0	0

价税合计（大写）	⊗壹拾陆万柒仟贰佰肆拾零元零角零分	￥167 240.00		
销货单位	名称：河北永昌有限责任公司 纳税人登记号：310546753245231 地址、电话：开发区 353 号 开户银行及账号：工行开发区支行 35667288	备注：		

23-2

收 料 单

供货单位：永昌公司
发票号码：3245698

2019 年 12 月 13 日

编号：201912002
收料仓库：1 号库

材料编号	名称	规格	计量单位	应收数量	实收数量	单位成本	金额
002	B 材料		千克	4 000	4 000	32	128 000
003	C 材料		千克	2 000	2 000	10	20 000
备注						合计	148 000

收料：　　　　　记账：　　　　　保管：　　　　　仓库负责人：

24-1

**中国工商银行
现金支票存根**

No：899003

科　目
对方科目
出票日期 2019 年 12 月 13 日

| 收款人：河北丰泽有限责任公司 |
| 金　额：¥1 000.00 |
| 用　途：备用金 |
| 备　注： |

单位主管　　　　会计
复　核　　　　　记账

25-1

中国工商银行　进账单（　　）

2019 年 12 月 14 日

出票人	全　称	山西兴华有限责任公司	收款人	全　称	河北丰泽有限责任公司	千	百	十	万	千	百	十	元	角	分
	账　号	35626678		账　号	66886688										
	开户银行	工行新建路支行		开户银行	工行长江路支行										
人民币（大写）伍拾万元整						¥	5	0	0	0	0	0	0	0	0
票据种类	信汇														
票据张数	1 张		收款人开户银行盖章												
复核	记账														

此联是银行交给收款人的回单

26 – 1

报销审批单

部门：厂部　　　　　　　　　　　　2019 年 12 月 14 日

事由	付款方式	金额
付办公设备修理费	现金	￥904.00
合计	人民币（大写）：玖佰零肆元整	￥904.00
公司领导审批意见	财务主管	部门领导　　　　经办人

26 – 2

河北增值税专用发票

开票日期：2019 年 12 月 14 日　　　　　　　　　　　　No 000020087421

购货单位	名称：河北丰泽有限责任公司 纳税人登记号：92000105MA3D5Q8C9E 地址、电话：长江路352号 开户银行及账号：工行长江路支行 66886688	密码区	75 + 2145787（6）-/456789 加密版本 02 2114 < > 、*33568899224523545644、 3 – 1545 – 1 > > > > +547887954562153 41245321

商品或劳务名称	计量单位	数量	单价	金　　额 百 十 万 千 百 十 元 角 分	税率	税　　额 百 十 万 千 百 十 元 角 分
修理费				8 0 0 0 0	13%	1 0 4 0 0
合计				￥　　8 0 0 0 0	13%	1 0 4 0 0

价税合计（大写）	⊗玖佰零拾肆元零角零分　　　　　　￥904.00		
销货单位	名称：河北成行修理公司 纳税人登记号：290045522363987 地址、电话：中山路100号 开户银行及账号：工行中山路支行　33222599	备注：	

收款人：　　　　　复核：　　　　　开票人：×××　　　　　销售单位：（章）

27-1

中华人民共和国税收通用缴款书

隶属关系：　　　　　　　　　　　　　　　　　　　　　　（2019）国缴　　国

注册类型：　　　填发日期：2019 年 12 月 15 日　　征收机关：

缴款单位	代　码	92000105MA3D5Q8C9E	预算科目	编码	
	全　称	河北丰泽有限责任公司		名称	增值税
	开户银行	工行长江路支行		级次	国家级
	账　号	66886688		收缴国库	市中心支库

税款所属时期 2019 年 11 月 1 日至 11 月 30 日　　　税款限缴日期 2019 年 12 月 15 日

品目名称	课税数量	计税金额或销售收入	税率或单位税额	已缴或扣除额	实缴金额									
					亿	千	百	十	万	千	百	十	元	角	分
增值税		600 000	13%	54 000				¥	4	8	0	0	0	0	0

金额合计	（大写）×仟×佰拾肆万捌仟零佰零拾零元零角零分	¥ 4 8 0 0 0 0 0

缴款单位（人）（盖章）经办人（章）	税务机关（盖章）填票人（章）	上列款项已收妥并划转收款单位账户 国库（银行）盖章 2019 年 12 月 15 日	备注：

27-2

中华人民共和国税收通用缴款书

隶属关系：　　　　　　　　　　　　　　　　　　　　　　（2019）国缴　　国

注册类型：　　　填发日期：2019 年 12 月 15 日　　征收机关：

缴款单位	代　码	92000105MA3D5Q8C9E	预算科目	编码	
	全　称	河北丰泽有限责任公司		名称	城市维护建设税
	开户银行	工行长江路支行		级次	地方级
	账　号	66886688		收缴国库	市中心支库

税款所属时期 2019 年 11 月 1 日至 11 月 30 日　　　税款限缴日期 2019 年 12 月 15 日

品目名称	课税数量	计税金额或销售收入	税率或单位税额	已缴或扣除额	实缴金额									
					亿	千	百	十	万	千	百	十	元	角	分
城市维护建设税		48 000	7%						¥	3	3	6	0	0	0

金额合计	（大写）×仟×佰×拾×万叁仟叁佰陆拾零元零角零分	¥ 3 3 6 0 0 0

缴款单位（人）（盖章）经办人（章）	税务机关（盖章）填票人（章）	上列款项已收妥并划转收款单位账户 国库（银行）盖章 2019 年 12 月 15 日	备注：

27-3

中华人民共和国税收通用缴款书

隶属关系：　　　　　　　　　　　　　　　　　　　　（2019）国缴　　　国

注册类型：　　　填发日期：2019年12月15日　　征收机关：

缴款单位	代　码	92000105MA3D5Q8C9E	预算科目	编码	
	全　称	河北丰泽有限责任公司		名称	教育费附加
	开户银行	工行长江路支行		级次	地方级
	账　号	66886688		收缴国库	市中心支库

税款所属时期 2019年11月1日至11月30日				税款限缴日期 2019年12月15日									
品目名称	课税数量	计税金额或销售收入	税率或单位税额	已缴或扣除额	实缴金额								
					亿	千	百	十	万	千	百	十	元	角	分
教育费附加		48 000	3%						¥	1	4	4	0	0	0
金额合计（大写）×仟×佰×拾×万壹仟肆佰肆拾零元零角零分							¥	1	4	4	0	0	0

缴款单位（人）（盖章）经办人（章）	税务机关（盖章）填票人（章）	上列款项已收妥并划转收款单位账户　国库（银行）盖章　2019年12月15日	备注：

27-4

中华人民共和国税收通用缴款书

隶属关系：　　　　　　　　　　　　　　　　　　　　（2019）国缴　　　国

注册类型：　　　填发日期：2019年12月15日　　征收机关：

缴款单位	代　码	92000105MA3D5Q8C9E	预算科目	编码	
	全　称	河北丰泽有限责任公司		名称	企业所得税
	开户银行	工行长江路支行		级次	国家级
	账　号	66886688		收缴国库	市中心支库

税款所属时期 2019年11月1日至11月30日				税款限缴日期 2019年12月15日									
品目名称	课税数量	计税金额或销售收入	税率或单位税额	已缴或扣除额	实缴金额								
					亿	千	百	十	万	千	百	十	元	角	分
企业所得税		240 000	25%					¥	6	0	0	0	0	0	0
金额合计	（大写）×仟×佰×拾陆万零仟零佰零拾零元零角零分					¥	6	0	0	0	0	0	0

缴款单位（人）（盖章）经办人（章）	税务机关（盖章）填票人（章）	上列款项已收妥并划转收款单位账户　国库（银行）盖章　2019年12月15日	备注：

28-1

差旅费报销单

填报日期　2019 年 12 月 15 日

项目	火车费	长途汽车	桥船费	市内交通	行李托运	旅馆费	住勤费	途中补助	其他费	合计
数量	2					1				3
金额	1 020.00					1 060.00		300.00		2 380.00
部门	采购部		姓名	李方均	人民币（大写）：贰仟叁佰捌拾元整					
出差地点			出差起止日期		2019-12-2 至 2019-12-10			出差事由		
原借款	2 000.00		实报	2 380.00	长退或短补	380.00	领导签字		出差人签字	李方均

28-2

```
K0017605                        检票：A2

        石家庄 ─G2280次→ 上海
        ShiJiaZhuang          ShangHai

   2019年12月02日08：00开      06车10D号

   ￥510.00元          网         二等座
   限乘当日当次车

   1760531985****2230   李方均
```

28-3

```
C3457605                        检票：B2

        上 海 ─G2282次→ 石家庄
        ShangHai              ShiJiaZhuang

   2019年12月10日08：00开      12车12F号

   ￥510.00元          网         二等座
   限乘当日当次车

   1760531985****2230   李方均
```

28-4

上海增值税专用发票

开票日期：2019 年 12 月 10 日　　　　　　　　　No00006786395

购货单位	名称：河北丰泽有限责任公司 纳税人登记号：92000105MA3D5Q8C9E 地址、电话：长江路352号 开户银行及账号：工行长江路支行 66886688	密码区	75＋2145787（6）-/456789 加密版本02 2114＜＞、*33568899224523545644、 3-1545-1＞＞＞＞+547887954562153 41245321

商品或劳务名称	计量单位	数量	单价	金额 百 十 万 千 百 十 元 角 分	税率	税额 百 十 万 千 百 十 元 角 分
住宿费	天	9	111.11	1 0 0 0 0 0	6%	6 0 0 0
合计				¥ 1 0 0 0 0 0	6%	¥ 6 0 0 0

价税合计（大写）	⊗壹仟零陆拾元整　　　　　　　¥1 060.00

销货单位	名称：上海锦华商务旅社 纳税人登记号 34561226536682 地址、电话：金华街112号 开户银行及账号：工行金华街支行 36857668	备注：

收款人：　　　　复核：　　　　开票人：×××　　　　销售单位：（章）

29-1

中国工商银行
现金支票存根
No：899004

科　目
对方科目
出票日期 2019 年 12 月 15 日

收款人：河北丰泽有限责任公司

金　额：¥2 000.00

用　途：备用金

备　注：

单位主管　　　会计
复　核　　　　记账

30-1

中国工商银行 进账单（　　）

2019 年 12 月 15 日

出票人	全　称	永安物业公司	收款人	全　称	河北丰泽有限责任公司	千	百	十	万	千	百	十	元	角	分
	账　号	65626365		账　号	66886688										
	开户银行	工行长江路支行		开户银行	工行长江路支行				¥	5	0	0	0	0	0
人民币（大写）伍仟元整															
票据种类	支票		收款人开户银行盖章												
票据张数	1 张														
复核	记账														

此联是银行交给收款人的回单

30-2

收款收据

2019 年 12 月 15 日　　　　　　　　　　　　　　　　　No.

交款单位或交款人	永安物业公司	收款方式	转账支票
事　由 违约罚款		备注：	
人民币（大写）伍仟元整　　¥5 000.00			

收款单位（盖章）：（章）　　　　　　　　　　　　收款人（签章）：王力

第三联

31-1

领　料　单

领用部门：生产车间　　　　　　　　　　　　　　　　　　　　编号：201912004
用途：生产甲产品　　　　　　2019 年 12 月 16 日　　　　　　发料仓库：1 号库

材料编号	名称	规格	计量单位	请领数量	实发数量	单位成本	金额
001	A 材料		千克	5 032	5 032	25	125 800
002	B 材料		千克	5 500	5 500	32	176 000
备注						合计	301 800

审批：　　　　　　发料：　　　　　　记账：　　　　　　领料：

31－2

领　料　单

领用部门：生产车间　　　　　　　　　　　　　　　　　　　　　编号：201912005
用途：生产乙产品　　　　　　2019 年 12 月 16 日　　　　　　　发料仓库：1 号库

材料编号	名称	规格	计量单位	请领数量	实发数量	单位成本	金额
001	A 材料		千克	3 696	3 696	25	92 400
002	B 材料		千克	8 050	8 050	32	257 600
备注						合计	350 000

审批：　　　　　　发料：　　　　　　记账：　　　　　　领料：

31－3

领　料　单

领用部门：生产车间　　　　　　　　　　　　　　　　　　　　　编号：201912006
用途：一般耗用　　　　　　　2019 年 12 月 16 日　　　　　　　发料仓库：1 号库

材料编号	名称	规格	计量单位	请领数量	实发数量	单位成本	金额
003	C 材料		千克	1 200	1 200	10	12 000
备注						合计	12 000

审批：　　　　　　发料：　　　　　　记账：　　　　　　领料：

32－1

借　款　单

2019 年 12 月 16 日　　　　　　　　　　　　　　　　　　No：2019120002

借款单位	办公室	借款理由	出差
借款金额	人民币（大写）：壹仟元整		￥1 000.00
部门负责人（签字） 同意 张明 2019.12.16	财务负责人（签字） 钱敏 2019 年 12 月 16 日	现金付讫	借款人：王菊 2019 年 12 月 16 日

33－1

中国工商银行　进账单（　　）

2019 年 12 月 17 日

出票人	全称	广东恒安有限责任公司	收款人	全称	河北丰泽有限责任公司										此联是银行交给收款人的回单
	账号	65387622		账号	66886688										
	开户银行	工行永新路支行		开户银行	工行长江路支行	千	百	十	万	千	百	十	元	角	分
人民币（大写）伍拾万叁仟肆佰元整							￥	5	0	3	4	0	0	0	0
票据种类	信汇														
票据张数	1 张		收款人开户银行盖章												
复核	记账														

34-1

报销审批单

部门：厂部　　　　　　　　　　2019 年 12 月 18 日

事由	付款方式	金额
付广告费	转账支票	￥10 600.00
合计	人民币（大写）：壹万零陆佰元整	￥10 600.00
公司领导审批意见	财务主管	部门领导	经办人

34-2

河北增值税专用发票

开票日期：2019 年 12 月 18 日　　　　　　　　　　No000030086478

购货单位	名称：河北丰泽有限责任公司 纳税人登记号：92000105MA3D5Q8C9E 地址、电话：长江路352号 开户银行及账号：工行长江路支行 66886688	密码区	75＋2145787（6）－/456789 加密版本 02 2114＜＞、*33568899224523545644、 3－1545－1＞＞＞＞＋547887954562153 41245321

商品或劳务名称	计量单位	数量	单价	金额 百 十 万 千 百 十 元 角 分	税率	税额 百 十 万 千 百 十 元 角 分
广告费				1 0 0 0 0 0 0	6%	6 0 0 0 0
合计				￥ 1 0 0 0 0 0 0	6%	6 0 0 0 0
价税合计（大写）	⊗壹万零仟陆佰零拾零元零角零分					￥10 600.00
销货单位	名称：河北天马广告公司 纳税人登记号：540055522363481 地址、电话：天山路105号 开户银行及账号：工行天山路支行 33222509	备注：				

收款人：　　　　复核：　　　　开票人：×××　　　　销售单位：（章）

34-3

**中国工商银行
转账支票存根**

No: 699009

科　　目
对方科目
出票日期 2019 年 12 月 18 日

收款人：天马广告公司
金　额：￥10 600.00
用　途：付广告费
备　注：

单位主管　　会计
复　核　　　记账

35-1

报销审批单

部门：厂部　　　　　　　　　　　　　2019 年 12 月 20 日

事由	付款方式	金额
付设备租赁费	转账支票	￥1 130.00
合计	人民币（大写）：壹仟壹佰叁拾元整　　￥1 130.00	
公司领导审批意见	财务主管　　　　部门领导　　　　经办人	

35-2

**中国工商银行
转账支票存根**

No: 699010

科　　目
对方科目
出票日期 2019 年 12 月 20 日

收款人：三利租赁公司
金　额：￥1 130.00
用　途：付租赁费
备　注：

单位主管　　会计
复　核　　　记账

35-3

河北增值税专用发票

开票日期：2019 年 12 月 20 日　　　　　　　　　　　　　　　　No 000020087522

<table>
<tr><td rowspan="4">购货单位</td><td colspan="3">名称：河北丰泽有限责任公司</td><td rowspan="4">密码区</td><td>75＋2145787(6)－/456789 加密版本 02</td></tr>
<tr><td colspan="3">纳税人登记号：92000105MA3D5Q8C9E</td><td>2114＜＞、＊33568899224523545644、</td></tr>
<tr><td colspan="3">地址、电话：长江路 352 号</td><td>3－1545－1＞＞＞＞＋547887954562153</td></tr>
<tr><td colspan="3">开户银行及账号：工行长江路支行 66886688</td><td>41245321</td></tr>
</table>

商品或劳务名称	计量单位	数量	单价	金额 百 十 万 千 百 十 元 角 分	税率	税额 百 十 万 千 百 十 元 角 分
租赁费				1 0 0 0 0	13%	1 3 0 0 0
合计				¥　　　1 0 0 0 0	13%	1 3 0 0 0

价税合计 （大写）	⊗壹仟壹佰叁拾零元零角零分　　　　　　¥1 130.00

<table>
<tr><td rowspan="4">销货单位</td><td>名称：河北天福租赁公司</td><td rowspan="4">备注：</td></tr>
<tr><td>纳税人登记号：290045522363981</td></tr>
<tr><td>地址、电话：黄河路 100 号</td></tr>
<tr><td>开户银行及账号：工行黄河路支行　33222507</td></tr>
</table>

收款人：　　　　　复核：　　　　　开票人：×××　　　　　销售单位：（章）

36-1

```
中国工商银行
转账支票存根
No：699011
科　目
对方科目
出票日期 2019 年 12 月 21 日
┌─────────────────────┐
│ 收款人：永昌公司          │
├─────────────────────┤
│ 金　额：¥67 240.00        │
├─────────────────────┤
│ 用　途：付购料款          │
├─────────────────────┤
│ 备　注：                  │
└─────────────────────┘
单位主管　　　　会计
复　核　　　　　记账
```

37-1

中国工商银行计付贷款利息清单（付款通知）

2019 年 12 月 21 日

单位名称	河北丰泽有限责任公司		结算账号	
计息起讫日期	2019 年 9 月 21 日 起 2019 年 12 月 21 日止			
计息账号	计息总积数	季利率		利息金额
	600 000.00	1.5%		9 000.00

你单位上述贷款利息已从你单位结算账户如数支付。
此致
贷款单位
（银行盖章）

38-1

湖北增值税专用发票

开票日期：2019 年 12 月 22 日   No00006786395

购货单位	名称：河北丰泽有限责任公司 纳税人登记号：92000105MA3D5Q8C9E 地址、电话：长江路352号 开户银行及账号：工行长江路支行 66886688	密码区	75+2145787（6）-/456789 加密版本 02 2114 < >、*33568899224523545644、 3-1545-1 > > > > +547887954562153 41245321

商品或劳务名称	计量单位	数量	单价	金 额 百 十 万 千 百 十 元 角 分	税率	税 额 百 十 万 千 百 十 元 角 分
A材料	千克	10 000	24	2 4 0 0 0 0 0	13%	3 1 2 0 0 0 0
B材料	千克	10 000	31	3 1 0 0 0 0 0	13%	4 0 3 0 0 0 0
合计				¥ 5 5 0 0 0 0 0	13%	¥ 　7 1 5 0 0 0 0
价税合计 （大写）	⊗陆拾贰万壹仟伍佰零拾零元零角零分			¥621 500.00		
销货单位	名称：湖北盛安有限责任公司 纳税人登记号：154011226536682 地址、电话：安丰街112号 开户银行及账号：工行安丰街支行 36857668			备注：		

收款人：　　　　复核：　　　　开票人：×××　　　　销售单位：（章）

38-2

河北增值税专用发票

开票日期：2019 年 12 月 22 日　　　　　　　　　　　　　No 000020093781

<table>
<tr><td rowspan="4">购货单位</td><td colspan="7">名称：河北丰泽有限责任公司</td><td rowspan="4">密码区</td><td colspan="7">75＋2145787（6）－/456789 加密版本 02</td></tr>
<tr><td colspan="7">纳税人登记号：92000105MA3D5Q8C9E</td><td colspan="7">2114＜＞、*33568899224523545644、</td></tr>
<tr><td colspan="7">地址、电话：长江路 352 号</td><td colspan="7">3－1545－1＞＞＞＋547887954562153</td></tr>
<tr><td colspan="7">开户银行及账号：工行长江路支行 66886688</td><td colspan="7">41245321</td></tr>
</table>

商品或劳务名称	计量单位	数量	单价	金额 百十万千百十元角分	税率	税额 百十万千百十元角分
运费				2 0 0 0 0 0 0	9%	1 8 0 0 0 0
合　计				¥　　2 0 0 0 0 0 0	9%	¥　　　1 8 0 0 0 0
价税合计（大写）	价税合计 ⊗贰万壹仟捌佰零拾零元零角零分　　　　　¥21 800.00						
销货单位	名称：大华运输公司　　　　　　　　　　　　　备注： 纳税人登记号：310012545664663 地址、电话：中山路 102 号 开户银行及账号：工行中山路支行　33222566						

收款人：　　　　　　复核：　　　　　开票人：×××　　　　销售单位：（章）

38-3

运杂费分配表

年　月　日　　　　　　　　　　　　　　　　　　　　　金额单位：元

品　种	分配标准/千克	分配率	运杂费分配金额
A 材料	10 000		
B 材料	10 000		
合　计	20 000		

39-1

差旅费报销单

填报日期 2019 年 12 月 23 日

项目	火车费	长途汽车	桥船费	市内交通	行李托运	旅馆费	住勤费	途中补助	其他费	合计
数量	2					1				3
金额	300					424.00		100.00		824.00
部门	办公室		姓名	王菊	人民币（大写）：捌佰贰拾肆元整					
出差地点			出差起止日期		2019-12-17 至 2019-12-21			出差事由		
原借款	1 000.00		实报	824.00	长退或短补	176.00	领导签字		出差人签字	王菊

39-2

北京增值税专用发票

开票日期：2019 年 12 月 21 日   No00006786300

购货单位	名称：河北丰泽有限责任公司 纳税人登记号：92000105MA3D5Q8C9E 地址、电话：长江路 352 号 开户银行及账号：工行长江路支行 66886688	密码区	75＋2145787（6）－/456789 加密版本 02 2114＜＞、*33568899224523545644、 3－1545－1＞＞＞＞＋547887954562153 41245321

商品或劳务名称	计量单位	数量	单价	金额 百 十 万 千 百 十 元 角 分	税率	税额 百 十 万 千 百 十 元 角 分
住宿费	天	4	100	4 0 0 0 0	6%	2 4 0 0
合计				¥　　　4 0 0 0 0	6%	2 4 0 0
价税合计（大写）	⊗肆佰贰拾肆元整　　　　　　　¥424.00					
销货单位	名称：北京 7 天商务酒店 纳税人登记号 34561226536980 地址、电话：王府街 112 号 开户银行及账号：工行王府街支行 36857669			备注：		

收款人：　　　　　复核：　　　　　开票人：×××　　　　　销售单位：（章）

39-3

```
C3457605                    检票：B2

     北京西   G282次   石家庄
    ShangHai          ShiJiaZhuang

  2019年12月14日15：30开    12车12F号
  ￥150.00元          网      二等座
   限乘当日当次车

    1300531987****2230   王菊
```

39-4

```
K0017603                    检票：A2

     石家庄   G280次   北京西
    ShiJiaZhuang       ShangHai

  2019年12月13日07：45开    06车10D号
  ￥150.00元          网      二等座
   限乘当日当次车

    1300531987****2230   王菊
```

40-1

河北增值税专用发票

开票日期：2019 年 12 月 25 日   No00006126195

购货单位	名称：河北丰泽有限责任公司 纳税人登记号：92000105MA3D5Q8C9E 地址、电话：长江路352号 开户银行及账号：工行长江路支行 66886688	密码区	75＋2145787(6)－/456789 加密版本02 2114＜＞、*33568899224523545644、 3－1545－1＞＞＞＋547887954562153 41245321

商品或劳务名称	计量单位	数量	单价	金 额 百 十 万 千 百 十 元 角 分	税率	税 额 百 十 万 千 百 十 元 角 分
水	吨	6 500	2.30	1 4 9 5 0 0 0	9%	1 3 4 5 5 0
合计				¥ 1 4 9 5 0 0 0	9%	¥ 1 3 4 5 5 0
价税合计 （大写）	⊗壹万陆仟贰佰玖拾伍元伍角零分		￥16 295.50			

销货单位	名称：石家庄市自来水公司 纳税人登记号：130011226458882 地址、电话：太和街112号 开户银行及账号：工行太和街支行 96857168	备注	

收款人：　　　　复核：　　　　开票人：×××　　　　销售单位：（章）

40-2

委托收款凭证（付款通知）

委托日期 2019年12月25日

付款人	全 称	河北丰泽有限责任公司	收款人	全 称	石家庄市自来水公司	此联是付款人开户银行通知付款人付款的通知
	账 号	66886688		账 号	96857168	
	开户银行	工行长江路支行		开户银行	工行太和街支行	

委托金额	人民币（大写）壹万陆仟贰佰玖拾伍元伍角零分	千	百	十	万	千	百	十	元	角	分
				¥	1	6	2	9	5	5	0

委托内容	水费	委托收款凭证名称	水费专用发票	附寄单据张数	1张

备注：	付款单位注意： 1. 根据结算正式规定上列委托收款，如在付款期限内未拒付时即视同全部同意付。 2. 如需提前付或多付少付款时，应另写书面通知送银行办理。 3. 如果全部或部分拒付，应在付款期限内另填拒付款理由书送银行办理。

40-3

用水分配表

2019年12月25日

使用部门	耗水量/m³	单价/(元·m⁻³)	金额/元
生产车间	6 000	2.30	13 800
行政部门	500	2.30	1 150
合计	6 500	2.30	14 950

财务主管：　　　　　　　　审核：　　　　　　　　制单：

41-1

河北增值税专用发票

开票日期：2019年12月26日　　　　No 00001126721

购货单位	名称：河北丰泽有限责任公司 纳税人登记号：92000105MA3D5Q8C9E 地址、电话：长江路352号 开户银行及账号：工行长江路支行 66886688	密码区	75+2145787(6)-/456789 加密版本02 2114<>,*33568899224523545644、 3-1545-1>>>>+547887954562153 41245321

商品或劳务名称	计量单位	数量	单价	金 额								税率	税 额							
				百	十	万	千	百	十	元	角	分		百	十	万	千	百	十	元	角	分
电	度	17 000	0.80			1	3	6	0	0	0	0	13%			1	7	6	8	0	0
合计				¥		1	3	6	0	0	0	0	13%	¥		1	7	6	8	0	0

价税合计（大写）	⊗壹万伍仟叁佰陆拾捌元零角零分　　　　¥15 368.00

销货单位	名称：河北省热电公司 纳税人登记号：13011226458567 地址、电话：和平路108号 开户银行及账号：工行和平路支行 56853268	备注：

收款人：　　　　　复核：　　　　　开票人：×××　　　　　销售单位：（章）

41-2

委托收款凭证（付款通知）

委托日期 2019 年 12 月 26 日

付款人	全 称	河北丰泽有限责任公司	收款人	全 称	河北省热电公司	此联是付款人开户银行通知付款人付款的通知
	账 号	66886688		账 号	56853268	
	开户银行	工行长江路支行		开户银行	工行和平路支行	
委托金额	人民币（大写）壹万伍仟叁佰陆拾捌元整				千 百 十 万 千 百 十 元 角 分 ¥ 1 5 3 6 8 0 0	
委托内容	电费	委托收款凭证名称	电费专用发票	电费专用发票	1 张	
备注：	付款单位注意： 1. 根据结算正式规定上列委托收款，如在付款期限内未拒付时即视同全部同意付。 2. 如需提前付或多付少付款时，应另写书面通知送银行办理。 3. 如果全部或部分拒付，应在付款期限内另填拒付款理由书送银行办理。					

41-3

用电分配表

2019 年 12 月 26 日

使用部门	耗水量/度	单价/（元·度$^{-1}$）	金额/元
生产车间	15 000	0.80	12 000
行政部门	2 000	0.80	1 600
合计	17 000	0.80	13 600

财务主管：   审核：   制单：

42-1

材料采购成本计算表

年 月 日

金额单位：元

品 种	分配标准	分配率	采购费用分配额	买 价	总成本	单位成本
A 材料						
B 材料						
合 计						

42-2

收 料 单

供货单位：盛安公司　　　　　　　　　　　　　　　　　　　　　编号：201912003
发票号码：2556395　　　　　　2019 年 12 月 27 日　　　　　　收料仓库：1 号库

材料编号	名称	规格	计量单位	应收数量	实收数量	单位成本	金额
备注						合计	

收料：   记账：   保管：   仓库负责人：

43-1

河北增值税专用发票

开票日期：2019 年 12 月 28 日　　No00002556397

购货单位	名称：山西兴华有限责任公司 纳税人登记号：351246597836856 地址、电话：新建路 235 号 开户银行及账号：工行新建路支行 35626678	密码区	75 + 2145787（6）-/456789 加密版本 02 2114 < > 、*33568899224523545644、 3 - 1545 - 1 > > > > +547887954562153 41245321

商品或劳务名称	计量单位	数量	单价	金额 百十万千百十元角分	税率	税额 百十万千百十元角分
甲产品	件	1 500	220	3 3 0 0 0 0 0 0	13%	4 2 9 0 0 0 0
乙产品	件	1 000	400	4 0 0 0 0 0 0 0	13%	5 2 0 0 0 0 0
合计				¥ 7 3 0 0 0 0 0 0	13%	¥ 9 4 9 0 0 0 0

价税合计（大写）	⊗捌拾贰万肆仟玖佰零拾零元零角零分　　　　¥824 900.00

销货单位	名称：河北丰泽有限责任公司 纳税人登记号：92000105MA3D5Q8C9E 地址、电话：长江路 352 号 开户银行及账号：工行长江路支行 66886688	备注：

收款人：　　　　复核：　　　　开票人：×××　　　　销售单位：（章）

43-2

产品出库单　1

制表日期　2019 年 12 月 28 日

购货单位：山西兴华有限责任公司　　　　　　　　　　　　　　No. 201912003

产品名称	规格	计量单位	数量	
			请发	实发
甲产品		件	1 500	1 500
乙产品		件	1 000	1 000

第二联　记账联

仓库主管：　　　　记账：　　　　发货人：　　　　经办人：

44-1

报销审批单

2019 年 12 月 28 日

部门：厂部

事由	付款方式	金额
付业务招待费	现金	¥ 600.00
合　计	人民币（大写）：陆佰元整　　¥ 600.00	
公司领导审批意见	财务主管	部门领导	经办人

44-2

河北增值税普通发票

开票日期：2019年12月28日　　　　　　　　　　　　　　　No00001126876

购货单位	名称：河北丰泽有限责任公司 纳税人登记号：92000105MA3D5Q8C9E 地址、电话：长江路352号 开户银行及账号：工行长江路支行 66886688			密码区	75＋2145787(6)－/456789 加密版本02 2114＜＞、＊33568899224523545644、 3－1545－1＞＞＞＞＋547887954562153 41245321												
商品或劳务名称	计量单位	数量	单价	金　额							税率	税　额						
				百	十	万	千	百	十	元	角	分		百	十	万	千	百	十	元	角	分
餐饮费							5	6	6	0	4		6%					3	3	9	6
合计							¥5	6	6	0	4		6%					¥3	3	9	6
价税合计 （大写）	⊗陆佰零拾零元零角零分　　　　¥600.00																				
销货单位	名称：河北饭店 纳税人登记号：14511226453421 地址、电话：裕华路108号 开户银行及账号：工行裕华路支行 56853234			备注：																	

收款人：　　　　　　复核：　　　　　　开票人：×××　　　　　　销售单位：（章）

45-1

中国工商银行贷款还款凭证

2019年12月30日

借款单位名称	河北丰泽有限责任公司	贷款账号		结算账号									
还款金额 （大写）	贰拾万元整			千	百	十	万	千	百	十	元	角	分
						¥2	0	0	0	0	0	0	0
贷款种类	流动资金借款			借出日期				归还日期					
				2019年6月30日				2019年12月30日					
上述款项从本单位往来账户如数支付 （单位签章）				银行盖章									

46 – 1

工资费用分配表

2019 年 12 月 31 日　　　　　　　　　　　　　　　　　　　　　　单位：元

应借科目	基本工资	津、补贴	合计
生产成本——甲产品	90 000	30 000	120 000
生产成本——乙产品	100 000	40 000	140 000
制造费用	6 000	4 000	10 000
管理费用	20 000	12 000	32 000
合　计	216 000	86 000	302 000

47 – 1

固定资产折旧计算表

2019 年 12 月 31 日

使用部门	固定资产类型	月初应计提折旧固定资产原值	月折旧率/%	月折旧额/元
生产车间	房屋及建筑物	2 160 000	0.5	10 800
	机器设备	2 300 000	0.3	6 900
管理部门	房屋及建筑物	703 000	0.5	3 515
	办公设备	250 000	0.5	1 250
合计		5 413 000	—	22 465

48 – 1

制造费用分配表

年　月　日　　　　　　　　　　　　　　　　　　　　　　金额单位：元

受益对象	分配标准（生产工人工资）	分配率	分配金额
甲产品			
乙产品			
合　计			

49 – 1

产品成本计算单

产品名称：甲产品　　　　　　　　　年　月　日　　　　　　　　　　单位：元

成本项目	本月生产费用	总成本	单位成本
直接材料			
工资及福利费			
制造费用			
合　计			

49－2

产品成本计算单

产品名称：乙产品　　　　　　　　　年　月　日　　　　　　　　　单位：元

成本项目	本月生产费用	总成本	单位成本
直接材料			
工资及福利费			
制造费用			
合　计			

49－3

产品入库单

年　月　日　　　　　　　　　金额单位：元

产品编号	产品名称	计量单位	实收数量	单位成本	总成本
合　计					

50－1

主营业务成本计算表

年　月　日　　　　　　　　　金额单位：元

产品编号	产品名称	计量单位	销售数量	单位成本	销售总成本
合　计					

51－1

应交增值税计算表

年　月　日　　　　　　　　　单位：元

当期销项税额	当期进项税额	当期进项税额转出	已交税金	应交增值税

51-2

应交城建税和教育费附加计算表

年 月 日　　　　　　　　　　　　　　　　　　　单位：元

税种	计税依据				税率	应纳税金额
	增值税	营业税	消费税	合计		
城建税					7%	
教育费附加					3%	
合　　计						

52-1

本月收入类账户发生额汇总表

年 月 日　　　　　　　　　　　　　　　　　　　单位：元

序　号	账户名称	贷方发生额
1	主营业务收入——甲产品	
2	主营业务收入——乙产品	
3	其他业务收入	
4	营业外收入	
	合　　计	

53-1

本月成本费用类账户发生额汇总表

年 月 日　　　　　　　　　　　　　　　　　　　单位：元

序　号	账户名称	借方发生额
1	主营业务成本——甲产品	
2	主营业务成本——乙产品	
3	其他业务成本	
4	税金及附加	
5	销售费用	
6	管理费用	
7	财务费用	
8	营业外支出	
	合　　计	

54-1

12月份企业所得税计算表

年 月　　　　　　　　　　　　　　　　　　　单位：元

项目	行次	金额
12月份营业收入	1	
减：12月份营业成本	2	
12月份税金及附加	3	
12月份销售费用	4	
12月份管理费用	5	
加：12月份营业外收入	6	
减：12月份营业外支出	7	
12月份利润总额	8	
12月份应交所得税	9	

56－1

全年净利润计算表

年　月　日　　　　　　　　　　　　　　　　　　　　　　　　单位：元

1－11月份净利润	12月份净利润	全年净利润

56－2

利润分配计算表

年　月　日　　　　　　　　　　　　　　　　　　　　　　　　单位：元

项　目	利润分配基数	分配比例/%	分配金额
提取法定盈余公积		10	
应付投资者利润		40	
合　计			

三、科目汇总表

科 目 汇 总 表

年　月　日至　日　　　　　　　　　　　　　　　　　　　　科汇第　号

会计科目	本期发生额		会计科目	本期发生额	
	借方	贷方		借方	贷方

科 目 汇 总 表

年　月　日至　日　　　　　　　　　　　　　　　　科汇第　号

会计科目	本期发生额		会计科目	本期发生额	
	借方	贷方		借方	贷方

四、财务报表

资产负债表

编制单位： 　　　　　　　　　　年　月　日　　　　　　　　　　单位：元

资产	期末余额	年初余额	负债和所有者权益	期末余额	年初余额
流动资产：			流动负债：		
货币资金			短期借款		
以公允价值计量且其变动计入当期损益的金融资产			以公允价值计量且其变动计入当期损益的金融负债		
衍生金融资产			衍生金融负债		
应收票据			应付票据		
应收账款			应付账款		
预付款项			预收款项		
应收利息			应付职工薪酬		
应收股利			应交税费		
其他应收款			应付利息		
存货			应付股利		
持有待售资产			其他应付款		
一年内到期的非流动资产			持有待售负债		
其他流动资产			一年内到期的非流动负债		
流动资产合计			其他流动负债		
			流动负债合计		
非流动资产：			非流动负债：		
可供出售金融资产			长期借款		
持有至到期投资			应付债券		
长期应收款			长期应付款		
长期股权投资			专项应付款		
投资性房地产			预计负债		
固定资产			递延所得税负债		
在建工程			其他非流动负债		
工程物资			非流动负债合计		
固定资产清理			负债合计		
生产性生物资产			所有者权益：		
油气资产			实收资本（或股本）		
无形资产			其他权益工具		
开发支出			资本公积		
商誉			减：库存股		
长期待摊费用			其他综合收益		
递延所得税资产			盈余公积		
其他非流动资产			未分配利润		
非流动资产合计			所有者权益合计		
资产总计			负债和所有者总计		

利 润 表

编制单位：　　　　　　　　　　　年　月　　　　　　　　　　　单位：元

项目	本期金额	上期金额
一、营业收入		
减：营业成本		
税金及附加		
销售费用		
管理费用		
研发费用		
财务费用		
其中：利息费用		
利息收入		
资产减值损失		
信用减值损失		
加：其他收益		
投资收益（净损失以"－"号填列）		
其中：对联营企业和合营企业的投资收益		
公允价值变动收益（净损失以"－"号填列）		
资产处置收益（损失以"－"号填列）		
二、营业利润（亏损以"－"号填列）		
加：营业外收入		
减：营业外支出		
其中：非流动资产处置净损失（净收益以"－"号填列）		
三、利润总额（亏损总额以"－"号填列）		
减：所得税费用		
四、净利润（净亏损以"－"号填列）		
五、其他综合收益的税后净额		
……		
六、综合收益总额		
七、每股收益：		
（一）基本每股收益		
（二）稀释每股收益		

附录一
中华人民共和国会计法（修订）

（根据2017年11月4日第十二届全国人民代表大会常务委员会第三十次会议《关于修改〈中华人民共和国会计法〉等十一部法律的决定》第二次修正）

第一章 总 则

第一条 为了规范会计行为，保证会计资料真实、完整，加强经济管理和财务管理，提高经济效益，维护社会主义市场经济秩序，制定本法。

第二条 国家机关、社会团体、公司、企业、事业单位和其他组织（以下统称单位）必须依照本法办理会计事务。

第三条 各单位必须依法设置会计账簿，并保证其真实、完整。

第四条 单位负责人对本单位的会计工作和会计资料的真实性、完整性负责。

第五条 会计机构、会计人员依照本法规定进行会计核算，实行会计监督。

任何单位或者个人不得以任何方式授意、指使、强令会计机构、会计人员伪造、变造会计凭证、会计账簿和其他会计资料，提供虚假财务会计报告。

任何单位或者个人不得对依法履行职责、抵制违反本法规定行为的会计人员实行打击报复。

第六条 对认真执行本法，忠于职守，坚持原则，做出显著成绩的会计人员，给予精神的或者物质的奖励。

第七条 国务院财政部门主管全国的会计工作。

县级以上地方各级人民政府财政部门管理本行政区域内的会计工作。

第八条 国家实行统一的会计制度。国家统一的会计制度由国务院财政部门根据本法制定并公布。

国务院有关部门可以依照本法和国家统一的会计制度制定对会计核算和会计监督有特殊要求的行业实施国家统一的会计制度的具体办法或者补充规定，报国务院财政部门审核批准。

中国人民解放军总后勤部可以依照本法和国家统一的会计制度制定军队实施国家统一的会计制度的具体办法，报国务院财政部门备案。

第二章 会计核算

第九条 各单位必须根据实际发生的经济业务事项进行会计核算，填制会计凭证，登记会计账簿，编制财务会计报告。

任何单位不得以虚假的经济业务事项或者资料进行会计核算。

第十条 下列经济业务事项，应当办理会计手续，进行会计核算：

（一）款项和有价证券的收付；

（二）财物的收发、增减和使用；

（三）债权债务的发生和结算；

（四）资本、基金的增减；

（五）收入、支出、费用、成本的计算；

（六）财务成果的计算和处理；

（七）需要办理会计手续、进行会计核算的其他事项。

第十一条 会计年度自公历1月1日起至12月31日止。

第十二条 会计核算以人民币为记账本位币。

业务收支以人民币以外的货币为主的单位，可以选定其中一种货币作为记账本位币，但是编报的财务会计报告应当折算为人民币。

第十三条 会计凭证、会计账簿、财务会计报告和其他会计资料，必须符合国家统一的会计制度的规定。

使用电子计算机进行会计核算的，其软件及其生成的会计凭证、会计账簿、财务会计报告和其他会计资料，也必须符合国家统一的会计制度的规定。

任何单位和个人不得伪造、变造会计凭证、会计账簿及其他会计资料，不得提供虚假的财务会计报告。

第十四条 会计凭证包括原始凭证和记账凭证。

办理本法第十条所列的经济业务事项，必须填制或者取得原始凭证并及时送交会计机构。

会计机构、会计人员必须按照国家统一的会计制度的规定对原始凭证进行审核，对不真实、不合法的原始凭证有权不予接受，并向单位负责人报告；对记载不准确、不完整的原始凭证予以退回，并要求按照国家统一的会计制度的规定更正、补充。

原始凭证记载的各项内容均不得涂改；原始凭证有错误的，应当由出具单位重开或者更正，更正处应当加盖出具单位印章。原始凭证金额有错误的，应当由出具单位重开，不得在原始凭证上更正。

记账凭证应当根据经过审核的原始凭证及有关资料编制。

第十五条 会计账簿登记，必须以经过审核的会计凭证为依据，并符合有关法律、行政法规和国家统一的会计制度的规定。会计账簿包括总账、明细账、日记账和其他辅助性账簿。

会计账簿应当按照连续编号的页码顺序登记。会计账簿记录发生错误或者隔页、缺号、跳行的，应当按照国家统一的会计制度规定的方法更正，并由会计人员和会计机构负责人（会计主管人员）在更正处盖章。

使用电子计算机进行会计核算的，其会计账簿的登记、更正，应当符合国家统一的会计制度的规定。

第十六条 各单位发生的各项经济业务事项应当在依法设置的会计账簿上统一登记、核算，不得违反本法和国家统一的会计制度的规定私设会计账簿登记、核算。

第十七条 各单位应当定期将会计账簿记录与实物、款项及有关资料相互核对，保证会计账簿记录与实物及款项的实有数额相符、会计账簿记录与会计凭证的有关内容相符、会计账簿之间相对应的记录相符、会计账簿记录与会计报表的有关内容相符。

第十八条 各单位采用的会计处理方法，前后各期应当一致，不得随意变更；确有必要变更的，应当按照国家统一的会计制度的规定变更，并将变更的原因、情况及影响在财务会计报告中说明。

第十九条 单位提供的担保、未决诉讼等或有事项，应当按照国家统一的会计制度的规定，在财务会计报告中予以说明。

第二十条 财务会计报告应当根据经过审核的会计账簿记录和有关资料编制，并符合本法和国家统一的会计制度关于财务会计报告的编制要求、提供对象和提供期限的规定；其他法律、行政法规另有规定的，从其规定。

财务会计报告由会计报表、会计报表附注和财务情况说明书组成。向不同的会计资料使用者提供的财务会计报告，其编制依据应当一致。有关法律、行政法规规定会计报表、会计报表附注和财务情况说明书须经注册会计师审计的，注册会计师及其所在的会计师事务所出具的审计报告应当随同财务会计报告一并提供。

第二十一条 财务会计报告应当由单位负责人和主管会计工作的负责人、会计机构负责人（会计主管人员）签名并盖章；设置总会计师的单位，还应由总会计师签名并盖章。

单位负责人应当保证财务会计报告真实、完整。

第二十二条 会计记录的文字应当使用中文。在民族自治地方，会计记录可以同时使用当地通用的一种民族文字。在中华人民共和国境内的外商投资企业、外国企业和其他外国组织的会计记录可以同时使用一种外国文字。

第二十三条 各单位对会计凭证、会计账簿、财务会计报告和其他会计资料应当建立档案,妥善保管。会计档案的保管期限和销毁办法,由国务院财政部会同有关部门制定。

第三章 公司、企业会计核算的特别规定

第二十四条 公司、企业进行会计核算,除应当遵守本法第二章的规定外,还应当遵守本章规定。

第二十五条 公司、企业必须根据实际发生的经济业务事项,按照国家统一的会计制度的规定确认、计量和记录资产、负债、所有者权益、收入、费用、成本和利润。

第二十六条 公司、企业进行会计核算不得有下列行为:

(一)随意改变资产、负债、所有者权益的确认标准或者计量方法,虚列、多列、不列或者少列资产、负债、所有者权益;

(二)虚列或者隐瞒收入,推迟或者提前确认收入;

(三)随意改变费用、成本的确认标准或者计量方法,虚列、多列、不列或者少列费用、成本;

(四)随意调整利润的计算、分配方法,编造虚假利润或者隐瞒利润;

(五)违反国家统一的会计制度规定的其他行为。

第四章 会计监督

第二十七条 各单位应当建立、健全本单位内部会计监督制度。单位内部会计监督制度应当符合下列要求:

(一)记账人员与经济业务事项和会计事项的审批人员、经办人员、财物保管人员的职责权限应当明确,并相互分离、相互制约;

(二)重大对外投资、资产处置、资金调度和其他重要经济业务事项的决策和执行的相互监督、相互制约程序应当明确;

(三)财产清查的范围、期限和组织程序应当明确;

(四)对会计资料定期进行内部审计的办法和程序应当明确。

第二十八条 单位负责人应当保证会计机构、会计人员依法履行职责,不得授意、指使、强令会计机构、会计人员违法办理会计事项。

会计机构、会计人员对违反本法和国家统一的会计制度规定的会计事项,有权拒绝办理或者按照职权予以纠正。

第二十九条 会计机构、会计人员发现会计账簿记录与实物、款项及有关资料不相符的,按照国家统一的会计制度的规定有权自行处理的,应当及时处理;无权处理的,应当立即向单位负责人报告,请求查明原因,作出处理。

第三十条 任何单位和个人对违反本法和国家统一的会计制度规定的行为,有权检举。收到检举的部门有权处理的,应当依法按照职责分工及时处理;无权处理的,应当及时移送有权处理的部门处理。收到检举的部门、负责处理的部门应当为检举人保密,不得将检举人姓名和检举材料转给被检举单位和被检举人个人。

第三十一条 有关法律、行政法规规定,须经注册会计师进行审计的单位,应当向受委托的会计师事务所如实提供会计凭证、会计账簿、财务会计报告和其他会计资料以及有关情况。

任何单位或者个人不得以任何方式要求或者示意注册会计师及其所在的会计师事务所出具不实或者不当的审计报告。

财政部门有权对会计师事务所出具审计报告的程序和内容进行监督。

第三十二条 财政部门对各单位的下列情况实施监督:

(一) 是否依法设置会计账簿；
(二) 会计凭证、会计账簿、财务会计报告和其他会计资料是否真实、完整；
(三) 会计核算是否符合本法和国家统一的会计制度的规定；
(四) 从事会计工作的人员是否具备专业能力、遵守职业道德。

在对前款第（二）项所列事项实施监督，发现重大违法嫌疑时，国务院财政部门及其派出机构可以向与被监督单位有经济业务往来的单位和被监督单位开立账户的金融机构查询有关情况，有关单位和金融机构应当给予支持。

第三十三条　财政、审计、税务、人民银行、证券监管、保险监管等部门应当依照有关法律、行政法规规定的职责，对有关单位的会计资料实施监督检查。

前款所列监督检查部门对有关单位的会计资料依法实施监督检查后，应当出具检查结论。有关监督检查部门已经作出的检查结论能够满足其他监督检查部门履行本部门职责需要的，其他监督检查部门应当加以利用，避免重复查账。

第三十四条　依法对有关单位的会计资料实施监督检查的部门及其工作人员对在监督检查中知悉的国家秘密和商业秘密负有保密义务。

第三十五条　各单位必须依照有关法律、行政法规的规定，接受有关监督检查部门依法实施的监督检查，如实提供会计凭证、会计账簿、财务会计报告和他会计资料以及有关情况，不得拒绝、隐匿、谎报。

第五章　会计机构和会计人员

第三十六条　各单位应当根据会计业务的需要，设置会计机构，或者在有关机构中设置会计人员并指定会计主管人员；不具备设置条件的，应当委托经批准设立从事会计代理记账业务的中介机构代理记账。

国有的和国有资产占控股地位或者主导地位的大、中型企业必须设置总会计师。总会计师的任职资格、任免程序、职责权限由国务院规定。

第三十七条　会计机构内部应当建立稽核制度。

出纳人员不得兼任稽核、会计档案保管和收入、支出、费用、债权债务账目的登记工作。

第三十八条　会计人员应当具备从事会计工作所需要的专业能力。

担任单位会计机构负责人（会计主管人员）的，应当具备会计师以上专业技术职务资格或者从事会计工作三年以上经历。

本法所称会计人员的范围由国务院财政部门规定。

第三十九条　会计人员应当遵守职业道德，提高业务素质。对会计人员的教育和培训工作应当加强。

第四十条　因有提供虚假财务会计报告，做假账，隐匿或者故意销毁会计凭证、会计账簿、财务会计报告，贪污，挪用公款，职务侵占等与会计职务的有关违法行为被依法追究刑事责任的人员，不得再从事会计工作。

第四十一条　会计人员调动工作或者离职，必须与接管人员办清交接手续。

一般会计人员办理交接手续，由会计机构负责人（会计主管人员）监交；会计机构负责人（会计主管人员）办理交接手续，由单位负责人监交，必要时主管单位可以派人会同监交。

第六章　法律责任

第四十二条　违反本法规定，有下列行为之一的，由县级以上人民政府财政部门责令限期改正，可以对单位并处三千元以上五万元以下的罚款；对其直接负责的主管人员和其他直接责任人员，可以处二千元以上二万元以下的罚款；属于国家工作人员的，还应当由其所在单位或者有关单位依法给予行政处分：

(一) 不依法设置会计账簿的；
(二) 私设会计账簿的；
(三) 未按照规定填制、取得原始凭证或者填制、取得的原始凭证不符合规定的；

（四）以未经审核的会计凭证为依据登记会计账簿或者登记会计账簿不符合规定的；

（五）随意变更会计处理方法的；

（六）向不同的会计资料使用者提供的财务会计报告编制依据不一致的；

（七）未按照规定使用会计记录文字或者记账本位币的；

（八）未按照规定保管会计资料，致使会计资料毁损、灭失的；

（九）未按照规定建立并实施单位内部会计监督制度或者拒绝依法实施的监督或者不如实提供有关会计资料及有关情况的；

（十）任用会计人员不符合本法规定的。

有前款所列行为之一，构成犯罪的，依法追究刑事责任。

会计人员有第一款所列行为之一，情节严重的，五年内不得从事会计工作。

有关法律对第一款所列行为的处罚另有规定的，依照有关法律的规定办理。

第四十三条 伪造、变造会计凭证、会计账簿，编制虚假财务会计报告，构成犯罪的，依法追究刑事责任。

有前款行为，尚不构成犯罪的，由县级以上人民政府财政部门予以通报，可以对单位并处五千元以上十万元以下的罚款；对其直接负责的主管人员和其他直接责任人员，可以处三千元以上五万元以下的罚款；属于国家工作人员的，还应当由其所在单位或者有关单位依法给予撤职直至开除的行政处分；其中的会计人员，五年内不得从事会计工作。

第四十四条 隐匿或者故意销毁依法应当保存的会计凭证、会计账簿、财务会计报告，构成犯罪的，依法追究刑事责任。

有前款行为，尚不构成犯罪的，由县级以上人民政府财政部门予以通报，可以对单位并处五千元以上十万元以下的罚款；对其直接负责的主管人员和其他直接责任人员，可以处三千元以上五万元以下的罚款；属于国家工作人员的，还应当由其所在单位或者有关单位依法给予撤职直至开除的行政处分；其中的会计人员，五年内不得从事会计工作。

第四十五条 授意、指使、强令会计机构、会计人员及其他人员伪造、变造会计凭证、会计账簿，编制虚假财务会计报告或者隐匿、故意销毁依法应当保的会计凭证、会计账簿、财务会计报告，构成犯罪的，依法追究刑事责任；尚不构成犯罪的，可以处五千元以上五万元以下的罚款；属于国家工作人员的，还应当由其所在单位或者有关单位依法给予降级、撤职、开除的行政处分。

第四十六条 单位负责人对依法履行职责、抵制违反本法规定行为的会计人员以降级、撤职、调离工作岗位、解聘或者开除等方式实行打击报复，构成犯罪的，依法追究刑事责任；尚不构成犯罪的，由其所在单位或者有关单位依法给予行政处分。对受打击报复的会计人员，应当恢复其名誉和原有职务、级别。

第四十七条 财政部门及有关行政部门的工作人员在实施监督管理中滥用职权、玩忽职守、徇私舞弊或者泄露国家秘密、商业秘密，构成犯罪的，依法追究刑事责任；尚不构成犯罪的，依法给予行政处分。

第四十八条 违反本法第三十条规定，将检举人姓名和检举材料转给被检举单位和被检举人个人的，由所在单位或者有关单位依法给予行政处分。

第四十九条 违反本法规定，同时违反其他法律规定的，由有关部门在各自职权范围内依法进行处罚。

第七章 附 则

第五十条 本法下列用语的含义：

单位负责人，是指单位法定代表人或者法律、行政法规规定代表单位行使职权的主要负责人。

国家统一的会计制度，是指国务院财政部门根据本法制定的关于会计核算、会计监督、会计机构和会计人员以及会计工作管理的制度。

第五十一条 个体工商户会计管理的具体办法，由国务院财政部门根据本法的原则另行规定。

第五十二条 本法自 2000 年 7 月 1 日起施行。

附录二
会计基础工作规范

第一章 总 则

第一条 为了加强会计基础工作，建立规范的会计工作秩序，提高会计工作水平，根据《中华人民共和国会计法》的有关规定，制定本规范。

第二条 国家机关、社会团体、企业、事业单位、个体工商户和其他组织的会计基础工作，应当符合本规范的规定。

第三条 各单位应当依据有关法规、法规和本规范的规定，加强会计基础工作，严格执行会计法规制度，保证会计工作依法有序地进行。

第四条 单位领导人对本单位的会计基础工作负有领导责任。

第五条 各省、自治区、直辖市财政厅（局）要加强对会计基础工作的管理和指导，通过政策引导、经验交流、监督检查等措施，促进基层单位加强会计基础工作，不断提高会计工作水平。

国务院各业务主管部门根据职责权限管理本部门的会计基础工作。

第二章 会计机构和会计人员

第一节 会计机构设置和会计人员配备

第六条 各单位应当根据会计业务的需要设置会计机构；不具备单独设置会计机构条件的，应当在有关机构中配备专职会计人员。

事业行政单位会计机构的设置和会计人员的配备，应当符合国家统一事业行政单位会计制度的规定。

设置会计机构，应当配备会计机构负责人；在有关机构中配备专职会计人员，应当在专职会计人员中指定会计主管人员。

会计机构负责人、会计主管人员的任免，应当符合《中华人民共和国会计法》和有关法律的规定。

第七条 会计机构负责人、会计主管人员应当具备下列基本条件：

（一）坚持原则，廉洁奉公；

（二）具有会计专业技术资格；

（三）主管一个单位或者单位内一个重要方面的财务会计工作时间不少于 2 年；

（四）熟悉国家财经法律、法规、规章和方针、政策，掌握本行业业务管理的有关知识；

（五）有较强的组织能力；

（六）身体状况能够适应本职工作的要求。

第八条 没有设置会计机构和配备会计人员的单位，应当根据《代理记账管理暂行办法》委托会计师事务所或者持有代理记账许可证书的其他代理记账机构进行代理记账。

第九条 大、中型企业、事业单位、业务主管部门应当根据法律和国家有关规定设置总会计师。总会计师由具有会计师以上专业技术资格的人员担任。

总会计师行使《总会计师条例》规定的职责、权限。

总会计师的任命（聘任）、免职（解聘）依照《总会计师条例》和有关法律的规定办理。

第十条 各单位应当根据会计业务需要配备持有会计证的会计人员。未取得会计证的人员，不得从事会计工作。

第十一条 各单位应当根据会计业务需要设置会计工作岗位。

会计工作岗位一般可分为：会计机构负责人或者会计主管人员，出纳，财产物资核算，工资核算，成本费用核算，财务成果核算，资金核算，往来结算，总账报表，稽核，档案管理等。开展会计电算化和管理会计的单位，可以根据需要设置相应工作岗位，也可以与其他工作岗位相结合。

第十二条 会计工作岗位，可以一人一岗、一人多岗或者一岗多人。但出纳人员不得兼管稽核、会计档案保管和收入、费用、债权债务账目的登记工作。

第十三条 会计人员的工作岗位应当有计划地进行轮换。

第十四条 会计人员应当具备必要的专业知识和专业技能，熟悉国家有关法律、法规、规章和国家统一会计制度，遵守职业道德。

会计人员应当按照国家有关规定参加会计业务的培训。各单位应当合理安排会计人员的培训，保证会计人员每年有一定时间用于学习和参加培训。

第十五条 各单位领导人应当支持会计机构、会计人员依法行使职权；对忠于职守，坚持原则，做出显著成绩的会计机构、会计人员，应当给予精神的和物质的奖励。

第十六条 国家机关、国有企业、事业单位任用会计人员应当实行回避制度。

单位领导人的直系亲属不得担任本单位的会计机构负责人、会计主管人员。会计机构负责人、会计主管人员的直系亲属不得在本单位会计机构中担任出纳工作。

需要回避的直系亲属为：夫妻关系、直系血亲关系、三代以内旁系血亲以及配偶亲关系。

第二节 会计人员职业道德

第十七条 会计人员在会计工作中应当遵守职业道德，树立良好的职业品质、严谨的工作作风，严守工作纪律，努力提高工作效率和工作质量。

第十八条 会计人员应当热爱本职工作，努力钻研业务，使自己的知识和技能适应所从事工作的要求。

第十九条 会计人员应当熟悉财经法律、法规、规章和国家统一会计制度，并结合会计工作进行广泛宣传。

第二十条 会计人员应当按照会计法律、法规和国家统一会计制度规定的程序和要求进行会计工作，保证所提供的会计信息合法、真实、准确、及时、完整。

第二十一条 会计人员办理会计事务应当实事求是、客观公正。

第二十二条 会计人员应当熟悉本单位的生产经营和业务管理情况，运用掌握的会计信息和会计方法，为改善单位内部管理、提高经济效益服务。

第二十三条 会计人员应当保守本单位的商业秘密。除法律规定和单位领导人同意外，不能私自向外界提供或者泄露单位的会计信息。

第二十四条 财政部门、业务主管部门和各单位应当定期检查会计人员遵守职业道德的情况，并作为会计人员晋升、晋级、聘任专业职务、表彰奖励的重要考核依据。

会计人员违反职业道德的，由所在单位进行处罚；情节严重的，由会计证发证机关吊销其会计证。

第三节 会计工作交接

第二十五条 会计人员工作调动或者因故离职，必须将本人所经管的会计工作全部移交给接替人员。没有办清交接手续的，不得调动或者离职。

第二十六条 接替人员应当认真接管移交工作，并继续办理移交的未了事项。

第二十七条 会计人员办理移交手续前，必须及时做好以下工作：

（一）已经受理的经济业务尚未填制会计凭证的，应当填制完毕。

（二）尚未登记的账目，应当登记完毕，并在最后一笔余额后加盖经办人员印章。

（三）整理应该移交的各项资料，对未了事项写出书面材料。

（四）编制移交清册，列明应当移交的会计凭证、会计账簿、会计报表、印章、现金、有价证券、支票簿、发票、文件、其他会计资料和物品等内容；实行会计电算化的单位，从事该项工作的移交人员还应当在移交清册中列明会计软件及密码、会计软件数据磁盘（磁带等）及有关资料、实物等内容。

第二十八条 会计人员办理交接手续，必须有监交人负责监交。一般会计人员交接，由单位会计机构负责人、会计主管人员负责监交；会计机构负责人、会计主管人员交接，由单位领导人负责监交，必要时可由上级主管部门派人会同监交。

第二十九条 移交人员在办理移交时，要按移交清册逐项移交；接替人员要逐项核对点收。

（一）现金、有价证券要根据会计账簿有关记录进行点交。库存现金、有价证券必须与会计账簿记录保持一致。不一致时，移交人员必须限期查清。

（二）会计凭证、会计账簿、会计报表和其他会计资料必须完整无缺。如有短缺，必须查清原因，并在移交清册中注明，由移交人员负责。

（三）银行存款账户余额要与银行对账单核对，如不一致，应当编制银行存款余额调节表调节相符，各种财产物资和债权债务的明细账户余额要与总账有关账户余额核对相符；必要时，要抽查个别账户的余额，与实物核对相符，或者与往来单位、个人核对清楚。

（四）移交人员经管的票据、印章和其他实物等，必须交接清楚；移交人员从事会计电算化工作的，要对有关电子数据在实际操作状态下进行交接。

第三十条 会计机构负责人、会计主管人员移交时，还必须将全部财务会计工作、重大财务收支和会计人员的情况等，向接替人员详细介绍。对需要移交的遗留问题，应当写出书面材料。

第三十一条 交接完毕后，交接双方和监交人员要在移交注册上签名或者盖章。并应在移交注册上注明：单位名称，交接日期，交接双方和监交人员的职务、姓名，移交清册页数以及需要说明的问题和意见等。

移交清册一般应当填制一式三份，交接双方各执一份，存档一份。

第三十二条 接替人员应当继续使用移交的会计账簿，不得自行另立新账，以保持会计记录的连续性。

第三十三条 会计人员临时离职或者因病不能工作且需要接替或者代理的，会计机构负责人、会计主管人员或者单位领导人必须指定有关人员接替或者代理，并办理交接手续。

临时离职或者因病不能工作的会计人员恢复工作的，应当与接替或者代理人员办理交接手续。

移交人员因病或者其他特殊原因不能亲自办理移交的，经单位领导人批准，可由移交人员委托他人代办移交，但委托人应当承担本规范第三十五条规定的责任。

第三十四条 单位撤销时，必须留有必要的会计人员，会同有关人员办理清理工作，编制决算。未移交前，不得离职。接收单位和移交日期由主管部门确定。

单位合并、分立的，其会计工作交接手续比照上述有关规定办理。

第三十五条 移交人员对所移交的会计凭证、会计账簿、会计报表和其他有关资料的合法性、真实性承担法律责任。

第三章　会计核算

第一节　会计核算一般要求

第三十六条 各单位应当按照《中华人民共和国会计法》和国家统一会计制度的规定建立会计账册，进行会计核算，及时提供合法、真实、准确、完整的会计信息。

第三十七条 各单位发生的下列事项，应当及时办理会计手续、进行会计核算：

（一）款项和有价证券的收付；

（二）财物的收发、增减和使用；

（三）债权债务的发生和结算；

（四）资本、基金的增减；

（五）收入、支出、费用、成本的计算；

（六）财务成果的计算和处理；

（七）其他需要办理会计手续、进行会计核算的事项。

第三十八条 各单位的会计核算应当以实际发生的经济业务为依据，按照规定的会计处理方法进行，保证会计指标的口径一致、相互可比和会计处理方法的前后各期一致。

第三十九条 会计年度自公历1月1日起至12月31日止。

第四十条 会计核算以人民币为记账本位币。

收支业务以外国货币为主的单位，也可以选定某种外国货币作为记账本位币，但是编制的会计报表应当折算为人民币反映。

境外单位向国内有关部门编报的会计报表，应当折算为人民币反映。

第四十一条 各单位根据国家统一会计制度的要求，在不影响会计核算要求、会计报表指标汇总和对外统一会计报表的前提下，可以根据实际情况自行设置和使用会计科目。

事业行政单位会计科目的设置和使用，应当符合国家统一事业行政单位会计制度的规定。

第四十二条 会计凭证、会计账簿、会计报表和其他会计资料的内容和要求必须符合国家统一会计制度的规定，不得伪造、变造会计凭证和会计账簿，不得设置账外账，不得报送虚假会计报表。

第四十三条 各单位对外报送的会计报表格式由财政部统一规定。

第四十四条 实行会计电算化的单位，对使用的会计软件及其生成的会计凭证、会计账簿、会计报表和其他会计资料的要求，应当符合财政部关于会计电算化的有关规定。

第四十五条 各单位的会计凭证、会计账簿、会计报表和其他会计资料，应当建立档案，妥善保管。会计档案建档要求、保管期限、销毁办法等依据《会计档案管理办法》的规定进行。

实行会计电算化的单位，有关电子数据、会计软件资料等应当作为会计档案进行管理。

第四十六条 会计记录的文字应当使用中文，少数民族自治地区可以同时使用少数民族文字。中国境内的外商投资企业、外国企业和其他外国经济组织也可以同时使用某种外国文字。

第二节 填制会计凭证

第四十七条 各单位办理本规范第三十七条规定的事项，必须取得或者填制原始凭证，并及时送交会计机构。

第四十八条 原始凭证的基本要求是：

（一）原始凭证的内容必须具备：凭证的名称；填制凭证的日期；填制凭证单位名称或者填制人姓名；经办人员的签名或者盖章；接受凭证单位名称；经济业务内容；数量、单价和金额。

（二）从外单位取得的原始凭证，必须盖有填制单位的公章；从个人取得的原始凭证，必须有填制人员的签名或者盖章。自制原始凭证必须有经办单位领导人或者其指定的人员签名或者盖章。对外开出的原始凭证，必须加盖本单位公章。

（三）凡填有大写和小写金额的原始凭证，大写与小写金额必须相符。购买实物的原始凭证，必须有验收证明。支付款项的原始凭证，必须有收款单位和收款人的收款证明。

（四）一式几联的原始凭证，应当注明各联的用途，只能以一联作为报销凭证。

一式几联的发票和收据，必须用双面复写纸（发票和收据本身具备复写纸功能的除外）套写，并连续编号。作废时应当加盖"作废"戳记，连同存根一起保存，不得撕毁。

（五）发生销货退回的，除填制退货发票外，还必须有退货验收证明；退款时，必须取得对方的收款收据或者汇款银行的凭证，不得以退货发票代替收据。

（六）职工公出借款凭据，必须附在记账凭证之后。收回借款时，应当另开收据或者退还借据副本，不得退还原借款收据。

（七）经上级有关部门批准的经济业务，应当将批准文件作为原始凭证附件。如果批准文件需要单独归档的，应当在凭证上注明批准机关名称、日期和文件字号。

第四十九条 原始凭证不得涂改、挖补。发现原始凭证有错误的，应当由开出单位重开或者更正，更正处应当加盖开出单位的公章。

第五十条 会计机构、会计人员要根据审核无误的原始凭证填制记账凭证。

记账凭证可以分为收款凭证、付款凭证和转账凭证，也可以使用通用记账凭证。

第五十一条 记账凭证的基本要求是：

（一）记账凭证的内容必须具备：填制凭证的日期；凭证编号；经济业务摘要；会计科目；金额；所附原始凭证张数；填制凭证人员、稽核人员、记账人员、会计机构负责人、会计主管人员签名或者盖章。收款和付款记账凭证还应当由出纳人员签名或者盖章。

以自制的原始凭证或者原始凭证汇总表代替记账凭证的，也必须具备记账凭证应有的项目。

（二）填制记账凭证时，应当对记账凭证进行连续编号。一笔经济业务需要填制两张以上记账凭证的，可以采用分数编号法编号。

（三）记账凭证可以根据每一张原始凭证填制，或者根据若干张同类原始凭证汇总填制，也可以根据原始凭证汇总表填制。但不得将不同内容和类别的原始凭证汇总填制在一张记账凭证上。

（四）除结账和更正错误的记账凭证可以不附原始凭证外，其他记账凭证必须附有原始凭证。如果一张原始凭证涉及几张记账凭证，可以把原始凭证附在一张主要的记账凭证后面，并在其他记账凭证上注明附有该原始凭证的记账凭证的编号或者附原始凭证复印机。

一张复始凭证所列支出需要几个单位共同负担的，应当将其他单位负担的部分，开给对方原始凭证分割单，进行结算。原始凭证分割单必须具备原始凭证的基本内容：凭证名称、填制凭证日期、填制凭证单位名称或者填制人姓名、经办人的签名或者盖章、接受凭证单位名称、经济业务内容、数量、单价、金额和费用分摊情况等。

（五）如果在填制记账凭证时发生错误，应当重新填制。

已经登记入账的记账凭证，在当年内发现填写错误时，可以用红字填写一张与原内容相同的记账凭证，在摘要栏注明"注销某月某日某号凭证"字样，同时再用蓝字重新填制一张正确的记账凭证，注明"订正某月某日某号凭证"字样。如果会计科目没有错误，只是金额错误，也可以将正确数字与错误数字之间的差额，另编一张调整的记账凭证，调增金额用蓝字，调减金额用红字。发现以前年度记账凭证有错误的，应当用蓝字填制一张更正的记账凭证。

（六）记账凭证填制完经济业务事项后，如有空行，应当自金额栏最后一笔金额数字下的空行处至合计数上的空行处划线注销。

第五十二条 填制会计凭证，字迹必须清晰、工整，并符合下列要求：

（一）阿拉伯数字应当一个一个地写，不得连笔写。阿拉伯金额数字前面应当书写货币币种符号或者货币名称简写和币种符号。币种符号与阿拉伯金额数字之间不得留有空白。凡阿拉伯数字前写有币种符号的，数字后面不再写货币单位。

（二）所有以元为单位（其他货币种类为货币基本单位，下同）的阿拉伯数字，除表示单价等情况外，一律填写到角分；无角分的，角位和分位可写"00"，或者符号"－－"；有角无分的，分位应当写"0"，不得用符号"－－"代替。

（三）汉字大写数字金额如零、壹、贰、叁、肆、伍、陆、柒、捌、玖、拾、佰、仟、万、亿等，一律用正楷或者行书体书写，不得用0、一、二、三、四、五、六、七、八、九、十等简化字代替，不得任意自造简化字。大写金额数字到元或者角为止的，在"元"或者"角"字之后应当写"整"字或者"正"字；大写金额数字有分的，分字后面不写"整"或者"正"字。

（四）大写金额数字前未印有货币名称的，应当加填货币名称，货币名称与金额数字之间不得留有空白。

（五）阿拉伯金额数字中间有"0"时，汉字大写金额要写"零"字；阿拉伯数字金额中间连续有几个"0"时，汉字大写金额中可以只写一个"零"字；阿拉伯金额数字元位是"0"，或者数字中间连续有几个"0"、元位也是"0"但角位不是"0"时，汉字大写金额可以只写一个"零"字，也可以不写"零"字。

第五十三条 实行会计电算化的单位，对于机制记账凭证，要认真审核，做到会计科目使用正确，数字准确无误。打印出的机制记账凭证要加盖制单人员、审核人员、记账人员及会计机构负责人、会计主管人员印章或者签字。

第五十四条 各单位会计凭证的传递程序应当科学、合理，具体办法由各单位根据会计业务需要自行规定。

第五十五条 会计机构、会计人员要妥善保管会计凭证。

（一）会计凭证应当及时传递，不得积压。

（二）会计凭证登记完毕后，应当按照分类和编号顺序保管，不得散乱丢失。

（三）记账凭证应当连同所附的原始凭证或者原始凭证汇总表，按照编号顺序，折叠整齐，按期装订成册，并加具封面，注明单位名称、年度、月份和起讫日期、凭证种类、起讫号码，由装订人在装订线封签外签名或者盖章。

对于数量过多的原始凭证，可以单独装订保管，在封面上注明记账凭证日期、编号、种类，同时在记账凭证上注明"附件另订"和原始凭证名称及编号。

各种经济合同、存出保证金收据以及涉外文件等重要原始凭证，应当另编目录，单独登记保管，并在有关的记账凭证和原始凭证上相互注明日期和编号。

（四）原始凭证不得外借，其他单位如因特殊原因需要使用原始凭证时，经本单位会计机构负责人、会计主管人员批准，可以复制。向外单位提供的原始凭证复制件，应当在专设的登记簿上登记，并由提供人员和收取人员共同签名或者盖章。

（五）从外单位取得的原始凭证如有遗失，应当取得原开出单位盖有公章的证明，并注明原来凭证的号码、金额和内容等，由经办单位会计机构负责人、会计主管人员和单位领导人批准后，才能代作原始凭证。如果确实无法取得证明的，如火车、轮船、飞机票等凭证，由当事人写出详细情况，由经办单位会计机构负责人、会计主管人员和单位领导人批准后，代作原始凭证。

第三节 登记会计账簿

第五十六条 各单位应当按照国家统一会计制度的规定和会计业务的需要设置会计账簿。会计账簿包括总账、明细账、日记账和其他辅助性账簿。

第五十七条 现金日记账和银行存款日记账必须采用订本式账簿。不得用银行对账单或者其他方法代替日记账。

第五十八条 实行会计电算化的单位，用计算机打印的会计账簿必须连续编号，经审核无误后装订成册，并由记账人员和会计机构负责人、会计主管人员签字或者盖章。

第五十九条 启用会计账簿时，应当在账簿封面上写明单位名称和账簿名称。在账簿扉页上应当附启用表，内容包括：启用日期、账簿页数、记账人员和会计机构负责人、会计主管人员姓名，并加盖名章和单位公章。记账人员或者会计机构负责人、会计主管人员调动工作时，应当注明交接日期、接办人员或者监交人员姓名，并由交接双方人员签名或者盖章。

启用订本式账簿，应当从第一页到最后一页顺序编定页数，不得跳页、缺号。使用活页式账页，应当按账户顺序编号，并须定期装订成册。装订后再按实际使用的账页顺序编定页码。另加目录，记明每个账户的名称和页次。

第六十条 会计人员应当根据审核无误的会计凭证登记会计账簿。登记账簿的基本要求是：

（一）登记会计账簿时，应当将会计凭证日期、编号、业务内容摘要、金额和其他有关资料逐项记入账内，做到数字准确、摘要清楚、登记及时、字迹工整。

（二）登记完毕后，要在记账凭证上签名或者盖章，并注明已经登账的符号，表示已经记账。

（三）账簿中书写的文字和数字上面要留有适当空格，不要写满格；一般应占格距的二分之一。

（四）登记账簿要用蓝黑墨水或者碳素墨水书写，不得使用圆珠笔（银行的复写账簿除外）或者铅笔书写。

（五）下列情况，可以用红色墨水记账：

1. 按照红字冲账的记账凭证，冲销错误记录；
2. 在不设借贷等栏的多栏式账页中，登记减少数；
3. 在三栏式账户的余额栏前，如未印明余额方向的，在余额栏内登记负数余额；
4. 根据国家统一会计制度的规定可以用红字登记的其他会计记录。

（六）各种账簿按页次顺序连续登记，不得跳行、隔页。如果发生跳行、隔页，应当将空行、空页划线注销，或者注明"此行空白""此页空白"字样，并由记账人员签名或者盖章。

（七）凡需要结出余额的账户，结出余额后，应当在"借或贷"等栏内写明"借"或者"贷"等字样。没有余额的账户，应当在"借或贷"等栏内写"平"字，并在余额栏内用"0"表示。

现金日记账和银行存款日记账必须逐日结出余额。

（八）每一账页登记完毕结转下页时，应当结出本页合计数及余额，写在本页最后一行和下页第一行有关栏内，并在摘要栏内注明"过次页"和"承前页"字样；也可以将本页合计数及金额只写在下页第一行有关栏内，并在摘要栏内注明"承前页"字样。

对需要结计本月发生额的账户，结计"过次页"的本页合计数应当为自本月初起至本页末止的发生额合计数；对需要结计本年累计发生额的账户，结计"过次页"的本页合计数应当为自年初起至本页末止的累计数；对既不需要结计本月发生额也不需要结计本年累计发生额的账户，可以只将每页末的余额结转次页。

第六十一条 实行会计电算化的单位，总账和明细账应当定期打印。

发生收款和付款业务的，在输入收款凭证和付款凭证的当天必须打印出现金日记账和银行存款日记账，并与库存现金核对无误。

第六十二条 账簿记录发生错误，不准涂改、挖补、刮擦或者用药水消除字迹，不准重新抄写，必须按照下列方法进行更正：

（一）登记账簿时发生错误，应当将错误的文字或者数字划红线注销，但必须使原有字迹仍可辨认；然后在划线上方填写正确的文字或者数字，并由记账人员在更正处盖章。对于错误的数字，应当全部划红线更正，不得只更正其中的错误数字。对于文字错误，可只划去错误的部分。

（二）由于记账凭证错误而使账簿记录发生错误，应当按更正的记账凭证登记账簿。

第六十三条 各单位应当定期对会计账簿记录的有关数字与库存实物、货币资金、有价证券、往来单位或者个人等进行相互核对，保证账证相符、账账相符、账实相符。对账工作每年至少进行一次。

（一）账证核对。核对会计账簿记录与原始凭证、记账凭证的时间、凭证字号、内容、金额是否一致，记账方向是否相符。

（二）账账核对。核对不同会计账簿之间的账簿记录是否相符，包括：总账有关账户的余额核对，总账与明细账核对，总账与日记账核对，会计部门的财产物资明细账与财产物资保管和使用部门的有关明细账核对等。

（三）账实核对。核对会计账簿记录与财产等实有数额是否相符。包括：现金日记账账面余额与现金实际库存数相核对；银行存款日记账账面余额定期与银行对账单相核对；各种财物明细账账面余额与财物实存数额相核对；各种应收、应付款明细账账面余额与有关债务、债权单位或者个人核对等。

第六十四条 各单位应当按照规定定期结账。

（一）结账前，必须将本期内所发生的各项经济业务全部登记入账。

（二）结账时，应当结出每个账户的期末余额。需要结出当月发生额的，应当在摘要栏内注明"本月合计"字样，并在下面通栏划单红线。需要结出本年累计发生额的，应当在摘要栏内注明"本年累计"字样，并在下面通栏划单红线；12月末的"本年累计"就是全年累计发生额。全年累计发生额下面应当通栏划单红线。年度终了结账时，所有总账账户都应当结出全年发生额和年末余额。

（三）年度终了，要把各账户的余额结转到下一会计年度，并在摘要栏注明"结转下年"字样；在下一会计年度新建有关会计账簿的第一行余额栏内填写上年结转的余额，并在摘要栏注明"上年结转"字样。

第四节 编制财务报告

第六十五条 各单位必须按照国家统一会计制度的规定，定期编制财务报告。

财务报告包括会计报表及其说明。会计报表包括会计报表主表、会计报表附表、会计报表附注。

第六十六条 各单位对外报送的财务报告应当根据国家统一会计制度规定的格式和要求编制。

单位内部使用的财务报告，其格式和要求由各单位自行规定。

第六十七条 会计报表应当根据登记完整、核对无误的会计账簿记录和其他有关资料编制，做到数字真实、计算准确、内容完整、说明清楚。

任何人不得篡改或者授意、指使、强令他人篡改会计报表的有关数字。

第六十八条 会计报表之间、会计报表各项目之间，凡有对应关系的数字，应当相互一致。本期会计报表与上期会计报表之间有关的数字应当相互衔接。如果不同会计年度会计报表中各项目的内容和核算方法有变更的，应当在年度会计报表中加以说明。

第六十九条 各单位应当按照国家统一会计制度的规定认真编写会计报表附注及其说明，做到项目齐全、内容完整。

第七十条 各单位应当按照国家规定的期限对外报送财务报告。

对外报送的财务报告，应当依次编写页码，加具封面，装订成册，加盖公章。封面上应当注明：单位名称、单位地址、财务报告所属年度、季度、月度、送出日期，并由单位领导人、总会计师、会计机构负责人、会计主管人员签名或者盖章。

单位领导人对财务报告的合法性、真实性负法律责任。

第七十一条 根据法律和国家有关规定应当对财务报告进行审计的，财务报告编制单位应当先行委托注册会计师进行审计，并将注册会计师出具的审计报告随同财务报告按照规定的期限报送有关部门。

第七十二条 如果发现对外报送的财务报告有错误，应当及时办理更正手续。除更正本单位留存的财务报告外，并应同时通知接受财务报告的单位更正。错误较多的，应当重新编报。

第四章　会计监督

第七十三条 各单位的会计机构、会计人员对本单位的经济活动进行会计监督。

第七十四条 会计机构、会计人员进行会计监督的依据是：

（一）财经法律、法规、规章；

（二）会计法律、法规和国家统一会计制度；

（三）各省、自治区、直辖市财政厅（局）和国务院业务主管部门根据《中华人民共和国会计法》和国家统一会计制度制定的具体实施办法或者补充规定；

（四）各单位根据《中华人民共和国会计法》和国家统一会计制度制定的单位内部会计管理制度；

（五）各单位内部的预算、财务计划、经济计划、业务计划等。

第七十五条 会计机构、会计人员应当对原始凭证进行审核和监督。

对不真实、不合法的原始凭证，不予受理。对弄虚作假、严重违法的原始凭证，在不予受理的同时，应当予以扣留，并及时向单位领导人报告，请求查明原因，追究当事人的责任。

对记载不准确、不完整的原始凭证，予以退回，要求经办人员更正、补充。

第七十六条 会计机构、会计人员对伪造、变造、故意毁灭会计账簿或者账外设账行为，应当制止和纠正；制止和纠正无效的，应当向上级主管单位报告，请求作出处理。

第七十七条 会计机构、会计人员应当对实物、款项进行监督，督促建立并严格执行财产清查制度。发现账簿记录与实物、款项不符时，应当按照国家有关规定进行处理。超出会计机构、会计人员职权范围的，应当立即向本单位领导报告，请求查明原因，作出处理。

第七十八条 会计机构、会计人员对指使、强令编造、篡改财务报告行为，应当制止和纠正；制止和纠正无效的，应当向上级主管单位报告，请求处理。

第七十九条　会计机构、会计人员应当对财务收支进行监督。

（一）对审批手续不全的财务收支，应当退回，要求补充、更正。

（二）对违反规定不纳入单位统一会计核算的财务收支，应当制止和纠正。

（三）对违反国家统一的财政、财务、会计制度规定的财务收支，不予办理。

（四）对认为是违反国家统一的财政、财务、会计制度规定的财务收支，应当制止和纠正；制止和纠正无效的，应当向单位领导人提出书面意见请求处理。

单位领导人应当在接到书面意见起十日内作出书面决定，并对决定承担责任。

（五）对违反国家统一的财政、财务、会计制度规定的财务收支，不予制止和纠正，又不向单位领导人提出书面意见的，也应当承担责任。

（六）对严重违反国家利益和社会公众利益的财务收支，应当向主管单位或者财政、审计、税务机关报告。

第八十条　会计机构、会计人员对违反单位内部会计管理制度的经济活动，应当制止和纠正；制止和纠正无效的，向单位领导人报告，请求处理。

第八十一条　会计机构、会计人员应当对单位制定的预算、财务计划、经济计划、业务计划的执行情况进行监督。

第八十二条　各单位必须依照法律和国家有关规定接受财政、审计、税务等机关的监督，如实提供会计凭证、会计账簿、会计报表和其他会计资料以及有关情况，不得拒绝、隐匿、谎报。

第八十三条　按照法律规定应当委托注册会计师进行审计的单位，应当委托注册会计师进行审计，并配合注册会计师的工作，如实提供会计凭证、会计账簿、会计报表和其他会计资料以及有关情况，不得拒绝、隐匿、谎报，不得示意注册会计师出具不当的审计报告。

第五章　内部会计管理制度

第八十四条　各单位应当根据《中华人民共和国会计法》和国家统一会计制度的规定，结合单位类型和内容管理的需要，建立健全相应的内部会计管理制度。

第八十五条　各单位制定内部会计管理制度应当遵循下列原则：

（一）应当执行法律、法规和国家统一的财务会计制度。

（二）应当体现本单位的生产经营、业务管理的特点和要求。

（三）应当全面规范本单位的各项会计工作，建立健全会计基础，保证会计工作的有序进行。

（四）应当科学、合理，便于操作和执行。

（五）应当定期检查执行情况。

（六）应当根据管理需要和执行中的问题不断完善。

第八十六条　各单位应当建立内部会计管理体系。主要内容包括：单位领导人、总会计师对会计工作的领导职责；会计部门及其会计机构负责人、会计主管人员的职责、权限；会计部门与其他职能部门的关系；会计核算的组织形式等。

第八十七条　各单位应当建立会计人员岗位责任制度。主要内容包括：会计人员的工作岗位设置；各会计工作岗位的职责和标准；各会计工作岗位的人员和具体分工；会计工作岗位轮换办法；对各会计工作岗位的考核办法。

第八十八条　各单位应当建立账务处理程序制度。主要内容包括：会计科目及其明细科目的设置和使用；会计凭证的格式、审核要求和传递程序；会计核算方法；会计账簿的设置；编制会计报表的种类和要求；单位会计指标体系。

第八十九条　各单位应当建立内部牵制制度。主要内容包括：内部牵制制度的原则；组织分工；出纳岗位的职责和限制条件；有关岗位的职责和权限。

第九十条　各单位应当建立稽核制度。主要内容包括：稽核工作的组织形式和具体分工；稽核工作的职责、权限；审核会计凭证和复核会计账簿、会计报表的方法。

第九十一条 各单位应当建立原始记录管理制度。主要内容包括：原始记录的内容和填制方法；原始记录的格式；原始记录的审核；原始记录填制人的责任；原始记录签署、传递、汇集要求。

第九十二条 各单位应当建立定额管理制度。主要内容包括：定额管理的范围；制定和修订定额的依据、程序和方法；定额的执行；定额考核和奖惩办法等。

第九十三条 各单位应当建立计量验收制度。主要内容包括：计量检测手段和方法；计量验收管理的要求；计量验收人员的责任和奖惩办法。

第九十四条 各单位应当建立财产清查制度。主要内容包括：财产清查的范围；财产清查的组织；财产清查的期限和方法；对财产清查中发现问题的处理办法；对财产管理人员的奖惩办法。

第九十五条 各单位应当建立财务收支审批制度。主要内容包括：财务收支审批人员和审批权限；财务收支审批程序；财务收支审批人员的责任。

第九十六条 实行成本核算的单位应当建立成本核算制度。主要内容包括：成本核算的对象；成本核算的方法和程序；成本分析等。

第九十七条 各单位应当建立财务会计分析制度。主要内容包括：财务会计分析的主要内容；财务会计分析的基本要求和组织程序；财务会计分析的具体方法；财务会计分析报告的编写要求等。

第六章 附　则

第九十八条 本规范所称国家统一会计制度，是指由财政部制定，或者财政部与国务院有关部门联合制定，或者经财政部审核批准的在全国范围内统一执行的会计规章、准则、办法等规范性文件。

本规范所称会计主管人员，是指不设置会计机构、只在其他机构中设置专职会计人员的单位行使会计机构负责人职权的人员。

本规范第三章第二节和第三节关于填制会计凭证、登记会计账簿的规定，除特别指出外，一般适用于手工记账。实行会计电算化的单位，填制会计凭证和登记会计账簿的有关要求，应当符合财政部关于会计电算化的有关规定。

第九十九条 各省、自治区、直辖市财政厅（局）、国务院各业务主管部门可以根据本规范的原则，结合本地区、本部门的具体情况，制定具体实施办法，报财政部备案。

第一百条 本规范由财政部负责解释、修改。

第一百零一条 本规范自公布之日起实施。1984年4月24日财政部发布的《会计人员工作规则》同时废止。

附录三
企业常用会计科目表

总序	顺序	代号	科目名称	总序	顺序	代号	科目名称
			一、资产类	43	24	1503	可供出售金融资产
1	1	1001	库存现金	44	25	1511	长期股权投资
2	2	1002	银行存款	45	26	1512	长期股权投资减值准备
5	3	1012	其他货币资金	46	27	1521	投资性房地产
8	4	1101	交易性金融资产	47	28	1531	长期应收款
10	5	1121	应收票据	48	29	1532	未实现融资收益
11	6	1122	应收账款	50	30	1601	固定资产
12	7	1123	预付账款	51	31	1602	累计折旧
13	8	1131	应收股利	52	32	1603	固定资产减值准备
14	9	1132	应收利息	53	33	1604	在建工程
18	10	1221	其他应收款	54	34	1605	工程物资
19	11	1231	坏账准备	55	35	1606	固定资产清理
26	12	1401	材料采购	62	36	1701	无形资产
27	13	1402	在途物资	63	37	1702	累计摊销
28	14	1403	原材料	64	38	1703	无形资产减值准备
29	15	1404	材料成本差异	65	39	1711	商誉
30	16	1405	库存商品	66	30	1801	长期待摊费用
31	17	1406	发出商品	67	41	1811	递延所得税资产
32	18	1407	商品进销差价	69	42	1901	待处理财产损溢
33	19	1408	委托加工物资				二、负债类
34	20	1411	包装物及低值易耗品（或周转材料）	70	43	2001	短期借款
40	21	1471	存货跌价准备	77	44	2101	交易性金融负债
41	22	1501	持有至到期投资	79	45	2201	应付票据
42	23	1502	持有至到期投资减值准备	80	46	2202	应付账款

续表

总序	顺序	代号	科目名称	总序	顺序	代号	科目名称
81	47	2203	预收账款	115	68	4104	利润分配
82	48	2211	应付职工薪酬	116	69	4201	库存股
83	49	2221	应交税费	五、成本类			
84	50	2231	应付利息	117	70	5001	生产成本
85	51	2232	应付股利	118	71	5101	制造费用
86	52	2241	其他应付款	119	72	5201	劳务成本
93	53	2401	递延收益	120	73	5301	研发支出
94	54	2501	长期借款	六、损益类			
95	55	2502	应付债券	124	74	6001	主营业务收入
100	56	2701	长期应付款	129	75	6051	其他业务收入
101	57	2702	未确认融资费用	131	76	6101	公允价值变动损益
102	58	2711	专项应付款	138	77	6111	投资收益
103	59	2801	预计负债	142	78	6301	营业外收入
104	60	2901	递延所得税负债	143	79	6401	主营业务成本
三、共同类				144	80	6402	其他业务支出
107	61	3101	衍生工具	145	81	6405	税金及附加
108	62	3201	套期工具	155	82	6601	销售费用
109	63	3202	被套期项目	156	83	6602	管理费用
四、所有者权益类				157	84	6603	财务费用
110	64	4001	实收资本	159	85	6701	资产减值损失
111	65	4002	资本公积	160	86	6711	营业外支出
112	66	4101	盈余公积	161	87	6801	所得税费用
114	67	4103	本年利润	162	88	6901	以前年度损益调整